本书获得中国社会科学院大学中央高校基本科研业务费优秀博士学位论文出版资助项目经费支持，谨以致谢！

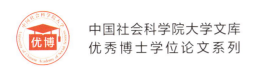

中国社会科学院大学文库
优秀博士学位论文系列

劳动过程新论

以智能经济为背景

NEW THEORY ON LABOR PROCESS

AGAINST THE BACKGROUND OF
INTELLIGENT ECONOMY

潘 越 著

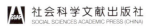

社会科学文献出版社
SOCIAL SCIENCES ACADEMIC PRESS (CHINA)

中国社会科学院大学优秀博士学位论文集
序言

王新清

呈现在读者面前的这套中国社会科学院大学（以下简称"中国社科大"）优秀博士学位论文集，是为了专门向社会推介中国社科大优秀博士学位论文而设立的一套文集，系中国社会科学院大学文库的重要组成部分。

中国社科大的前身，是中国社会科学院研究生院。中国社会科学院研究生院成立于1978年，是新中国成立最早的研究生院之一。1981年11月3日，国务院批准中国社会科学院研究生院为首批博士和硕士学位授予单位，共批准了22个博士授权学科和29位博士生导师。作为我国人文和社会科学学科设置最完整的研究生院，中国社会科学院研究生院拥有博士学位一级学科16个、硕士学位一级学科17个；博士学位二级学科118个、硕士学位二级学科124个；还有金融、税务、法律、社会工作、文物与博物馆、工商管理、公共管理、汉语国际教育8个硕士专业学位授权点；现有博士生导师736名、硕士生导师1205名。

为鼓励博士研究生潜心治学，推出优秀的科研成果，中国社会科学院研究生院自2004年开始评选优秀博士学位论文。学校为此专门制定了《优秀博士学位论文评选暂行办法》，设置了严格的评选程序，秉持"宁缺毋滥"的原则，从每年答辩的数百篇博士学位论文中，评选不超过10篇论文予以表彰奖励。这些优秀博士学位论文有以下共同特点：一是选题关涉本学科前沿，有重要理论意义和实践价值；二是理论观点正确，理论或方法有创新，研究成果处于国内领先水平，具有较好的社会效益或应用价值与前景；三是资料翔实，逻辑严谨，文字流畅，表达确当，无学术不端行为。

《易·乾》曰："君子学以聚之，问以辩之"。学术研究要"求真求实求新"。博士研究生已经跨入学术研究的殿堂，是学术研究的生力军，是高水平专家学者的"预备队"，理应按照党和国家的要求，立志为人民做学问，为国家、社会的进步出成果，为建设中国特色社会主义的学术体系、学科体系和话语体系做贡献。

习近平总书记教导我们：学习和研究"要求真，求真学问，练真本领。'玉不琢，不成器；人不学，不知道。'学习就必须求真学问，求真理、悟道理、明事理，不能满足于碎片化的信息、快餐化的知识。"按照习近平总书记的要求，中国社科大研究生的学习和学术研究应该做到以下三点。第一，要实实在在地学习。这里的"学习"不仅是听课、读书，还包括"随时随地的思和想，随时随地的见习，随时随地的体验，随时随地的反省"（南怀瑾先生语）。第二，要读好书，学真知识。即所谓"有益身心书常读，无益成长事莫为"。现在社会上、网络上"知识"混杂，读书、学习一定要有辨别力，要读好书，学真知识。第三，研究问题要真，出成果要实在。不要说假话、说空话、说没用的话。

要想做出实实在在的学术成果，首先，要选择真问题进行研究。这里的真问题是指那些为推动国家进步、社会发展、人类文明需要解决的问题，而不是没有理论意义和实践价值的问题，也不是别人已经解决了的问题。其次，论述问题的依据要实在。论证观点依靠的事例、数据是客观存在的，是自己考据清楚的，不能是虚假的，也不能是自以为是的。最后，要作出新结论。这里说的新结论，是超越前人的。别人已经得出的结论，不能作为研究成果的结论；对解决问题没有意义的结论，也不必在成果中提出。要依靠自己的独立思考和研究，从"心"得出结论，做到"我书写我心，我说比人新，我论体现真"。

我希望中国社科大的研究生立志高远，脚踏实地，以优异的学习成绩和学术成果"为国争光、为民造福"。这也是出版本优秀博士学位论文集的初衷。

2021 年 12 月 9 日

序　言

程恩富

　　"最一般的抽象总只是产生在最丰富的具体发展的场合，在那里，一种东西为许多东西所共有，为一切所共有。"① 在越发达的社会，经济发展水平越高，劳动的复杂程度越高，越容易从复杂的具体中抽象出最简单、最一般的劳动范畴。作为现代经济学起点的劳动范畴无疑是当代经济学研究要考虑的首要因素。随着信息技术的不断发展，以人工智能为核心的智能经济开始展现出对劳动过程的重塑作用。该书以智能经济为研究背景，以马克思主义劳动过程理论为分析框架，深入探讨了社会主义市场经济中劳动过程的最新变化，既是将马克思主义基本原理同中国具体实际相结合的生动体现，又是对马克思主义理论的守正创新。

　　该书的特色在于研究方法和研究内容上的创新。研究方法的创新体现为对马克思主义劳动过程理论框架的全新概括。马克思关于劳动过程的论述散落于《资本论》等诸多著作之中。劳动过程理论在后续发展过程中，一直存在系统性、整体性不足的问题。该书全面梳理马克思主义劳动过程理论的基本内容，借鉴中西方劳动过程理论的最新研究成果，明确劳动过程的分析框架。研究内容的创新体现在结合社会主义初级阶段的基本国情，对比分析不同所有制经济中劳动过程新变化的不同特征。所有制关系从根本上决定了劳

① 《马克思恩格斯文集》第8卷，人民出版社，2009，第28页。

动过程的性质，当智能技术作为一种技术权力服务于资本增殖时，监控资本主义逐渐发展起来；而在公有制经济中，智能技术则有助于改善劳动者工作境遇，充分发挥社会主义的经济优势。

劳动是马克思主义政治经济学和中国特色社会主义政治经济学的元概念，由劳动这一范畴可以推衍广义政治经济学的其他范畴。没有劳动，便没有产品或商品；没有商品，便没有货币；没有货币，便没有资本；没有资本，便没有雇佣劳动和剩余价值及其转化形式即利润；等等。在《资本论》中，马克思实际上分析了三大概念体系：劳动概念体系、资本概念体系和剩余价值概念体系。在社会主义市场经济条件下，劳动产品一般要转化为商品，剩余劳动一般要转化为剩余价值，公有资本带来公有剩余价值，私有资本带来私有剩余价值，因而需以劳动为元概念、以剩余价值理论为主线（红线）来展开中国特色社会主义政治经济学研究。以剩余价值为主线，并不意味着忽视作为使用价值生产过程的劳动过程本身。现有研究存在重视所有制和价值分配而忽视劳动过程的问题。该书坚持守正创新，在新技术条件下系统性研究劳动过程的新变化，无疑是极具理论和实践意义的。我多次倡导：守正创新马克思主义经济学理论需要坚持"马学为体、西学为用、国学为根、国情为据、党情为要，世情为鉴、综合创新"的思维原则，这在该书中得到了生动体现。《劳动过程新论：以智能经济为背景》是非常值得一读的作品，从事劳动过程相关研究的学者和想要了解当代劳动过程最新发展的读者可以从中得到一些启发和收获。

程恩富

2024 年 5 月 20 日

目　录

前　言

　　智能经济作为一种新的经济形态深刻地改变着生产和生活的诸多方面，尤其影响企业内部的直接生产过程。机器对人的劳动的代替不再局限于体力劳动，人工智能算法开始赋予机器越来越多的类人智能，劳动过程及相应的生产关系被重塑。要认识劳动过程的这种变化，需要继承并发展马克思主义劳动过程理论。只有将劳动过程理论与中国具体实践相结合，才能推动建立中国式现代企业制度，切实促进中国式现代化的实现。

　　第一章介绍劳动过程理论的创立和发展。法国空想社会主义和英国古典政治经济学是马克思主义劳动过程理论的重要思想渊源。在创立劳动过程理论时，马克思综合运用多种方法，其中最基本的是辩证唯物主义和历史唯物主义。马克思遵循从简单抽象到丰富具体的路径，先论述劳动过程的一般，再具体到资本主义劳动过程。对于前者，马克思从劳动过程的要素和结果两个角度进行论述；对于后者，马克思着重从劳动对资本的从属关系以及生产劳动的规定等方面进行阐发。劳动过程作为一个专门的研究领域在西方学界也广受关注。西方劳动过程理论历经四个阶段的发展，涌现出大量关于资本主义劳动过程的研究成果，但也有背离马克思主义的内容。列宁、斯大林将劳动过程理论应用到对俄国（苏联）的现实分析中，并进一步探索社会主义的劳动过程。毛泽东、邓小平等人继续深化对劳动过程理论的分析，新时代习近平面对国内外新形势提出一系列新观点、新论断，逐渐形成劳动过程理论的中国化成果。

第二章明确劳动过程的概念及其所有制特征，分析其与价值形成或增殖过程的关系，整合和提炼马克思主义劳动过程理论的基本内容。就简单的或一般的劳动过程而言，劳动过程就是基于人类劳动的使用价值的生产过程，是一切社会形式所共有的，但劳动过程又离不开特定的所有制关系或社会形态，因而其具有二重性。生产资料所有制居于生产关系的核心地位，与劳动过程紧密联系，不仅是劳动过程的前提，也决定劳动过程的诸多环节和基本内容的社会特征。劳动过程的二重性在商品经济中表现为劳动过程与价值形成过程的统一，在资本主义市场经济或社会主义初级阶段的市场经济中，劳动过程表现为与价值增殖过程相统一的使用价值生产过程。二者是同一过程即生产过程的两个方面，价值增殖过程是劳动过程的目的，而劳动过程是价值生产的手段。劳动过程理论的研究对象是直接生产过程中的劳动过程。劳动过程涵盖的内容丰富，既包括物的因素也包括人的因素，既存在技术条件又存在社会条件，既涉及劳动者之间的关系也涉及雇佣工人与生产资料所有者之间的关系，等等。劳动过程的基本内容可以概括为：要素组织、过程管理、生产关系。在此基础上，可以运用数学分析的方法建立劳动过程的数学模型。

第三章结合智能经济这一生产力的最新发展形态，基于马克思主义劳动过程理论，分析劳动过程的要素构成与技术组织形式的新变化。劳动过程理论的研究必须结合生产力的发展，而对当代劳动过程影响最深远的无疑是人工智能技术和智能经济。智能经济是以人工智能算法为核心、以信息设备的计算能力为基础、以数据为关键要素的经济新形态。智能经济兴起于 20 世纪 50 年代，经历了三次浪潮。从现阶段来看，智能经济正处于蓬勃发展时期。在劳动过程中有一部分内容的所有制特征较弱，在非公有制经济和公有制经济中区别不大，这部分内容主要是指劳动过程的要素构成和技术组织形式。首先，智能经济对劳动过程中物的要素和人的要素都产生重要影响。新的劳动对象不断涌现，其中最为重要的是数据；劳动资料也发生革命性的变化，人工智能算法和智能机器成为新型劳动工具，劳动场所呈现数字化、智能化的特征；劳动者的技能结构与技能水平也随之发生变化。其次，拥有自主决策能力和全面感知能力的智能机器成为劳动资料的"神经系统",让机器生产机器成为智能经济时期的重要特征。智能机器的使用能够极大地提高劳动生产率,减少不必要的物质损耗,并且促进人机协同作业,使得大规模定制化智能生产成为可能。

第四章分析社会主义社会非公有制经济中劳动过程的社会组织形式、劳动过程中人的要素的新变化、劳动过程的管理以及相应的生产关系在智能经济条件下的新变化。社会主义市场经济中非公有制经济主要是指个体经济、私营经济和外资经济。三种经济形式中生产资料的归属存在差异,所以价值的分配或者更确切地说剩余价值的分配又有所不同,因而其劳动过程也存在差异。首先,外资经济和私营经济中劳动过程社会组织形式的根本特征是基于雇佣劳动制度的协作;完全的个体经济并不存在雇佣劳动,协作程度也不高,其劳动过程组织形式的变化更多地体现在技术组织形式上。智能经济条件下,雇佣劳动制度的突出变化体现为雇佣时间更灵活、雇佣关系不稳定、雇佣形式更隐蔽;协作的变化主要表现为协作的数字化、分散化和扩大化。其次,劳动过程中人的要素的变化主要表现在劳动者的技能、劳动强度与劳动时间、劳动者的主体性发生变化三个方面。智能经济条件下,私有制企业中劳动者技能两极分化加剧,提高劳动强度和延长劳动时间的问题更加严重,劳动者主体性虚假彰显。再次,劳动过程管理主要涉及组织设定、制度规范和文化约束三个方面。智能技术提高企业组织的信息收集、传递和处理能力,企业制度呈现出算法化的趋势,企业文化的内容、形式、传播手段都呈现出新的特点。当智能技术作为一种"技术权力"服务于资本增殖时,"监控资本主义"逐渐发展起来,私有制企业可能将智能技术应用于强化对劳动者的管理和监督。最后,劳动过程所涉及的生产关系中最根本的是企业所有者与企业员工的雇佣关系,除此之外还包括资本所有者与企业管理者之间的关系、企业管理者与劳动者之间的关系、劳动者之间的关系。在智能经济条件下,委托代理关系最为显著的新变化在于监督成本的下降和信息不对称问题的弱化;管理关系呈现出一些新变化,如组织协调更高效、劳动监督更严格;劳动者之间的关系则表现为竞争加剧。

第五章分析社会主义社会公有制经济中劳动过程的社会组织形式、劳动过程中人的要素的新变化、劳动过程的管理以及相应的生产关系在智能经济条件下的新变化。首先，在社会主义初级阶段的公有制经济中，劳动过程的社会组织形式不是基于计划型自由联合劳动制度而是基于市场型自由联合劳动制度，二者的区别主要在于后者的不完全的自由性和有限的联合性。公有制企业与劳动者之间的劳动关系表现为基于劳动合同的录用关系。智能经济条件下，公有制企业可以在用工时间更灵活、形式更多样的情况下维持明确且稳定的录用关系。其次，在公有制企业中，智能技术理论上可以促进劳动者的技能发展、减轻劳动强度、减少劳动时间以及促进劳动者主体性的彰显。再次，智能经济下公有制企业科层制僵化的问题得到缓解；制度的算法化能够避免在命令执行过程中出现权威的滥用；真正的民主文化、创新文化得以形成。最后，智能技术使得公有制企业委托代理关系层级过多所导致的信息不对称状况以及代理人的监督和激励状况得到明显改善；自上而下与自下而上的管理与监督可以有机结合；劳动者竞赛的意愿提高、范围扩大、效率提升。

第六章分析智能经济条件下劳动过程新变化的应对策略。智能技术在不同所有制经济中的应用有所不同，对劳动过程的影响也存在差异，主要原因在于智能技术代表更先进更高级的生产力，以私有制为基础的生产关系和以公有制为基础的生产关系对其的反作用不同。社会主义作为更高级的社会形态理论上能够更有效地利用智能技术，并促进智能技术更快发展。要切实促进中国特色社会主义市场经济的发展，就必须引导非公有制经济合理利用智能技术，运用智能技术发挥公有制经济优势。只有提高劳动过程的自由性和社会性，促进劳动者自由全面发展，构建中国式劳动过程管理体系，建立高效和谐的生产关系，才能促进公有制经济发展，提高公有制企业生产效率，推动中国式现代化的实现。

本书的创新点主要体现在以下三点。第一，整合和提炼马克思主义劳动过程基本理论。马克思的劳动过程理论散见于诸多著作之中，本书在提炼马克思主义劳动过程理论基本内容的基础上，通过反思和借鉴西方劳动过程理论，对其进行新的理论阐述。第二，拓展对智能经济条件下劳动过程的理论分析。西方现有劳动过程理论以及国内关于劳动过程的论述中系统性地讨论智能经济的研究成果不多，对智能经济条件下劳动过程新变化的研究是劳动过程理论的重要内容。第三，拓展对社会主义市场经济中不同所有制下劳动过程的理论分析。在社会主义初级阶段，我国存在多种所有制经济，区分不同所有制经济中劳动过程的特点以及智能经济对其的影响，对于完善马克思主义劳动过程理论以及推动马克思主义基本原理同中国具体实践相结合具有创新意义。

绪　论

智能经济对劳动过程产生深刻影响，在马克思主义劳动过程理论的基础上，批判吸收西方劳动过程理论，进而分析社会主义市场经济下不同所有制经济中劳动过程的特点，对于建立中国式现代劳动过程管理体系、推动中国式现代化建设具有重要意义。梳理国内外研究现状，明确研究思路与方法是开展该领域研究的必要准备。

第一节　研究意义

研究智能经济条件下劳动过程的最新变化，对于继承和发展劳动过程理论、引导社会主义市场经济下不同所有制企业劳动过程及其管理的发展、推动中国式现代化建设等具有重要的理论意义和实践意义。

一　理论意义

第一，在马克思主义劳动过程理论的基础上，对西方劳动过程理论进行反思，有助于提炼马克思主义劳动过程基本理论并明确劳动过程理论的研究对象、研究任务、分析方法及理论性质。劳动过程理论由马克思创立，列宁、斯大林将其应用于具体实践，中国化马克思主义继承并发展了劳动过程理论，但劳动过程理论的系统性发展仍存在不足。劳动过程理论在西方作为一个专门的研究领域存在，但一方面，西方学者对这一理论的研究框架、研究边界、研究方法等依然存在巨大分歧；另一方面，西方劳动过程理论在发展过程中逐渐背离了马克思主义。因此，提炼马克思主义劳动过程的基本理论、明确其研究内容就具有重要的理论意义。

第二，在智能经济条件下探讨劳动过程新变化，有助于推进劳动过程理论分析的新发展。政治经济学的研究对象是生产关系，但同样要结合生产力和上层建筑。当代生产力的最新发展就是人工智能技术的兴起，因而需要在马克思主义劳动过程理论的基础上，增加对智能经济条件下的劳动过程的理论分析。理论只有与时俱进才具有生命力，这种拓展有利于马克思主义理论的时代化发展。

第三，将智能经济条件下的劳动过程分析拓展到社会主义市场经济中，有助于认识社会主义市场经济中不同所有制下的劳动过程，完善劳动过程理论。劳动过程理论的研究对象不仅包括一般劳动过程，也包括特定所有制或社会形态下的劳动过程，在当代，主要包括资本主义私有制下的劳动过程和社会主义初级阶段下的劳动过程。在社会主义初级阶段，我国以公有制经济为主体，但仍然存在私有制经济。以往关于劳动过程的研究多聚焦于资本主义私有制或我国的私有制经济，但公有制经济中的劳动过程同样是劳动过程理论的研究对象，并且其与私有制经济中的劳动过程存在较大差异。区分社会主义市场经济中的不同所有制经济，避免对劳动过程的笼统分析，有助于促进劳动过程理论的全面发展。

二　实践意义

第一，有助于认识智能经济及其对劳动过程的影响，更好地引导智能经济发展。智能经济以人工智能算法为核心，是一种新的经济形态。仅从经济增长的角度来分析智能经济是远远不够的，还要深入到微观层面，揭示其对劳动过程的影响。只有这样才能真正认识智能经济的"发展机理"，更好地促进智能经济服务于社会主义经济和人民生活，有效地避免智能经济的弊端。

第二，有助于认识社会主义市场经济下劳动过程的现状，推动劳动者工作条件的改善，促进劳动者的全面发展。社会主义国家发展经济的根本目的在于提高人民生活水平，为迈向共产主义社会奠定生产力基础。分析智能经济条件下劳动过程的各个方面，可以对现阶段我国劳动者的劳动条件有一个更清晰的认识，为改善劳动者的工作条件提供依据，进而引导劳动过程朝着促进劳动者自由全面发展的方向发展。

第三，有助于建立中国式现代企业管理体系，切实促进中国式现代化的实现。企业作为生产的主体，其最根本的问题在于如何组织生产，而生产过程离不开劳动，因此劳动过程的管理体系就是企业制度的重要组成部分。中国的现代化是社会主义性质的现代化，不能照搬西方国家的企业制度，必须建立中国式现代企业制度，这就离不开对中国企业尤其是公有制企业内部劳动过程的研究。只有明确劳动过程的基本内容与发展规律，才能建立起中国式现代企业劳动过程管理体系，更好地提高劳动者积极性，切实推动中国式现代化的实现。

第二节　国内外研究现状述评

智能经济的兴起对生产和生活的各个方面产生重要影响。国内外学者从实践和理论层面对智能经济的影响进行分析，并高度重视当代劳动过程的新形式、新变化，相关研究成果不断涌现。

一　智能经济的现实与理论影响

智能经济是一种新的经济形态，其影响涉及生产和生活的各个领域和诸多方面，目前国内外相关研究成果不断涌现。智能经济的概念将在本书第三章中详细阐述，其对劳动过程的直接影响在本节第二部分一并介绍，本部分主要涉及与劳动过程密切相关的两个问题：劳动力就业的变动和劳动价值论的发展。

（一）智能经济与劳动力就业

人工智能对就业数量的影响具有两面性，学界普遍从替代效应和创造效应两个角度分析，就业总量的变化取决于两种效应的相对强弱。但学者们关于人工智能对就业总量的影响却存在不同观点。部分学者认为人工智能技术会促进就业总量增加，例如，高春明等认为在中国劳动力供给不断下降、老龄化加剧的背景下，人工智能虽然会导致结构性失业和技术性失业，但是长期来看会带来更多的劳动力需求[1]；闫雪凌等也认为当前阶段人工智能对劳动力就业的创造效应大于替代效应[2]。但也有学者认为就业总量不会受到智能技术的较大冲击，例如，蔡跃洲、陈楠提出人工智能会对就业造成结构性冲击，但就业总量基本保持稳定[3]。然而，不少学者也看到了智能技术对就业的潜在威胁，如唐永、张衔提出人工智能减弱了技术进步对就业的创造效应而增强了替代效应，会导致就业高端化，加剧失业风险[4]；还有学者认为随着人工智能的发展，未来 10~20 年美国会有近一半的就业人口面临失业风险[5]。

人工智能的发展不仅会对就业数量产生冲击，也会深刻改变就业结构。国内外学界主要以工作内容、行业种类、技能水平等为分析角度。首先，从工作内容来看，周文、耿元通过比较人工智能替代人类劳动的成本和收益，提出重复性强的程序化工作和高附加值的工作容易被代替[6]；陈明生则从人工智能与人类智能的区别出发，提出创造性和情感性强的以及规律性较弱的工作很难被人工智能代替[7]；龚遥、彭希哲发现研究、管理等工作被替代的风险低，偏向于程序性认知活动的工作被替代的风险较高，对从业者受教育程度要求较高的工作不容易被代替[8]。其次，从行业种类来看，曹守新、徐

---

① 高春明、于潇、陈世坤：《人工智能对中国未来劳动力就业的影响——基于劳动力供给视角的分析》，《社会科学战线》2020 年第 10 期。

② 闫雪凌、李雯欣、高然：《人工智能技术对我国劳动力市场的冲击和影响》，《产业经济评论》2021 年第 2 期。

③ 蔡跃洲、陈楠：《新技术革命下人工智能与高质量增长、高质量就业》，《数量经济技术经济研究》2019 年第 5 期。

④ 唐永、张衔：《人工智能会加剧资本主义失业风险吗——基于政治经济学视角的分析》，《财经科学》2020 年第 6 期。

⑤ Frey C. B., Osborne M. A., "The Future of Employment: How Susceptible Are Jobs to Computerisation?", *Technological Forecasting and Social Change*, Vol. 114, 2009.

⑥ 周文、耿元：《人工智能发展更容易替代哪些工作岗位?》，《中国科技论坛》2020 年第 11 期。

⑦ 陈明生：《人工智能发展、劳动分类与结构性失业研究》，《经济学家》2019 年第 10 期。

⑧ 龚遥、彭希哲：《人工智能技术应用的职业替代效应》，《人口与经济》2020 年第 3 期。

晓雯认为人工智能对第二、三产业劳动力就业有较大影响，另外人工智能的应用也会破除女性进入劳动力市场的障碍①；王文认为智能化会减少制造业就业份额，但会促进服务业特别是知识和技术密集型的现代服务业就业的增长②。最后，从技能水平来看，Goos、Manning 提出计算机等机器替代的主要是进行常规工作的中等技能和低技能岗位③；Autor 等运用"常规任务模型"分析发现，技术进步主要对中等技能水平的常规就业具有替代效应，因而在减少中等技能劳动力需求的同时增加了高技能和低技能水平的劳动力就业④；Graetz、Michaels 发现机器人并未导致劳动力市场的两极化，而是减少了低技能工作岗位的比例⑤。

人工智能还可能对劳动收入份额和收入差距产生影响。有的学者提出其消极影响占主要地位，也有部分学者持乐观态度。前者认为人工智能抑制了劳动收入份额的增加并且扩大了收入差距，钞小静、周文慧发现短期内人工智能的应用会增加高技能岗位就业及其收入而减少低技能岗位就业及其收入，且对劳动收入份额的增加的抑制作用还具有显著的地区异质性⑥；马国旺、李焙尧提出这种抑制作用还会随着人工智能的应用而逐渐增强⑦；王林辉等发现人工智能导致高、低技术部门劳动收入差距扩大，从不同地区来看，对资本密集型或非技术密集型地区的收入差距的冲击更为明显⑧；江永

①　曹守新、徐晓雯：《人工智能对劳动力就业的影响及其应对》，《山东社会科学》2020 年第12 期。

②　王文：《数字经济时代下工业智能化促进了高质量就业吗》，《经济学家》2020 年第 4 期。

③　Goos M.，Manning A.，"Lousy and Lovely Jobs：The Rising Polarization of Work in Britain"，*The Review of Economics and Statistics*，Vol. 89，No. 1，2007.

④　Autor D. H.，Levy F.，Murnane R. J.，"The Skill Content of Recent Technological Change：An Empirical Exploration"，*The Quarterly Journal of Economics*，Vol. 118，No. 4，2003.

⑤　Graetz G.，Michaels G.，"Robots at Work"，*Review of Economics and Statistics*，Vol. 100，No. 5，2018.

⑥　钞小静、周文慧：《人工智能对劳动收入份额的影响研究——基于技能偏向性视角的理论阐释与实证检验》，《经济与管理研究》2021 年第 2 期。

⑦　马国旺、李焙尧：《人工智能应用、劳动报酬份额与失业率动态关系的实证分析》，《深圳大学学报》（人文社会科学版）2021 年第 2 期。

⑧　王林辉、胡晟明、董直庆：《人工智能技术会诱致劳动收入不平等吗——模型推演与分类评估》，《中国工业经济》2020 年第 4 期。

红、张本秀也认为人工智能扩大了收入差距，且对西部地区收入差距的影响要显著于东部地区①。持乐观态度的学者则认为人工智能的影响不能笼统地视为消极，赵丹丹、周世军提出人工智能不会造成工资的普遍降低，而是在工业机器人密度低的行业增加工资，在工业机器人密度高的行业降低工资②；何勤等认为人工智能虽然减少了制造业就业数量，但增加了未失业工人技能和收入③；陈利锋、钟玉婷发现人工智能对实际工资和社会福利的影响还与人工智能的发展阶段有关④；朱琪、刘红英认为短期内人工智能更多地使资本要素和高技能劳动力受益，但从长期来看，会在一定程度上缓解收入差距扩大的趋势⑤。

（二）智能经济与劳动价值论

"智能时代是否还应该坚持劳动价值论""价值创造又有何新变化"是学者们关注的主要问题，多数学者认为人工智能不创造价值。张晓雪、孙迎光认为从理论上看，智能劳动依旧遵循劳动价值论；从实践上看，只有劳动价值论能够解释智能经济时代劳动过程的新变化⑥。王水兴提出智能时代劳动者的生产、消费双重主体地位不会被人工智能取代，人工智能的劳动是人类劳动能力通过智能工具系统的延展，并不能创造价值⑦。

但不同学者对于价值创造的具体分析则不尽相同。何玉长、宗素娟发现智能劳动是创造价值的劳动，作为科技含量更高的复杂劳动，智能劳动创造

---

① 江永红、张本秀：《人工智能影响收入分配的机制与对策研究》，《人文杂志》2021 年第 7 期。

② 赵丹丹、周世军：《人工智能与劳动力工资——基于工业机器人匹配数据的经验证据》，《调研世界》2021 年第 7 期。

③ 何勤、邱玥、董晓雨：《人工智能对就业影响研究的现状、热点与趋势——基于知识图谱文献计量方法》，《科技管理研究》2020 年第 17 期。

④ 陈利锋、钟玉婷：《人工智能、劳动收入份额与社会福利》，《华中科技大学学报》（社会科学版）2020 年第 4 期。

⑤ 朱琪、刘红英：《人工智能技术变革的收入分配效应研究：前沿进展与综述》，《中国人口科学》2020 年第 2 期。

⑥ 张晓雪、孙迎光：《人工智能背景下马克思劳动价值论的三维审视》，《江苏社会科学》2021 年第 3 期。

⑦ 王水兴：《人工智能的马克思劳动价值论审思》，《马克思主义研究》2021 年第 5 期。

价值的特殊性在于其价值中包含智能技术的转化价值和协作增值的价值①。
白永秀、刘盼认为智能经济时代劳动、劳动资料和劳动对象都呈现出智能化
的新趋势，智能劳动发挥价值创造的集聚效应、突出了人机融合增值的价值
部分，但活劳动依旧是价值的唯一源泉②。王天恩提出人工智能使得价值创
造从增加劳动的量逐渐向提高劳动的质发展，重复性劳动逐渐被人工智能取
代，创造性劳动越来越成为价值的源泉③。当然，也有部分学者持不同意见，
吴丰华、于家伟以生产力、生产关系和意识三个维度为坐标，提出弱人工智
能和强人工智能均无法创造价值，但超人工智能可以创造价值④。

二　当代劳动过程新发展的国内研究

在数字经济和智能经济的发展过程中，劳动分工与工人技能、劳动和生
产组织形式、劳动控制与劳资关系、劳动者的主体性发挥均呈现出新的特
点。国内学者对当代中国劳动过程的最新发展进行了深入研究。

（一）劳动分工与工人技能

数字技术和智能技术的发展对劳动分工产生深刻影响，也对工人技能提
出新的要求。胡莹认为数字技术将现实世界中的劳动分工体系虚拟化并映射
到数字世界中，而数字经济的发展会导致工人的分化，对工人素质和技能提
出新的要求⑤。邱子童等提出人工智能促使劳动分工由细化向极化演变，机
器在劳动过程中的重要性凸显，实现有效的人机合作要求工人具有更高的技
术水平，工人由去技能化向再技能化发展⑥。但也有学者认为去技能化的趋

---

① 何玉长、宗素娟：《人工智能、智能经济与智能劳动价值——基于马克思劳动价值论的思
考》，《毛泽东邓小平理论研究》2017 年第 10 期。
② 白永秀、刘盼：《人工智能背景下马克思劳动价值论的再认识》，《经济学家》2020 年第 6 期。
③ 王天恩：《人工智能与劳动价值论内在逻辑的展开》，《思想理论教育》2021 年第 9 期。
④ 吴丰华、于家伟：《人工智能创造价值吗？——基于劳动三维分析框架的再考察》，《人文
杂志》2020 年第 9 期。
⑤ 胡莹：《数字经济时代我国的劳动过程分析——基于马克思劳动过程理论的视角》，《社会
主义研究》2021 年第 4 期。
⑥ 邱子童、吴清军、杨伟国：《人工智能背景下劳动者技能需求的转型：从去技能化到再技能
化》，《电子政务》2019 年第 6 期。

势没有改变，王潇认为对于从事知识劳动的工人来说，人工智能将核心科学技术从知识生产的基本技能中抽离，从而其呈现出技术空心化的状态①。对低技能工人的需求增长和资本家对技能提升的宣传是相互矛盾的，谢富胜、周亚霆认为这反映了资本与劳动间的冲突，是知识经济下劳资矛盾的新形式②。

（二）劳动与生产组织形式

智能化发展导致劳动方式的变革，吴文新提出这种变革既包括生产劳动时间与生活消费时间重叠、劳动者逐渐被全面奴役等形式上的变化，也包括物质生产虚拟化、剩余劳动泛在化等性质上的变化③。孙友晋认为智能时代数据和算法的重要性提升，智能劳动重要性凸显，劳动与消费界限模糊，消费者参与劳动工具的形成④。随着数字技术的发展，数字劳动过程也逐渐兴起。韩文龙、刘璐将数字劳动过程划分为传统雇佣经济领域的数字劳动过程、互联网平台零工经济中的数字劳动过程、数字资本公司技术工人的数字劳动过程和非雇佣形式的产销者的数字劳动过程四种类型⑤。王蔚认为数字资本主义劳动过程具备三个显著特征：生产界限模糊、进行数据控制以及存在全方位监视⑥。劳动方式和劳动过程的变化也带来生产组织形式的变革。王梦菲、张昕蔚提出数字技术正在重塑传统的生产模式，使生产过程逐渐网络化、协同化、生态化⑦。有的学者则进一步研究认为智能技术颠覆了传统生产组织方式。赵敏、王金秋提出以智能化技术为基础的机器体系摧毁了传统生产车间内部基于零配件和流水线生产的组织方式，基于信息物理系统的

---

① 王潇：《技术空心化：人工智能对知识型员工劳动过程的重塑——以企业电子研发工程师为例》，《社会发展研究》2019 年第 3 期。
② 谢富胜、周亚霆：《知识经济与资本主义劳动过程》，《教学与研究》2012 年第 3 期。
③ 吴文新：《智能革命下劳动方式的变革及其影响的政治经济学分析》，《当代经济研究》2021 年第 10 期。
④ 孙友晋：《智能经济背景下劳动工具的发展及其对劳动的影响》，《贵州社会科学》2020 年第 10 期。
⑤ 韩文龙、刘璐：《数字劳动过程及其四种表现形式》，《财经科学》2020 第 1 期。
⑥ 王蔚：《数字资本主义劳动过程及其情绪剥削》，《经济学家》2021 年第 2 期。
⑦ 王梦菲、张昕蔚：《数字经济时代技术变革对生产过程的影响机制研究》，《经济学家》2020 年第 1 期。

"虚拟车间"主导新的劳动组织方式使大规模多样化生产成为可能①。生产组织的发展也带来企业组织的变革。赵磊、韩玥指出，网约车平台实质上是以数字技术为基础的市场化、多主体科层组织②。田洋认为，互联网时代企业组织结构趋向扁平化③。

（三）劳动控制与劳资关系

数字技术的发展使得劳动控制的方式也随之改变。吴清军、李贞认为，数字平台给予工人部分自主性，通过一系列奖惩机制对工人进行碎片化控制④。李胜蓝、江立华提出，外卖平台通过对时间规则的重构建立了新型劳动时间控制模式⑤。在平台经济中，劳动时间和地点相对自由，表面上看是工人对资本组织的从属弱化，但胡磊发现数字技术在劳动控制中的运用，使得控制形式更加隐蔽、多样，因而实质上是工人对资本的数据从属强化⑥。周绍东、武天森认为网约车司机的劳动对资本的形式从属关系弱化，事实上从属关系加强，呈现出结构性的撕裂状态⑦。数字技术对劳动过程的控制能力有极大的提升，工人对资本的从属增强，因而陈龙提出平台资本对劳动的控制正从专制转向霸权、从实体转向虚拟⑧。智能技术在数字技术的基础上使得劳动控制进一步增强，赵力发现轨道交通行业中智能技术领域的劳动控制具有心理控制与实时控制的特点⑨。

①　赵敏、王金秋：《新技术革命的政治经济学研究》，《政治经济学评论》2020 年第 3 期。
②　赵磊、韩玥：《跨越企业边界的科层控制——网约车平台的劳动力组织与控制研究》，《社会学研究》2021 年第 5 期。
③　田洋：《互联网时代劳动过程的变化》，《经济学家》2018 年第 3 期。
④　吴清军、李贞：《分享经济下的劳动控制与工作自主性——关于网约车司机工作的混合研究》，《社会学研究》2018 年第 4 期。
⑤　李胜蓝、江立华：《新型劳动时间控制与虚假自由——外卖骑手的劳动过程研究》，《社会学研究》2020 年第 6 期。
⑥　胡磊：《平台经济下劳动过程控制权和劳动从属性的演化与制度因应》，《经济纵横》2020 年第 2 期。
⑦　周绍东、武天森：《个体自由与集体禁锢：网约车平台的劳资关系研究》，《河北经贸大学学报》2021 年第 2 期。
⑧　陈龙：《"数字控制"下的劳动秩序——外卖骑手的劳动控制研究》，《社会学研究》2020 年第 6 期。
⑨　赵力：《心理控制与实时控制：智能化技术中的劳动控制》，《重庆社会科学》2019 年第 4 期。

劳动控制形式的发展也带来了劳资关系的新表现。戚聿东等指出数字经济时代灵活就业发展迅速，由此也导致劳动产品归属不明，劳动者权益无法得到有效保障①。尽管在数字经济时代，工人逐渐全面从属于资本，且劳动和资本的收入差距不断扩大，但胡莹认为网络数字平台使传统的雇佣关系转向纯粹的市场交易关系，数字经济时代的劳动组织形式在一定程度上缓和了劳资冲突②。也有学者分析了人工智能对劳资关系的影响，如蒋红群认为人工智能一方面带来资本主义生产力的智能化发展，另一方面又导致资本主义生产关系发生部分质变。劳资关系的新对抗性表现为人工智能对劳动力的空前排斥以及平台资本与非稳定就业的新兴劳动阶层之间的激烈矛盾③。

（四）劳动者的主体性问题

随着资本主义的发展和对工人剥削加重，后现代主义理论兴起，关于劳动者主体性问题的研究成果逐渐丰富。然而劳动者主体性是否真正觉醒，学者对此持不同意见。夏莹、牛子牛指出在当代资本主义劳动过程中，劳动者主体性不仅空前彰显，甚至呈现出过剩的状态，从而导致工人的自我剥削和工人间的相互剥削④。但也有学者认为，劳动者主体性并没有充分彰显。冯向楠、詹婧提出在人工智能时代，平台资本通过大数据等技术手段、惩罚奖励等制度建设以及文化宣传等多种方式加强了对劳动过程的控制，而劳动者主体性多表现为被动反抗以及极端情况下的抗争，整体来看难以彰显⑤。类似的，刘善仕等发现尽管以数字平台为基础的共享经济看似为工人提供了自由的空间，然而事实上，数字技术的发展强化了劳动控制，工人的自主性受

---

① 戚聿东、刘翠花、丁述磊：《数字经济发展、就业结构优化与就业质量提升》，《经济学动态》2020 年第 11 期。
② 胡莹：《论数字经济时代资本主义劳动过程中的劳资关系》，《马克思主义研究》2020 年第 6 期。
③ 蒋红群：《人工智能崛起与当代资本主义生产方式新变化》，《学术论坛》2020 年第 5 期。
④ 夏莹、牛子牛：《主体性过剩：当代新资本形态的结构性特征》，《探索与争鸣》2021 年第 9 期。
⑤ 冯向楠、詹婧：《人工智能时代互联网平台劳动过程研究——以平台外卖骑手为例》，《社会发展研究》2019 年第 3 期。

到限制①。关于人工智能对工人主体性的挑战，陈文捷、解彩霞认为人工智能只是模拟和强化了人脑的部分机能，其认知和活动没有主体性，本质上依然是人脑的对象化，因此尚未对人的主体地位构成实质性的威胁，但也要预见到人工智能导致主体自身能力和主体间交往异化的可能②。关于主体性如何彰显的问题，罗建文认为马克思只分析了劳动过程中主体性因素在价值生产中的作用，但对如何提高劳动过程中劳动者的主体性并未给出答案③。

三 劳动过程理论的国外研究

西方劳动过程理论从复兴到多元化发展，大致经历了四个阶段④。前三个阶段处于劳动过程理论的建构期，第一章将做详细介绍。本部分主要介绍第四个阶段，即劳动过程理论向更广泛的政治经济领域的应用扩展。

（一）数字劳动过程与劳动控制

劳动过程的数字化突出表现在平台经济中，其劳动控制也呈现出数字化的特征。McDonald P. 等运用劳动过程理论研究澳大利亚护理服务的数字平台对劳动过程的四种控制手段：将风险和责任从平台转移给工人和客户、将经营成本分摊给工人、口述合同安排、监测服务工作的质量标准。这彰显了劳动过程理论对当代新兴工作和劳动形式的解释力⑤。Veen A. 等则以食品配送平台为例，揭示资本对劳动过程的控制不仅是算法管理还是多面性的，它具有三个显著的特点：技术基础设施的全面配置、利用信息不对称来约束

---

① 刘善仕、裴嘉良、钟楚燕：《平台工作自主吗？在线劳动平台算法管理对工作自主性的影响》，《外国经济与管理》2021 年第 2 期。

② 陈文捷、解彩霞：《人工智能对人主体性影响的思考》，《学术论坛》2019 年第 3 期。

③ 罗建文：《论劳动过程中的劳动者主体性及其激活》，《上海师范大学学报》（哲学社会科学版）2021 年第 4 期。

④ Thompson Paul, Newsome Kirsty, "Labour Process Theory, Work and the Employment Relation", in Bruce E. Kaufman, ed., *Theoretical Perspectives on Work and the Employment Relationship*, Cornell: Cornell University Press, 2004, pp. 133-162.

⑤ McDonald P., Williams P., Mayes R., "Means of Control in the Organization of Digitally Intermediated Care Work", *Work, Employment and Society*, Vol. 35, No. 5, 2021.

员工的选择、绩效管理系统的模糊性①。也有不少学者聚焦于将劳动过程理论应用于数字化的劳动过程本身。Söderberg J. 研究了名为"Reprap"的开源 3D 打印机的案例，发现劳动过程理论可以为研究无薪的非雇员如何被公司和风险资本家投入工作这一问题提供一种历史视角和基于经验的方法②。Greenhill A. 和 Fletcher G. 探讨了虚拟游戏世界中的劳动实践，以探索劳动和工作的概念在信息系统领域的呈现，并检验现有的劳动过程理论在虚拟世界的问题性和扩展性空间中的稳健性③。

（二）情绪劳动概念与劳动过程

随着主体性问题研究的深入，情绪劳动也被越来越多地融入劳动过程分析中。Diefendorff J. M. 和 Gosserand R. H. 以控制理论为基础，提出了一个基于过程的情绪劳动模型，该模型尝试解释情绪是如何在变化的环境中被调节以符合表现规则的④。Bolton S. C. 捍卫情绪劳动概念，试图将情绪劳动和工作概念化，并将其纳入劳动过程分析中⑤。Vincent S. 尝试证明劳动过程理论可以在情感经济中发挥重要的解释作用，认为其可以帮助理解情感表达如何嵌入政治经济学；情绪劳动的相关概念则填补了"核心劳动过程理论"的一些空白，可以用于解释不同的情绪表现在不同的劳动过程中是如何被（错误）识别和（未）奖励的⑥。Brook P. 以情感劳动为基础，从深化和拓展劳

---

① Veen A., Barratt T., Goods C., "Platform-capital's 'Appetite' for Control: A Labour Process Analysis of Food-Delivery Work in Australia", *Work, Employment and Society*, Vol. 34, No. 3, 2020.

② Söderberg J., "The Cloud Factory: Making Things and Making a Living with Desktop 3D Printing", *Culture and Organization*, Vol. 25, No. 1, 2019.

③ Greenhill A., Fletcher G., "Laboring Online: Are There 'New' Labor Processes in Virtual Game Worlds?", *Journal of the Association for Information Systems*, Vol. 14, No. 11, 2013.

④ Diefendorff J. M. and Gosserand R. H., "Understanding the Emotional Labor Process: A Control Theory Perspective", *Journal of Organizational Behavior: The International Journal of Industrial, Occupational and Organizational Psychology and Behavior*, Vol. 24, No. 8, 2003.

⑤ Bolton S. C., "Getting to the Heart of the Emotional Labour Process: a Reply to Brook", *Work, employment and society*, Vol. 23, No. 3, 2009.

⑥ Vincent S., "The Emotional Labour Process: An Essay on the Economy of Feelings", *Human Relations*, Vol. 64, No. 10, 2011.

动过程分析的马克思主义传统中提出一种关于劳动主体性的唯物主义理论①。

（三）全球价值链中的劳动过程

经济全球化的不断发展和全球分工的深化促使劳动过程分析范围的扩大。McGrath-Champ S. 等认为不少关于全球商品价值链和生产网络的文章没有涉及劳动和就业关系，而将雇佣关系、劳动和劳动过程摆在全球生产网络（GPNs）和全球破坏网络（GDNs）分析的核心位置是有必要的，因为劳动力塑造了二者的结构②。López T. 等将以工作场所为中心的劳动过程理论方法与多层次的全球价值链视角相结合，展示了零售商的数字化供应链管理策略是如何与工作的去技能化以及新型数字化劳动力控制形式等联系在一起的③。Naz F. 和 Bögenhold D. 以巴基斯坦足球产业进行定性案例研究，说明全球产业组织体系中再生产社会关系的一般机制，重点强调了非正式工人如何以及在何种条件下嵌入到扩展的全球生产网络中，通过借鉴全球生产网络和劳动过程理论（LPT）的综合概念框架，揭示了非正式工人的工作条件和生活现实④。

（四）劳动过程理论的其他应用

在医学劳动、教师劳动等领域，劳动过程理论也有诸多应用。Treiber L. A. 以劳动过程理论和流行病学模型为框架，分析了任务风险敞口、工人劳动过程控制、安全气氛感和不利于职业健康的三个依赖性指标（工伤、疲劳和国家就业成年人样本群体的健康状况）之间的关系⑤。Mears A. 的研究

---

① Brook P.，"Emotional Labour and the Living Personality at Work：Labour Power，Materialist Subjectivity and the Dialogical Self"，*Culture and Organization*，Vol. 19，No. 4，2013.

② McGrath-Champ S.，Rainnie A.，Pickren G.，et al.，"Global Destruction Networks，the Labour Process and Employment Relations"，*Journal of Industrial Relations*，Vol. 57，No. 4，2015.

③ López T.，Riedler T.，Köhnen H.，et al.，"Digital Value Chain Restructuring and Labour Process Transformations in the Fast-fashion Sector：Evidence from the Value Chains of Zara & H&M"，*Global Networks*，Vol. 22，No. 4，2022.

④ Naz F. and Bögenhold D.，"Understanding Labour Processes in Global Production Networks：A Case Study of the Football Industry in Pakistan"，*Globalizations*，Vol. 17，No. 6，2020.

⑤ Treiber L. A.，"Safety or Control？：Workplace Organization and Occupational Health"，*Journal of Applied Social Science*，Vol. 3，No. 1，2009.

从劳动剩余价值的关系性生产的角度，探讨了人们在后福特经济时代的文化和技术部门免费工作的问题①。Hughes E. 等结合劳动过程理论考察两个竞争的爱尔兰工会如何在道德经济不均衡的情况下，在竞争性招标和市场化的争议中有意识地寻求实现集体工人团结②。Price A. 等以劳动过程理论为基础，分析了教师的劳动过程，并提出从劳动过程理论的角度来看，国家对教师和教师工作的某种形式的控制是资本主义的基础，而自 1970 年经济结构调整以来，这种控制变得更加强烈③。

四　国内外文献述评

智能经济的影响广泛而深刻，不仅涉及实践层面也关乎理论问题。在实践层面，现有研究聚焦智能经济对就业的影响；在理论层面，则主要是关于劳动价值论的最新发展。智能经济对劳动力就业的影响比较复杂，既有数量问题又有结构问题。人工智能技术的发展对就业数量既可能产生正向促进作用，又可能具有负向抑制作用，就业总量的变动取决于两种作用的相对大小。同时，人工智能的发展对不同技能水平、不同行业、不同地区的工人的影响又不尽相同，由此造成劳动和就业结构的变动。不仅如此，智能经济的发展也与劳动收入份额和收入差距等分配问题直接相关。但学界对上述问题尚未达成一致意见，关于就业总量是否增加、智能经济下工人就业结构与技能水平以及收入份额如何变动等一系列问题，还存在大量不同观点。同样的，在劳动价值论有何新发展、又如何坚持等问题上，学者们依然存在分歧。究其根本，在于学界对于智能经济如何改变劳动过程的认识不够。厘清

---

① Mears A. , "Working for Free in the VIP: Relational Work and the Production of Consent", *American Sociological Review*, Vol. 80, No. 6, 2015.
② Hughes E. , Dobbins T. , Merkl-Davies D. , "Moral Economy, Solidarity and Labour Process Struggle in Irish Public Transport", *Economic and Industrial Democracy*, Vol. 43, No. 1, 2022.
③ Price A. , Mansfield C. , McConney A. , "Considering 'Teacher Resilience' from Critical Discourse and Labour Process Theory Perspectives", *British Journal of Sociology of Education*, Vol. 33, No. 1, 2012.

智能经济如何重塑劳动过程才能有效解决上述难题，这就要求在智能经济条件下发展马克思主义劳动过程理论。

国内关于劳动过程理论的研究，主要是在介绍西方劳动过程理论的基础上对当代中国劳动过程的新发展进行论述。但更多的研究集中在数字经济背景下劳动过程的变化方面，只有少部分学者研究人工智能对劳动分工和生产组织形式的影响。对数字经济中劳动过程的研究主要涉及数字经济下的生产模式、企业组织结构以及劳动控制和劳资关系的问题。国内学者研究成果表明平台经济下劳动控制呈现出虚拟化、全面化的特点，并且劳资关系矛盾依旧突出，劳动权益保障有待加强。近几年关于劳动者主体性的研究也开始出现，但学界关注度还比较低。然而，现有研究集中于对非公有制企业尤其是非公有制数字平台企业劳动过程的分析，忽视了对公有制企业的分析。

而西方劳动过程理论发展经历了四个阶段，理论本身的定位还存在争议，也受到西方马克思主义者的批评。在遇到主体性问题的冲击后，西方劳动过程理论逐渐失去热度。在第四阶段，尽管劳动过程理论逐渐应用于更广泛的政治经济领域，但理论本身的发展已经放缓。对数字时代劳动过程的分析可以看作传统劳动过程理论在形式上的延续，劳动过程理论与全球生产价值链相联系则更接近于范围上的扩展，而情绪劳动的相关研究主要体现了劳动过程理论对主体性研究成果的吸收，在其他领域的应用同样没有显示出理论上的实质性创新。因此，明确劳动过程理论的核心、原则和方法，回归马克思主义，才能使劳动过程理论焕发生机。

总的来说，从智能经济和劳动过程理论的国内外现有文献来看，存在以下几个有待进一步研究的方面：深入考察智能经济条件下劳动过程的新变化；回归马克思主义正统，明确劳动过程理论的基本内容；系统地分析智能经济对社会主义市场经济中不同所有制企业的劳动过程的影响。因此，有必要以马克思主义劳动过程理论为基础，在智能经济条件下，研究社会主义市场经济下不同所有制企业的劳动过程，推动劳动过程理论的新发展。

第三节　研究思路、方法、创新与不足

研究马克思主义经济学理论需要坚持"马学为体、西学为用、国学为根"①的思维原则。本书在将马克思主义理论与中国实践相结合的基础上，综合运用定性分析法、科学抽象法等多种研究方法，继承并发展劳动过程理论；但研究仍存在不足，未来还需要进一步深化。

一　研究思路

首先，在以马克思主义劳动过程理论为主体的前提下，通过对西方劳动过程理论的反思与借鉴，提炼马克思主义劳动过程理论的基本内容。其次，运用劳动过程理论，分析当代经济的最新发展即智能经济对劳动过程的影响（所有制特征不明显的部分）。最后，结合中国社会主义初级阶段的基本国情，分析智能经济下不同所有制经济（所有制特征较明显的部分）中劳动过程的最新变化。具体思路如图 1-1 所示。

二　研究方法

第一，定性与定量分析相结合的方法。本书的研究依赖大量的文献阅读和分析，其中不仅包括马克思列宁主义经典作家的相关论述，还有西方劳动过程理论研究成果以及中国学者对劳动过程理论的阐发。对智能经济条件下社会主义市场经济中的劳动过程的定性分析及对劳动过程新变化的逻辑推演与对不同所有制经济的经济规模的定量分析及对劳动过程的数学分析相结合。

第二，科学抽象法。"最一般的抽象总只是产生在最丰富的具体发展的场合……在资产阶级社会的最现代的存在形式……在这里，'劳动'、'劳动一般'、直截了当的劳动这个范畴的抽象，这个现代经济学的起点，才成为

---

① 程恩富：《中国特色社会主义政治经济学研究十大要义》，《理论月刊》2021 年第 1 期。

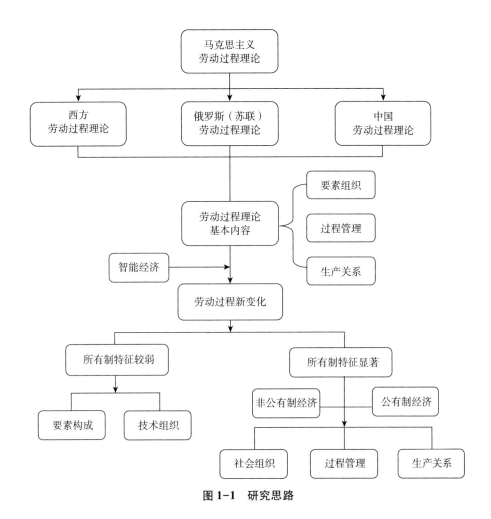

图 1-1　研究思路

实际上真实的东西。"[①] 本书的研究主要针对劳动过程理论，劳动过程是其核心概念，其内涵和外延的确定离不开科学的抽象法。同时，对劳动过程理论的研究内容、基本问题的界定也离不开科学的抽象法。

　　第三，逻辑与历史相统一的方法。准确来说，这一方法不属于研究方法而是叙述方法。恩格斯曾指出："历史从哪里开始，思想进程也应当从哪里

---

① 《马克思恩格斯文集》第 8 卷，人民出版社，2009，第 28~29 页。

开始。"① 一方面，劳动过程理论的发展是与劳动过程的发展密切相关的，逻辑与历史是一致的。另一方面，在智能经济背景下拓展对社会主义市场经济中劳动过程的分析，也离不开对智能经济、社会主义市场经济和社会主义劳动过程发展历史的考察。

三 研究的创新之处

第一，整合和提炼马克思主义劳动过程基本理论。马克思的劳动过程理论散见于诸多著作之中，经过马克思主义经典作家的不断发展，内容不断丰富，但没有成为专门的研究领域，因而也就需要提炼马克思主义劳动过程基本理论。西方劳动过程理论尽管将劳动过程作为专门的课题来研究，但其理论和分析方法却日渐背离马克思主义。本书在提炼马克思主义劳动过程基本理论的基础上，通过反思和借鉴西方劳动过程理论，对其进行新的理论阐述。

第二，拓展对智能经济条件下劳动过程的理论分析。西方现有劳动过程理论以及国内关于劳动过程的论述中系统性地讨论智能经济的研究成果不多，近些年的相关论述主要涉及自动化或者数字技术下的劳动过程。智能经济不同于传统的自动化，相比于现有的数字经济也有不同之处。有学者认为，智能化是数字化的高级阶段或者下一阶段。对智能经济条件下劳动过程新变化的研究是劳动过程理论研究的重要内容。

第三，拓展对社会主义市场经济中不同所有制下劳动过程的理论分析。西方劳动过程理论重点讨论垄断资本主义条件下劳动过程的变化。不少学者向国内介绍西方劳动过程理论体系，但其并不完全适用于中国特色社会主义市场经济。国内现有研究多是零散地从劳动控制、劳资关系等角度分析国内劳动过程，没有系统地分析社会主义市场经济中不同所有制下的劳动过程。"我在莫斯科遇到的一些苏联经济学家和社会科学家……坚持说，在生产资

---

① 《马克思恩格斯文集》第 2 卷，人民出版社，2009，第 603 页。

料归工人所有的国家里，是无需研究工作是否满意的问题的。"① 事实上，对社会主义劳动过程的研究同样是必要的。在社会主义初级阶段，我国存在多种所有制经济，区分不同所有制经济中劳动过程的不同特点和智能经济对其的影响，对于完善马克思主义劳动过程理论和推动马克思主义基本原理同中国具体实践相结合具有创新意义。

四　研究的不足

劳动过程理论内容丰富且涉及面广，而限于研究时间和篇幅，还存在一些问题，有待进一步研究。

第一，定量分析有待拓展。"一种科学只有在成功地运用数学时，才算达到了真正完善的地步"②。尽管本书已经尽可能地使用数据和数学模型，但基于劳动过程建立的数学模型还可进一步扩展。在今后的研究中，可以运用数学建模等方法将对劳动过程的分析进一步数学化、定量化。

第二，案例分析有待深化。本书在对劳动过程新变化的分析中将理论与实践相结合，在理论分析中加入相关案例，但受限于客观条件，没有进入企业工厂车间实际考察劳动过程，案例素材主要来自其他学术专著和互联网资料。在今后的研究中，还需更多地进行实地考察，进一步运用案例分析的方法。

---

① 〔美〕哈里·布雷弗曼：《劳动与垄断资本：二十世纪中劳动的退化》，方生等译，商务印书馆，1978，第17页。

② 中共中央马克思恩格斯列宁斯大林著作编译局编《回忆马克思》，人民出版社，2005，第191页。

第一章　马克思主义劳动过程理论的创立与发展

法国空想社会主义和英国古典政治经济学都涉及对劳动过程的分析，是劳动过程理论的重要思想渊源。劳动过程理论由马克思创立，经过马克思主义经典作家的不断发展，其内容日渐丰富。列宁和斯大林将劳动过程理论应用于俄国（苏联）的具体实践；中国共产党将劳动过程理论与中国国情相结合，其中国化成果是毛泽东思想以及中国特色社会主义理论体系的重要组成部分；西方劳动过程理论将劳动过程作为专门的研究领域，但在后续发展中逐渐背离了马克思主义理论。

第一节　劳动过程理论的思想渊源

法国空想社会主义创造性地设想了未来社会的劳动过程，并对现实的资本主义社会的劳动过程进行了深刻的批判。这种设想更多的是一种美好的社会理想，而对资本主义劳动过程的批判则大多停留在经验层面。英国古典政治经济学逐渐将对劳动过程的研究深入到理论层面，只是这种研究一方面系统性不强，另一方面不可避免地带有对资本主义制度的辩护性。

一　法国空想社会主义

查尔斯·傅立叶（Charles Fourier）深刻地批判了资产阶级文明，将之称为"复活的奴隶制",揭露了雇佣劳动对工人的损害和奴役,并进一步针对资产阶级生产的无政府状态指出生产的分散性是一切灾难的源泉,由此提出"要发明这种与分散经营相反的协作结构,即经济的新世界"①。这种协作制度不仅涉及社会经济运行的协作,也包括微观层面的劳动的协作;将劳动过程分为不同的部分,由不同的"谢利叶"组来完成,这将极大地提升劳动生产力。不仅如此,还要使协作制度下的劳动成为诱人的劳动。在协作制度下,劳动不再是被迫的、强制的,而是建立在劳动者非常愉快的"情欲"基础上的。这就需要对劳动时间和劳动内容进行规定,"第二,工作时间短:每次最长的工作时间限于两小时。没有这种措施……分配上的协调和劳动引力结构便会遭到破坏……第三,工作分段进行:每个人的工作都应该限于作业的某一小部分……分组则按照每个人的嗜好来分配作业"②。

罗伯特·欧文(Robert Owen)通过对工厂相关数据的计算,发现了机器的所有者即企业主对广大劳动者创造的财富的侵占。因此他强烈谴责资本主义制度,并要求建立以公有制为基础的集体劳动的工农合作公社。欧文在微观层面分析了管理对劳动过程的重要作用,尤其强调对劳动者的"照管"的积极作用。"如果适当地照管死机器能产生这样有利的效果,那么,对于各位的在结构上还要神异得多的活机器,如果予以同等的照管,那还有什么是不能希望得到的呢?"③ 所谓的活机器即是指劳动者,欧文通过自己的实践证明有效管理、培养劳动者能够带来巨大的效益提升。保证劳动者物质生活充足且健康,使其精神活动不受到限制和损害,是真正的"理财之道"。

克劳德·昂利·圣西门(Claude-Henri de Rouvroy)同样对资本主义制度进行了尖锐的批判,他看到了少数剥削阶级的奢靡生活建立在广大劳动者被剥削、被奴役的基础上。他指明了生产和生产者的重要性,"生产有益的物品,是政治社会能为自己规定的唯一合理和正确的目的,所以尊重生产和生产者的原则,要比尊重占有和占有者的原则有益得多……每个人在社会关系

---

① 〔法〕查尔斯·傅立叶:《傅立叶选集》第1卷,赵俊欣等译,商务印书馆,2017,第110页。
② 〔法〕查尔斯·傅立叶:《傅立叶选集》第1卷,赵俊欣等译,商务印书馆,2017,第172页。
③ 〔英〕罗伯特·欧文:《欧文选集》第1卷,柯象峰等译,商务印书馆,2009,第7页。

方面只应把自己看成是劳动者社会的一员"①。他呼吁推广教育，并提倡大力促进劳动者生产积极性的提高，要使得尊重他人的生产成为在人们心中占主导地位的价值理念。

二　英国古典政治经济学

威廉·配第（William Petty）较早地提出了劳动价值论，但是却不能区分具体劳动和抽象劳动，因此混淆了商品的使用价值和价值。他认为"土地是财富之母，而劳动则为财富之父和能动的要素"②。配第不仅认识到劳动在使用价值生产中的重要地位，而且分析了劳动分工与协作对劳动生产率的影响。"譬如织布，一人梳清，一人纺纱，另一人织造，又一人拉引，再一人整理，最后又一人将其压平包装，这样分工生产，和只是单独一人笨拙地担负上述全部操作比起来，所花的成本一定比较低。"③以荷兰的航运业为例，配第指出良好的劳动分工能够极大地降低生产成本。同时，他在分析不同行业之间相互联系的基础上，又指出生产的集中对劳动生产率的促进作用。

亚当·斯密（Adam Smith）进一步从劳动分工的角度分析劳动过程。在《国富论》的开篇，斯密就以扣针制造业为例，详细地分析生产扣针的劳动过程的工艺，以及这种分工制的工艺对劳动生产率的巨大促进作用。"凡能采用分工制的工艺，一经采用分工制，便相应地增进劳动的生产力。"④不仅如此，斯密还考察了在劳动过程中劳动者技能的变化和劳动时间的优化。随着劳动分工的细化，劳动者因为更加专注于某一项工作，技能得到精进。一方面，这种专业化减少劳动者在不同种类的劳动之间转换所耗费的时间；另

---

① 〔法〕昂利·圣西门：《圣西门选集》第1卷，王燕生等译，商务印书馆，2009，第170～171页。

② 〔英〕威廉·配第：《配第经济著作选集》（赋税论），陈冬野、马清槐译，商务印书馆，2009，第63页。

③ 〔英〕威廉·配第：《配第经济著作选集》（政治算术），陈冬野译，商务印书馆，2009，第17页。

④ 〔英〕亚当·斯密：《国民财富的性质和原因的研究》上卷，郭大力、王亚南译，商务印书馆，2009，第4~5页。

一方面，这种专业化提高劳动熟练程度，并促进简化劳动和缩减劳动时间的劳动工具的发明，由此劳动者所能完成的劳动量大大增加。这种分工和协作随着交换能力的增加和市场范围的扩大而不断发展。

大卫·李嘉图（David Ricardo）是英国古典政治经济学的集大成者，他继承了亚当·斯密价值理论的科学部分，并进一步完善和发展了劳动价值论。但是他没有区分劳动和劳动力，不清楚价值实体，因此其价值理论存在缺陷，最终李嘉图学派走向解体。根据在劳动过程中消耗的快慢，李嘉图对资本进行了区分，"资本有些消耗得快，必须经常进行再生产，有些则消耗得慢。根据这种情形，就有流动资本和固定资本之分"[1]。他意识到劳动工具中的劳动向劳动产品转移，但没有认识到不变资本和可变资本的本质差异。不仅如此，李嘉图也关注到了劳动时间，但其将工作日视为固定不变的量，也就不能正确认识工作日的延长与绝对剩余价值的生产。总的来看，李嘉图关注劳动过程的目的主要在于分析生产过程的另一方面，即价值增殖过程。作为资产阶级经济学家，"对于工人阶级的生活，李嘉图是冷酷无情，漠不关心的"[2]。

法国空想社会主义从经验层面揭露资本主义劳动过程对无产阶级的损害并试图提出新的未来社会的劳动形态，这构成马克思劳动过程理论产生的现实必要性，因为后者的目的也正在于此。法国空想社会主义对资本主义劳动过程的揭露和对未来社会劳动过程的设想主要停留在经验层面，英国古典政治经济学尽管逐渐将对劳动过程的分析理论化，但一方面这种理论化不系统不彻底，另一方面由于其资产阶级辩护性因而其也就不能具有真正的科学性，这构成马克思劳动过程理论形成的理论必要性。

法国空想社会主义和英国古典政治经济学对劳动过程分析的不足是马克思劳动过程理论提出的前提，但不可否认的是，二者也存在较为科学的思想

---

① 〔英〕彼罗·斯拉法主编《李嘉图著作和通信集》第 1 卷，郭大力、王亚南译，商务印书馆，2017，第 22 页。

② 〔英〕彼罗·斯拉法主编《李嘉图著作和通信集》第 1 卷，郭大力、王亚南译，商务印书馆，2017，第 14 页。

和观点，这部分内容也被马克思劳动过程理论吸收借鉴。傅立叶关于协作的论述、欧文对于机器应用的阐发以及圣西门对劳动者被剥削的揭露等内容，都成为马克思劳动过程理论重要的思想源泉。英国古典政治经济学对劳动过程的分析与价值增殖过程紧密联系，马克思在借鉴其劳动分工等具体劳动相关内容的同时，批判性继承了劳动价值理论并将其科学化。正是基于此，马克思劳动过程理论逐渐形成和完善。

第二节　马克思主义劳动过程理论的创立

《新帕尔格雷夫经济学大辞典》"马克思主义经济学"词条把马克思主义经济学的内容分为三个主要部分，即"（1）劳动过程；（2）价值、利润与剥削；（3）资本积累与危机"[①]。劳动过程范畴最早是由马克思提出的[②]，相关分析主要集中在《资本论》及其手稿中[③]。

一　基本分析方法

在创立劳动过程理论时马克思综合运用了多种方法，其中最基本的是辩证唯物主义和历史唯物主义。运用历史唯物主义的分析，马克思明确劳动过程的决定性地位；叙述劳动过程理论则需要辩证唯物主义的方法，具体来说表现为政治经济学的第二条道路，沿着这条道路，马克思主义劳动过程理论由劳动过程一般向资本主义劳动过程逐渐展开。当然，这并不意味着历史唯物主义和辩证唯物主义是割裂的，也不是说前者是分析方法而后者是叙述方法，而是指在不同的问题上二者的运用存在差异。

（一）历史唯物主义

《资本论》第一册标题是"资本的生产过程"，这正是历史唯物主义的

---

①　〔英〕约翰·伊特韦尔编《新帕尔格雷夫经济学大辞典》（第3卷），陈岱孙主编译，经济科学出版社，1996，第420页。

②　赵炜：《劳动过程理论的拓展和转型：21世纪以后的演变》，《江苏社会科学》2020年第2期。

③　关锋：《劳动过程理论：马克思主义不应被疏漏的向度》，《学术月刊》2010年第10期。

生动体现。"摆在面前的对象，首先是物质生产"①，这是因为"一切人类生存的第一个前提，也就是一切历史的第一个前提，这个前提是：人们为了能够'创造历史'，必须能够生活。但是为了生活首先就需要吃喝住穿以及其他一些东西。因此第一个历史活动就是生产满足这些需要的资料，即生产物质生活本身"②。唯物史观的科学性在于其不是从思维、意识来解释实践，相反物质实践才是解释思维、意识乃至社会关系以及一切历史的出发点。纵向看，在所有社会形态中生产活动都处于基础地位；横向看，在同一社会形态下的各种活动中生产活动都处于首要地位。前者不难理解，后者可以从生产与分配、交换和消费的关系来看。生产活动既与另外三种经济活动相统一，又具有决定性作用。四者的统一并不意味着它们"是同一的东西，而是说，它们构成一个总体的各个环节，一个统一体内部的差别"③。生产是生产资料的消费，而生活资料的消费则是劳动力的生产；类似的，在生产之前的是生产资料和劳动力的分配，而在生产之后的是产品的分配；交换作为中介要素则存在于另三者之间。但在统一关系中，生产又毫无疑问处于支配地位。生产决定着消费的质和量，决定着分配的形式和内容，决定着交换的深度和范围。由此，也就不难理解为何《资本论》第一卷着重分析资本的生产过程了。

而在分析资本的生产过程中劳动过程又是首先被分析的范畴。劳动范畴并不是马克思主义政治经济学的逻辑起点，《资本论》第一卷首先是对商品范畴进行分析，进而过渡到货币以及资本，然后再开始对资本主义生产过程的分析。这牵涉到政治经济学理论的叙述方法，对此将在后文辩证唯物主义部分详细阐述。尽管《资本论》第一卷没有从生产过程开始，但毫无疑问的是一旦理论进展到对生产过程的分析时，首先出现的就是劳动过程范畴。在从猿到人的进化过程中，劳动对手、脑等器官以及语言的发展起到至关重要

---

① 《马克思恩格斯文集》第 8 卷，人民出版社，2009，第 5 页。
② 《马克思恩格斯文集》第 1 卷，人民出版社，2009，第 531 页。
③ 《马克思恩格斯文集》第 8 卷，人民出版社，2009，第 23 页。

的作用。在人类社会形成之后，作为生产活动的核心，劳动又成了人生存发展的前提，对社会关系、社会制度的变革也具有关键作用。正是基于历史唯物主义的分析，马克思将劳动过程放在整个理论体系的关键位置，并在《资本论》中花费大量篇幅介绍资本主义生产过程中的劳动过程及其发展历程。

（二）辩证唯物主义

确定劳动过程的重要地位之后，就需要解决如何从理论上阐述劳动过程的问题。马克思在《〈政治经济学批判〉导言》中论述的"政治经济学的方法"就是"探讨构建政治经济学理论体系的方法，即叙述方法"①，也是阐述劳动过程理论的方法。不少学者将两条道路等同于从具体到抽象再到具体的研究过程，这种理解是不准确的，"对两条道路的概括并不完全与这两个过程相对应，尤其是对第一条道路的理解，它不是完整意义上的从具体到抽象"②。经济学有两条道路，"在第一条道路上，完整的表象蒸发为抽象的规定；在第二条道路上，抽象的规定在思维行程中导致具体的再现"③。所谓第一条道路是指经济学曾经走过的道路，即从生动的整体出发逐渐抽象出一般的关系。但这里的出发点并不是现实的具体而是已经认识了的混沌的具体即表象，第一条道路并不包含从现实的具体到感觉再到知觉的过程，因而不是完整意义上的从具体到抽象。第二条道路中的具体是指思维的具体，"从抽象上升到具体的方法，只是思维用来掌握具体、把它当做一个精神上的具体再现出来的方式。但决不是具体本身的产生过程"④。马克思以此批判了黑格尔的把实在当作思维运动结果的观点，坚持了辩证唯物主义的科学方法。

既然第二条道路是科学的，那么理论体系的建立和叙述就应当依此路

---

① 段学慧、程恩富：《马克思政治经济学逻辑起点方法论考证和启示》，《甘肃社会科学》2021年第6期。

② 段学慧、程恩富：《马克思政治经济学逻辑起点方法论考证和启示》，《甘肃社会科学》2021年第6期。

③ 《马克思恩格斯文集》第8卷，人民出版社，2009，第25页。

④ 《马克思恩格斯文集》第8卷，人民出版社，2009，第25页。

径。但经济范畴的论述顺序依然是需要解决的问题，"把经济范畴按它们在历史上起决定作用的先后次序来排列是不行的，错误的。它们的次序倒是由它们在现代资产阶级社会中的相互关系决定的"①。资本主义生产是资产阶级社会生产方式的主导，现代资产阶级社会中具有最高支配力的无疑是资本，资本理应成为起点。但资本范畴并不是资本主义生产方式中最简单、最抽象的范畴，在此之前还需要考虑货币，而货币之前还有商品，因此马克思选择商品作为整个经济理论体系的逻辑起点。由商品范畴这一简单抽象逐渐上升到货币再到资本，继而从资本生产发展到资本积累，马克思完成了丰富具体的理论构建。从整体看是如此，具体到每个部分亦是如此。在资本的生产过程部分，劳动过程是首先被提到的经济范畴。在对劳动过程的分析中，马克思也遵循了从简单抽象到丰富具体的路径，即先论述劳动过程的一般，再具体到资本主义的劳动过程。

二　一般劳动过程

"最一般的抽象总只是产生在最丰富的具体发展的场合，在那里，一种东西为许多东西所共有，为一切所共有。"② 劳动尽管存在于历来的各种社会形态中，但社会并未发展到展现劳动共性的程度，因而之前的经济学家们看到的还只是商业劳动、农业劳动等具体劳动形式。而只有在资产阶级社会中，劳动发展到了这样一种地步，以至于"'劳动'、'劳动一般'、直截了当的劳动这个范畴的抽象，这个现代经济学的起点，才成为实际上真实的东西"③。劳动既具有自然属性又具有社会属性，要考虑劳动一般就必须先撇开特定的社会形式，也即"劳动首先是人和自然之间的过程，是人以自身的活动来中介、调整和控制人和自然之间的物质变换的过程"④。

---

① 《马克思恩格斯文集》第 8 卷，人民出版社，2009，第 32 页。
② 《马克思恩格斯文集》第 8 卷，人民出版社，2009，，第 28 页。
③ 《马克思恩格斯文集》第 8 卷，人民出版社，2009，第 29 页。
④ 《马克思恩格斯文集》第 5 卷，人民出版社，2009，第 207~208 页。

（一）劳动过程的要素角度

"劳动过程的简单要素是：有目的的活动或劳动本身，劳动对象和劳动资料。"[1]

劳动过程的首要因素就是劳动本身。人类劳动与动物的本能劳动最大的区别在于在劳动过程开始之前劳动的结果就已经在人脑中观念地存在着了。这种专属于人类的突出特征使劳动不仅仅表现为自然的物质变换过程，还表现为人的目的的实现。因此，"除了从事劳动的那些器官紧张之外，在整个劳动时间内还需要有作为注意力表现出来的有目的的意志"[2]。西方劳动过程理论正是基于人类劳动的这一特征从而引申出劳动力的不确定性原则，并以此作为劳动过程理论的基本原则之一，后文将进一步介绍。

劳动对象主要包括天然对象和原料。劳动使天然劳动对象发生的变化只是与土地脱离直接联系，劳动对象本身并未受到人的协助而早已存在。而原料则不同，它们是经过劳动"滤过"的劳动对象，已经通过劳动发生变化。仅从物质本身来看，原始森林和人工林场中的树木并无不同，但前者属于天然劳动对象而后者属于原料。劳动对象的这种区分看起来似乎并没有必要，然而，实质上二者的区别反映的是自在自然和人化自然的差异。人类社会要生存发展就必须不断地通过劳动将自在自然转化为人化自然，未经人协助而存在的天然劳动对象通过人类劳动不断转化为原料的过程，也正是人类社会从自在自然中不断获得物质从而实现自身不断发展的过程。

在人类社会的最初阶段，劳动者使用的劳动资料仅限于自己的身体器官；随着劳动的进一步发展，部分自然物被用作劳动资料；真正具有重要意义的是经过加工的劳动资料的使用。劳动资料的重要性如此明显，以至于成为划分不同经济时代的主要标准。除了将劳动传导至劳动对象上，还有部分劳动资料充当劳动过程的物质条件。土地不仅作为劳动对象参与劳动过程，而且作为劳动资料为劳动过程提供场所。厂房、道路等人工场所同样可以作

---

[1] 《马克思恩格斯文集》第 5 卷，人民出版社，2009，第 208 页。
[2] 《马克思恩格斯文集》第 5 卷，人民出版社，2009，第 208 页。

为劳动过程的空间条件。

（二）劳动过程的结果角度

"如果整个过程从其结果的角度，从产品的角度加以考察，那么劳动资料和劳动对象二者表现为生产资料，劳动本身则表现为生产劳动。"①

天然的劳动对象早已不是劳动过程的主要组成部分，经由劳动筛选过的劳动对象即原料越来越成为大多数劳动过程的劳动对象，因此在分析劳动对象与产品的关系时，主要考虑的是原料。一方面生产资料参与劳动产品的形成，另一方面劳动产品作为生产资料成为劳动的存在条件。首先，生产资料在产品形成的过程中可以发挥不同的作用。"原料可以构成产品的主要实体，也可以只是作为辅助材料参加产品的形成。"② 较少地借助劳动资料而进行的劳动绝大多数已成为历史，如原始社会中食物的手工采集。劳动资料参与产品的形成，并且在劳动过程中发挥着越来越重要的作用，在资本主义的机器大工业生产方式中尤其如此。其次，产品又可以作为生产资料再次进入劳动过程。处于生产链前端或中端的企业所生产的产品多是中间成品，在劳动分工细化、价值链延长的背景下中间产品的种类和数量也在不断增多。劳动资料作为劳动产品而非天然存在也早已成为事实。最后，作为生产资料的劳动对象和劳动资料之间也存在交叉重叠。同一物品既可以作为劳动对象，也可以作为劳动资料。

"从单纯的一般劳动过程的观点出发，实现在产品中的劳动，更确切些说，实现在商品中的劳动，对我们表现为生产劳动。"③ 劳动过程首先是使用价值的生产，因而从一般意义上来说，能够生产使用价值的劳动即为生产劳动。使用价值既可以表现为劳动产品，也可以表现为商品。这是生产的一般形式，但不同社会形态又具有自己特有的占据主导地位的生产方式，因而生产劳动也就有更进一步的规定。这种生产劳动的简单规定对于资本主义劳动过程而言是远远不够的。"只有把生产的资本主义形式看做生产的绝对形式，从而

---

① 《马克思恩格斯文集》第 5 卷，人民出版社，2009，第 211 页。
② 《马克思恩格斯文集》第 5 卷，人民出版社，2009，第 212 页。
③ 《马克思恩格斯文集》第 8 卷，人民出版社，2009，第 520 页。

看做生产的唯一自然形式的这种资产阶级狭隘性"① 才会混淆生产劳动的一般规定和资本主义规定。

三 资本主义劳动过程

就劳动过程的一般规定而言，这是一切社会形态所共有的。这一规定只涉及劳动与生产资料也即人与自然的关系，而无须考虑人与人的关系。但"劳动过程，就它是资本家消费劳动力的过程来说，显示出两个特殊现象。工人在资本家的监督下劳动，他的劳动属于资本家……产品是资本家的所有物，而不是直接生产者工人的所有物"②。劳动对资本的形式从属向实际从属的发展体现了前资本主义劳动过程向资本主义劳动过程的过渡，也逐渐形成资本主义生产劳动的特殊规定。

（一）劳动对资本的形式上的从属

"我把以绝对剩余价值为基础的形式叫做劳动对资本的形式上的从属"③，但这并非意味着一切以绝对剩余价值为基础的都是劳动对资本的形式上的从属。这种形式上的从属的核心在于"资本起初是在历史上既有的技术条件下使劳动服从自己的"④。在资本主义兴起的阶段，生产方式或者说劳动过程并没有发生实质性的改变，而仅仅是劳动由隶属于行会师傅等转变为隶属于资本，因而劳动对资本只是形式上的从属。在资本主义发达阶段，依然存在绝对剩余价值的生产，但此时，资本主义特殊的生产方式已经确立，因而已不能只将其视为形式上的从属。劳动对资本的从属可以从生产的技术条件和社会条件来看，具体来说，马克思从工艺过程、工人与生产和与资本的关系、劳动生产力的发展三个方面分析了劳动对资本的形式上的从属。

首先，从工艺过程来看，在资本主义的最初阶段，生产方式还维持着前资本主义时代的形态，并没有因为资本主义生产关系的确立而发生根本性变

---

① 《马克思恩格斯文集》第 8 卷，人民出版社，2009，第 521 页。
② 《马克思恩格斯文集》第 5 卷，人民出版社，2009，第 216 页。
③ 《马克思恩格斯文集》第 8 卷，人民出版社，2009，第 371 页。
④ 《马克思恩格斯文集》第 5 卷，人民出版社，2009，第 359 页。

化。劳动过程所需的原料和工具在独立手工业者、行会师傅和学徒以及资本与雇佣劳动那里并无区别。不同的仅仅是生产资料和生产劳动以及劳动成果归谁所有。在这里，工艺基础仍然是手工业生产，劳动者的手工技艺仍然是影响劳动生产率的关键因素。工场手工业作为最初的资本主义生产形式正是基于此而发展起来的。同种手工业者被同一资本家雇佣或者不同种手工业者由资本家统一指挥构成了工场手工业的两种产生方式。虽然此时生产方式本身没有发生变化，但是资本主义的生产规模明显扩大了，劳动资料与劳动力的集中和大规模使用为分工、协作以及资本主义生产方式的确立奠定了基础。

其次，从工人与生产和与资本的关系来看，"生产过程中的统治和从属关系代替了生产过程中的从前的独立性"①。在独立手工业者、自给自足的农民那里，生产过程完全掌握在直接劳动者手中；在行会师傅、帮工和学徒那里，生产以自身的手工技艺为基础，因而直接劳动者依然能够掌控劳动过程。此时，资本主义的雇佣关系仍处于一种萌芽状态。劳动力成为商品是货币转化为资本的前提条件，这既要求劳动力成为自身劳动能力的支配者，又要求劳动力失去生产资料从而没有可能以出卖劳动产品为生。相较于奴隶制、封建制等传统从属关系，人的依赖关系转变为物的依赖关系，劳动对资本的从属形式更为自由。然而，这种形式上更自由的从属关系在内容上看却并不自由，因为劳动过程的独立性已逐渐丧失。

最后，从劳动生产力的发展来看，劳动的连续性提高和生产的规模扩大，分工和协作提高了劳动生产力。资本主义劳动连续性的提高可以从两方面来看。一方面是相较于独立手工业者，资本主义劳动过程不再受制于需要的偶然性，这与资本主义生产关系对自给自足的传统经济的破坏以及市场规模的扩大相适应；另一方面相较于劳动的其他从属关系，如奴隶制等，劳动对资本从属的形式上的自由以及内容上的强制使得劳动者既主动又不得不持续为资本劳动。同时，资本主义生产对资本量有最低限额的要求，而资本量

---

① 《马克思恩格斯文集》第 8 卷，人民出版社，2009，第 509 页。

的增加直接表现为雇佣人数的增加。生产规模的增加也为劳动分工的细化和协作提供基础，进而促进劳动生产力的发展。生产资料和劳动者的集中使得生产的指挥成为必要，这种有序的协同劳动就是协作，但此时协作仍属于简单形态，其进一步发展的形态出现在劳动对资本的实际上的从属发生之后。

（二）劳动对资本的实际上的从属

在资本主义特殊的生产方式确立之后，劳动对资本的形式上的从属也转变为实际上的从属。这种生产方式以机器大工业为技术特征，导致工人成为机器的附庸，并极大地促进了生产力的发展。

首先，从工艺过程来看，工场手工业发展成为机器大工业。"生产方式的变革，在工场手工业中以劳动力为起点，在大工业中以劳动资料为起点。"[1] 生产方式的变革在工场手工业中的表现是劳动的分工与协作，尽管分工还不够深化，且协作还处于简单形态，但是其仍然是资本主义生产区别于传统生产的重要特征。仅仅如此还不能说资本主义生产方式从根本上有别于其他生产方式。工场手工业仍然以手工技艺为基础，劳动对资本的从属依然主要是形式上的，只有当机器大工业产生，实际上的从属才真正实现。部分机器在手工业生产中已经产生，但只有在资本主义生产中才得到大规模应用并形成机器体系。在实现用机器生产机器之后，机器大工业生产作为资本主义特殊的生产方式才得以正式确立。

其次，从工人与生产和与资本的关系来看，工人成为机器的附庸。在工场手工业时期，工人的手工技巧仍然是不可或缺的要素，资本家无法完全掌控生产过程，工人在劳动过程中仍然拥有独立性和自主性。资本家的权威时常面临工人的挑衅，违反纪律的问题也较为常见。但这些情况在机器大工业生产中得到有效缓解，解决的方案就是将工人变成机器的附庸。以往需要工人完成的劳动过程，现在越来越多地由机器来完成，而工人越来越充当为机器提供动力或者辅助其运作的角色，去技能化和片面化发展等问题日益凸显。

---

[1] 《马克思恩格斯文集》第 5 卷，人民出版社，2009，第 427 页。

最后，从劳动生产力的发展来看，自然力和机器的应用能够极大地提高劳动生产力，促进分工和协作的深化，但劳动强度的提高和劳动时间的延长严重损害工人身心健康。机器体系的使用让资本主义生产逐渐摆脱手工业劳动的局限。动力系统的进步极大地促进了生产力的发展，以往需要大量工人才能完成的劳动，现在只需要少量机器即可。分工和协作相较于工场手工业时期有了长足的发展。劳动过程按照其自然性质被明确划分成若干个相互联系的不同部分，劳动的分工现在完全服从于技术的分工。机器大工业具有完全客观的生产有机体，而摒弃了主观的分工原则。但与此同时，机器的应用也导致劳动强度的增加和工作日延长的问题。机器时刻面临着无形的损耗只是资本家渴望机器不停歇地开动的原因之一，更重要的是机器为资本家最大限度占有工人劳动提供了可能。以前是工人使用工具，现在是工人服务机器，劳动过程的独立性丧失，生产的节奏现在掌握在资本家手中。不仅如此，机器对工人的替代作用造就大量相对过剩人口，再加上对妇女、儿童等劳动力的使用，工人的抵抗因此被压制。在对利润的贪欲的驱使下，工作日最大限度的延长和劳动强度的非人的提高严重损害工人的身体和心理健康。

（三）资本主义生产劳动

"在资本主义生产体系中，生产劳动是给使用劳动的人生产剩余价值的劳动。"[1] "我们所说的生产劳动，是指社会地规定了的劳动，这种劳动包含着劳动的买者和卖者之间的一个完全特定的关系。"[2] 这种关系一方面是货币资本同劳动力商品的交换，另一方面是活劳动创造剩余价值。首先，资本家在生产过程开始之前需要购买生产资料和劳动力，与劳动力商品相交换的是货币。但在这里，货币是作为可能的资本与劳动力相交换，因为由其交换而来的生产资料和劳动力即将进入生产过程而执行资本的职能，故前者实质上是资本的货币形态即货币资本，后者则是生产资本形态。其次，在生产过程中，活劳动创造出劳动力的价值并在此基础上生产一定量的剩余价值。资本

---

[1] 《马克思恩格斯文集》第 8 卷，人民出版社，2009，第 400 页。
[2] 《马克思恩格斯文集》第 8 卷，人民出版社，2009，第 400 页。

主义生产的目的在于获取剩余价值，商品的使用价值只是次要的，因而资本家并不关心劳动的具体形式，重要的是那个增殖了的价值。如果资本购买的劳动力没有提供剩余价值而只是再生出劳动力商品的价值甚至生产出来的低于该价值，那么其同样不属于生产劳动。只有同时满足资本同劳动力商品交换、活劳动创造出剩余价值的劳动才是资本主义的生产劳动。

"非生产劳动是提供服务的劳动。"① 上面已经提及非生产劳动的一种情况，即无法提供剩余价值的资本雇佣劳动属于非生产劳动。而另一种情况是同单纯的货币直接交换的劳动，也即所谓的服务。在这种情况下，货币购买的是劳动本身，重要的是使用价值，而不是劳动创造的价值，因此货币不执行资本的职能。诚然，在劳动力的使用过程中，相较于购买价格，劳动力可能会付出更多的劳动量，"因为他的劳动的价格，是由作为生产劳动者……所取得的价格决定的"②，也即是说由作为提供剩余价值的生产劳动者的工资所决定。但提供服务的劳动创造的剩余价值并不转化为资本，劳动和劳动产品只是作为消费品或者说使用价值同货币相交换。对于判定是不是生产劳动而言，劳动的具体形式并没有意义，同一种劳动既可以属于生产劳动又可以属于非生产劳动，关键在于是否满足资本和劳动的交换关系。

不从属于资本主义生产方式的商品生产，其劳动既不属于生产劳动也不属于非生产劳动。以下情况是经常可以遇到的，即"在这个社会中，一定的生产方式占支配地位，但是还不是这个社会的一切生产关系都从属于它"③。在资本主义生产方式占主导的社会中，依然存在独立的手工业者和拥有土地的农民，即拥有生产资料的独立劳动者。他们的劳动产品在满足自身需要之后往往也要作为商品出售，但商品同货币的交换并不符合生产劳动的规定，后者涉及的是劳动和资本的交换关系。把拥有生产资料的手工业者和农民当作他们自己的资本家同时又是自己的雇佣工人的观点从严格意义上来讲是不成立的，因为"生产资料只有当它独立化，作为独立的力量来与劳动相对立

① 《马克思恩格斯文集》第 8 卷，人民出版社，2009，第 406 页。
② 《马克思恩格斯文集》第 8 卷，人民出版社，2009，第 407 页。
③ 《马克思恩格斯文集》第 8 卷，人民出版社，2009，第 413 页。

的时候，才成为资本"①。但从一定意义上来讲，这种观点也有其合理性。资本家和雇佣工人双重身份在同一劳动者身上同时存在只是暂时的、占少数的，资本主义生产方式势必将一切生产卷入其中。因而最终的结果要么是资本家的职能压倒雇佣工人的职能而自身蜕变成小资本家，要么是其失去生产资料退化成雇佣工人。只有到那时，才涉及生产劳动与非生产劳动的判定与区分。

第三节　西方学者对马克思主义劳动过程理论的继承与背离

根据汤普森等人的论述，西方劳动过程理论的发展可以分为四个阶段。第一阶段包括布雷弗曼的论述和相关支持性研究；第二阶段的主要研究课题包括两部分，一是研究劳动的利用方式和生产系统不断变化的模式，二是论述历史和当代的劳动管理控制，主要是从 20 世纪 70 年代末到 80 年代末；第三阶段是接下来的十年中对新范式理论的"防御性反击"；第四阶段主要是试图将劳动过程理论应用到更广泛的政治经济学领域②。需要说明的是，劳动过程理论各个发展阶段的时间和研究主题或有重叠，并不是严格区分的。第四阶段已在文献综述部分介绍过，因而本节只涉及西方劳动过程理论的前三个阶段。同时，关于劳动过程理论本身的发展、理论边界和研究任务等，以及西方马克思主义者对劳动过程理论的批评与改造也极具重要性，故在本节一并介绍。

一　第一阶段：劳动过程理论的复兴

马格林（Marglin）、斯通（Stone）、高兹（Gorz）等人的研究使得劳动

---

① 《马克思恩格斯文集》第 8 卷，人民出版社，2009，第 414 页。
② Thompson Paul, Newsome Kirsty, "Labour Process Theory, Work and the Employment Relation", in Bruce E. Kaufman, ed., *Theoretical Perspectives on Work and the Employment Relationship*, Cornell: Cornell University Press, 2004, pp. 133-162.

过程逐渐成为一个重要的研究领域①。西方劳动过程理论的真正复兴则得益于布雷弗曼对劳动和垄断资本的研究。

（一）劳动过程研究领域的确定

在劳动过程理论重新成为西方学界研究重点之前，需要明确劳动过程的重要性并将之作为一个研究领域确定下来。马格林、斯通、高兹等人重点关注了资本家如何剥夺工人对劳动过程的控制权，这正是后续西方劳动过程理论研究的重点内容。马格林揭示资本家如何通过劳动分工和组织创新来控制劳动过程②，斯通则分析资本家利用劳动技术和劳动力市场来剥夺工人对劳动过程的掌控权③，高兹认为分工、知识垄断等手段的主要目的都是实现资本家对工人的统治④。技术的应用并不是中性的，而是受生产关系的影响，尤其是所有制关系的制约。技术的发展一方面促进生产力的提高，另一方面被资本家用于强化对工人的控制和剥削。对劳动过程控制权的关注，使得劳动过程理论相关研究逐渐兴起。

（二）劳动过程理论的复兴

在西方劳动过程理论发展的第一阶段，布雷弗曼研究了垄断资本主义条件下劳动过程的诸多方面，"劳动在各职业内部的演变及其在职业之间的转移，企业管理、现代公司、办公室劳动的演变，科技革命的发展及其影响，以及工人阶级结构的变化等等"⑤。他将马克思的劳动过程理论应用于资本主义的垄断阶段，通过剖析泰勒制的所谓"科学管理"，揭露资本主义对劳动过程的控制，提出劳动过程的概念与执行的分离，最终发现垄断资本主义制

---

① 谢富胜、宋宪萍：《资本主义劳动过程研究：从缺失到复兴》，《马克思主义研究》2011 年第 10 期。

② Stephen A. Marglin，"What Do Bosses Do? The Origins and Functions of Hierarchy in Capitalist Production"，*Review of Radical Political Economics*，Vol. 6，1974.

③ Stone Katherine，"The Origins of Job Structures in the Steel Industry"，*Review of Radical Political Economics*，Vol. 6，1974.

④ André Gorz，*The Division of Labour：the Labour Process and Class-struggle in Modern Capitalism*，Hassocks：Harvester Press，1976，p. 8.

⑤ 〔美〕哈里·布雷弗曼：《劳动与垄断资本：二十世纪中劳动的退化》，方生等译，商务印书馆，1978，第 1 页。

度下工人的去技能化趋势。与此同时，这一阶段也涌现出很多支持布雷弗曼的研究成果，不少学者的研究令人信服地描述了多种职业中工人技能退化的案例①。布雷弗曼的研究带动了西方劳动过程理论的复兴，他关于劳动控制和去技能化的论述以及对主体性的忽视引发激烈的争论，这些问题也成为劳动过程理论后续发展的重要内容。

二　第二阶段：劳动控制的历史演进

在西方劳动过程理论发展的第二阶段，布若威（Burawoy）、弗莱德曼（Friedman）、埃德沃兹（R. Edwards）等学者深入研究了劳动控制的历史演进。资本家采取什么手段和措施来实现对劳动过程的控制，以及这种手段和措施的发展历程是这一阶段劳动过程理论研究的主要问题。

（一）生产同意、霸权和专制

布若威发现了生产活动中的同意行为，提出三种控制模式。"工作现实（物质条件、重复和惯例）引起了剥夺（损耗、烦闷和疲倦），而剥夺造成了相对满意（习惯、吸引或驯良，以及满足）……游戏成为相对满意，或者马尔库塞所称的压抑的满意的一部分。游戏代表了一种需要……这种需要的满足不仅再生产了'自发的奴役'（同意），也再生产了更多的物质财富。"②布若威发现工厂中存在"超额游戏"，即工人普遍超额完成任务指标，他认为这与其说是管理设计或意图，不如说是通过一种共谋和集体行动获得了同意，通过这种行动，个人借助达成或达到并超过生产目标来获得尊严。在劳动过程的控制问题上，布若威首先确定了两种控制模式：专制和霸权。前者在很大程度上与弗莱德曼的直接控制或埃德沃兹的简单控制相同，而后者指的是在垄断资本主义公司中获得同意的更复杂的手段，与"官僚控制"的概

① Thomas R. J. , "Book Review: The Labor Process: Case Studies on the Labor Process, edited by Andrew Zimbalist, New York: Monthly Review Press, 1980", *Insurgent Sociologist*, Vol. 11, No. 3, 1980.

② 〔美〕迈克尔·布若威：《制造同意——垄断资本主义劳动过程的变迁》，李荣荣译，商务印书馆，2008，第87~89页。

念有明显的相似之处。随后，布若威又提出第三种管理策略，即霸权专制。"霸权专制"迄今为止定义不清，主要指在资本具有更大流动性的情况下所产生的经济力量的新平衡：被解雇的恐惧被资本外逃、工厂关闭、业务转移和撤资的恐惧所取代。

不少学者的研究是对布若威理论的支撑和完善。克雷西（Cressey）和麦金尼斯（MacInnes）提出劳资关系具有双重性质，资本不能完全依赖控制或胁迫，在一定程度上，工人的合作与同意、创造力和生产力也必须得到体现。工人在抵制从属地位的同时，也与雇佣他们的资本单位的利益有部分联系。这种对反抗与合作之间复杂的相互作用的认识，有助于扩大生产同意的范围[1]。

（二）负责任自治和直接控制

布雷弗曼从利润最大化这一假设出发推断出一种单一的管理策略，即通过分离脑力劳动和体力劳动，确保资本对劳动力的管理控制、消除劳动力的不确定性。弗莱德曼则认为企业的高层管理者可以使用两种主要的策略来对劳动力行使权力，即负责任的自治和直接控制。负责任自治策略试图利用劳动力的适应性，给工人留有余地，鼓励他们以对公司有利的方式适应不断变化的情况。为了做到这一点，最高管理者给予员工地位、权力和责任。直接控制型战略试图通过胁迫或威胁、密切监督和使工人个人责任最小化来限制劳动力力量的变化范围。第一种策略试图获取可变资本的特殊利益，第二种策略试图限制其特别有害的影响[2]。每种策略都缺乏灵活性，任何类型的策略一旦实施都不能在短时间内随意改变。直接控制策略需要明确的权限和高比例的管理人员，而负责任的自治策略需要一个复杂的思想结构以及一定程度的工作保障。在弗莱德曼看来，这两种策略应该被视为两个方向，而不是两种预定义状态。因此，在极端形式的负责任自治和直接控制之间，可能存

---

[1] Cressey P., MacInnes J., "Voting for Ford: Industrial Democracy and the Control of Labour", *Capital & Class*, Vol. 4, No. 2, 1980.

[2] Andrew L. Friedman, *Industry and Labour Class Structure at Work and Monopoly Capitalism*, London: The Macmillan Press Ltd., 1977, p. 78.

在着广泛的选择。在需要获得工作人员的合作或同意，以及需要强迫他们做他们不想做的事情，或以违背他们自身利益的方式对待他们，以便实现控制劳动过程的人的目标之间，始终存在着一种根本的紧张关系①。

（三）简单、技术和官僚控制

埃德沃兹指出了三种控制形式：简单的直接控制、技术控制和官僚控制。他认为简单的直接控制在资本主义的自由竞争时期盛行，主要是在19世纪末和20世纪初，此时企业的规模一般还较小。但随着生产的集中和企业规模的扩大，资本家转而寻求一种结构性的控制手段。这种结构性的控制存在两种可能性：更正式的、有意识的控制可以嵌入到劳动过程的物质结构中（产生"技术"控制），也可以嵌入到劳动过程的社会结构中（产生"官僚"控制）②。技术控制是一种结构性控制手段，即工作内容和进度由工厂布局和生产技术的必要性决定。而官僚控制的概念则回归韦伯和组织理论的传统。官僚控制起源于雇主试图对非生产工人进行更严格的控制，但这种控制的成功促使企业将这种制度应用到更广泛的领域，而不仅仅是白领员工。每一种控制形式都对应着具有代表性的或最重要的公司发展的特定阶段；从这个意义上说，结构控制继之于简单控制，官僚控制继之于技术控制。并且资本主义生产的发展是不均衡的，有些部门远超其他部门，因此只要不平衡的发展产生不同的情况，不同的方法就会共存③。

三 第三阶段：新范式与主体性冲击

在经过前两个阶段的发展之后，西方劳动过程理论开始受到新的生产范式和后现代主义理论的冲击。灵活专业化、精益生产和知识经济等新型生产范式的出现对劳动过程理论提出新的要求，而后现代主义理论学者则批评劳

---

① Andrew L. Friedman，"Developing the Managerial Strategies Approach to the Labour Process"，*Capital & Class*，Vol. 10，No. 3，1986.

② Richard C. Edwards，*Contested Terrain the Transformation of the Workplace in the Twentieth Century*，New York：Basic Books，Inc.，1979，p. 20.

③ Richard C. Edwards，*Contested Terrain the Transformation of the Workplace in the Twentieth Century*，New York：Basic Books，Inc.，1979，p. 21.

动过程理论忽视对劳动者主体性问题的分析。

（一）新生产范式对劳动过程理论的冲击

汤普森和史密斯（Smith）认为关于灵活性的辩论不是围绕去技能化和泰勒主义等核心管理战略展开的，而是围绕着工作场所、跨社会和整个系统内的碎片化、多样性、政治选择、差异化和无组织化展开的[①]，更强调政治选择的作用而不是经济决定论，更关注需求主导（交换）对生产和劳动过程的影响[②]。全球资本家都在寻求更灵活的劳动力使用方式，也引发学界对劳动力市场的实证研究热潮，例如，对非标准就业的调查研究[③]和关于技能变化的大规模调查研究[④]。然而，灵活专业化理论过于模糊，在分析上存在缺陷，也招致很多批评。

精益生产理论产生于日本企业的管理经验，这种管理方式致力于精简生产过程，去除一切非必要的流程和操作，以实现高效的资源利用以及无间断的作业流程，使日本企业生产显示出显著的优越性，比传统的大规模生产以及欧洲的社会技术系统更具竞争力[⑤]。尽管精益生产理论所描绘的愿景很美好，例如减少劳动力和资源浪费、提高雇佣关系中双方的信任度等，学界依然对这种新型的管理和控制方式存在疑虑。不少批评人士认为虽然在精益生产模式中管理层可以通过挖掘员工的隐性知识以追求创新和持续改进，但日本这种生产方法的适当性和可转移性有待考量。他们同时也关注到压力、工

① Thompson P., Smith C., "Follow the Redbrick Road: Reflections on Pathways in and out of the Labor Process Debate", *International Studies of Management & Organization*, Vol. 30, No. 4, 2000.

② Smith C., "Flexible Specialisation, Automation and Mass Production", *Work, Employment & Society*, Vol. 3, No. 2, 1989.

③ Marginson P., "Employment Flexibility in Large Companies: Change and Continuity", *Industrial Relations Journal*, Vol. 20, 1989.

④ Cross M., "Changes in Working Practices in UK Manufacturing 1981–1988", I*ndustrial Relations Review and Report*, Vol. 415, 1988.

⑤ Cole R. E., "Designed for Learning: A Tale of Two Auto Plants", *Sloan Management Review*, Vol. 34, No. 3, 1993.

作紧张和不安全感可能造成负面影响①。精益生产将泰勒主义推向新的高度，它代表着工作和管理控制的强化。

所谓知识经济，简单来说就是以知识为基础的经济。部分学者希望劳动过程自主性得到恢复，即建立新型的经济组织与管理控制形式以实现自主专业的劳动，而知识经济理论在一定程度上契合了这一目的。知识经济理论继承并发展了灵活专业化理论。德普雷（Despres）、希托普（Hiltrop）认为知识工作更侧重于脑力劳动而非体力劳动，因此横向协调、网络和集体协作取代了层级指挥和控制②。卡斯泰尔（Castells）从更激进的角度出发，把信息主义作为一种新的发展模式，在这一模式下，信息工作过程的本质要求合作、团队协作、工人具有自主性和责任感③。然而知识经济理论同样面临指责，不少学者指出增长最快的岗位反而来自职业底层，其任务经常是重复的、标准化的和高度受控的，这与知识经济理论提出的劳动过程自主性提高是矛盾的。

对灵活专业化、精益生产、知识经济等其他新的管理实践的防御性反击，是劳动过程理论发展第三阶段的重要内容。不少学者对新范式抱有乐观态度，但也有很多理论和实证分析试图揭露这些新型管理方式的局限性。

（二）后现代主义与劳动者主体性的崛起

奈茨（Knights）和威尔莫特（Willmott）认为布雷弗曼忽视了劳动过程中的主动因素，即活的个体本身。他们借助福柯的权力和身份概念来理解（后）现代个体是如何由现代公司内部的话语和纪律构成并服从这些话语和纪律的④。埃兹（Ezzy）试图消除福柯思想的有害影响。他认为福柯的主体

---

① Sandberg Å., "Volvo am Scheideweg-Effektive und menschliche Fabriken erden ohne triftige Gründe geschlossen", *Arbeit*, Vol. 2, No. 2, 1993.

② Despres C. and J. Hiltrop, "Human Resource Management in the Knowledge Age: Current Practice and Perspectives on the Future", *Employee Relations*, Vol. 17, No. 1, 1995.

③ 转引自 Kizilhan T., Kizilhan S. B., "The Rise of the Network Society-the Information Age: Economy, Society, and Culture", *Contemporary Educational Technology*, Vol. 7, No. 3, 2016。

④ Knights D., Willmott H., "Power and Subjectivity at Work: From Degradation to Subjugation in Social Relations", *Sociology*, Vol. 23, No. 4, 1989.

性概念是不充分的，行为主义把人看作可控制的机器，把意识和行为割裂开来，或者否认意识的存在，或者否认意识的可知性。福柯的后结构主义没有任何能动性和主体性的概念[1]。索斯特里克（Sosteric）通过案例研究，从生产或服务提供的角度，关注主观性的存在和意义[2]。奥多尔蒂（O'Doherty）、威尔莫特则将主观性问题与劳动过程争论的早期阶段联系起来，理清并探讨关于主体性的辩论中三种立场：正统的或结构主义的、反现实的或结构主义的以及他们认为的第三种方法即后结构主义的，并且通过对索斯特里克和埃兹的研究成果的重新解释，为后结构主义分析的效力提供证明和辩护[3]。

四　理论审视：回归马克思主义理论

西方劳动过程理论虽然历经几十年的发展，但是其理论边界和研究任务仍然是模糊不清的，并且也有背离马克思主义理论的内容，难以应对后现代主义等理论的外部冲击。因此，西方马克思主义学者呼吁西方劳动过程理论回归马克思主义。

（一）劳动过程理论的边界和研究任务

汤普森（Thompson）认为劳动过程理论缺乏清晰性和连贯性的一个重要原因是它纳入了其他研究领域，如性别研究、种族研究、文化研究、后现代主义和工业社会学的观点。虽然这种扩展性和适应性让劳动过程理论比许多批评者预期的生存时间更长，但它导致了一种"一切与工作有关的事情都要做"的心态。他将劳动过程理论概述为更为集中的"核心"理论，并提出劳动过程理论的四个基本原则[4]。汤普森和纽瑟姆（Newsome）提出劳动过

---

① Ezzy D. , "Subjectivity and the Labour Process: Conceptualising 'Good Work'", *Sociology*, Vol. 31, No. 3, 1997.

② Sosteric M. , "Subjectivity and the Labor Process: A Case Study in the Restaurant Industry", *Work, Employment and Society*, Vol. 10, No. 2, 1996.

③ O'Doherty D. , Willmott H. , "Debating Labour Process Theory: The Issue of Subjectivity and the Relevance of Poststructuralism", *Sociology*, Vol. 35, No. 2, 2001.

④ Thompson P. , "Crawling from the Wreckage: The Labour Process and the Politics of Production", in Knights D. , Willmott H. , eds. , *Labour Process Theory: Studies in the Labour Process*, London: Palgrave Macmillan, 1990, pp. 95-124.

程理论的一大优势在于它能够将工作场所与更广泛的政治经济联系起来[1]。劳动过程理论正在扩大分析范围，并以多种方式恢复自身与全球政治经济的联系，扩大分析范围的方法之一是研究工作和就业的主要趋势以及企业和民族国家在日益全球化的经济中所追求的战略。斯图尔特（Stewart）、丹福德（Danford）等基于劳动过程视角的案例研究已经开始更系统地探索更广泛的劳资关系状况和工会复兴前景[2]。但仍有不少学者对劳动过程理论存在质疑。奈茨认为，正统本身就是劳动过程理论的问题：马克思主义理论对历史的总体性和确定性的研究是以一种可预测的进化模式展开的，它依赖站不住脚的二元论（如主体—客体、资本—劳动和微观—宏观）[3]。

（二）西马学者对劳动过程理论的批判

随着新范式和后现代主义的冲击，越来越多的学者主张劳动过程理论回归马克思主义。尽管有的学者如斯宾塞（Spencer）[4]等支持布雷弗曼的观点，而有的如科恩（Cohen）、罗林森（Rowlinson）和哈萨德（Hassard）等则反对布雷弗曼的分析。但他们的共同观点是：劳动过程的中心是剥削，而不是控制，即通过竞争调节的价值规律，而不是劳动的主观性对工作产生决定性影响[5]。科恩批评后布雷弗曼的学者把控制看作劳动过程的主要动力，却忽视剩余价值生产，认为工人主要关心的是报酬和劳动强度而不是控制[6]。

---

[1] Thompson Paul, Newsome Kirsty, "Labour Process Theory, Work and the Employment Relation", in Bruce E. Kaufman, ed., *Theoretical Perspectives on Work and the Employment Relationship*, Cornell: Cornell University Press, 2004, pp. 133-162.

[2] Stewart P., Wass V., "From 'Embrace and Change' to 'Engage and Change': Trade Union Renewal and New Management Strategies in the UK Automotive Industry?", *New Technology*, *Work and Employment*, Vol. 13, 1998; Danford A., "Workers, Unions and the High Performance Workplace", *Work*, *Employment and Society*, Vol. 17, No. 3, 2003.

[3] Knights D., "Hanging out the Dirty Washing: Labor Process Theory and Its Dualistic Legacies", *International Studies of Management & Organization*, Vol. 30, No. 4, 2000.

[4] Spencer D., "Braverman and the Contribution of Labour Process Analysis to the Critique of Capitalist Production-25 Years on", *Work*, *Employment*, *and Society*, Vol. 14, 2000.

[5] Paul Thompson, Chris Smith, "Follow the Redbrick Road", *International Studies of Management & Organization*, Vol. 30, No. 4, 2000.

[6] Cohen S., "A labour Process to Nowhere?", *New Left Review*, Vol. 107, 1987.

罗林森和哈萨德呼吁回到马克思的危机理论，并批评布雷弗曼将理论建立在巴兰（Baran）和斯威齐（Sweezy）的垄断资本主义的管理主义和稳定增长假设之上①。也有学者从其他角度批评了西方劳动过程理论对马克思主义的背离，阿德勒（Adler）指出近年来西方的劳动过程理论的相关研究在很大程度上抛弃了马克思主义基础，这严重阻碍理论的发展，他认为西方的劳动过程理论忽略了马克思所看到的劳动过程的渐进"社会化"与资本主义固有的"价值化"约束之间的根本矛盾。他通过展示劳动过程的社会化和相关的技能升级同时受到价值化固有的刺激、阻碍和扭曲而对两种著名的生产管理方式——泰勒主义和精益生产进行重新诠释②。

第四节　列宁、斯大林对劳动过程理论的发展

马克思劳动过程理论分析前资本主义劳动过程向资本主义劳动过程的演变脉络以及后者的一般特征。如何将劳动过程理论应用到对俄国以及后来的苏联的现实分析中，是列宁和斯大林面临的重要问题。随着社会主义在苏联成为现实，需要进一步探索社会主义的劳动过程。

一　列宁关于劳动过程的相关论述

列宁在马克思主义劳动过程理论的基础上，分析资本主义生产方式在俄国农业和工业领域的确立过程，进一步揭露资本主义劳动过程对俄国无产阶级的损害并对社会主义劳动过程进行初步探索。

（一）俄国资本主义生产方式的确立

不同于民粹派的观点，列宁较早地正确揭示了俄国村社中资本主义生产方式的形成及其对传统经济体制的瓦解。经营规模的扩大和机器的应用造成

---

① Rowlinson M., Hassard J., "Economics, Politics, and Labour Process Theory", *Capital & Class*, Vol. 18, No. 2, 1994.

② Adler P. S., "The Future of Critical Management Studies: A Paleo-Marxist Critique of Labour Process Theory", *Organization Studies*, Vol. 28, No. 9, 2007.

俄国不同农户之间的差距，列宁用"悬殊"来形容这种分化。"各类农民在拥有役畜数量上的差别是那样巨大，以致我们看到上等户的牲畜远远超过他们家庭的需要，而下等户的牲畜（尤其是役畜）却少得连独立经营也不可能。"① 牲畜、土地等生产资料越来越集中在少数富裕农户手中，越来越多的农户失去独立经营的能力，这也成为农业雇佣劳动产生的基础，小农分化成农业资本家和工人。资本主义制度所带来的不仅仅是农业生产经济性质的改变，同时还有劳动过程的变化，这突出表现为机器在农业中的广泛应用。"一方面，资本主义正是引起并扩大在农业中使用机器的因素；另一方面，在农业中使用机器带有资本主义的性质，即导致资本主义关系的形成和进一步发展。"②

在资本主义的最初阶段，俄国传统的家庭工业、手工业小商品生产逐渐向资本主义大作坊发展。那些工人较多的、采用大规模分工的手工业作坊构成俄国资本主义工场手工业的一种产生基础；而如果小手工业中的商业资本充分发展，"导致生产中实行系统的、使小生产者的技术得到改革的分工，如果'包买主'分出若干局部工序并由雇佣工人在自己的作坊里做，如果在分配家庭劳动的同时并与此紧密相联出现了实行分工的大作坊"③，那么可将其视为工场手工业的第二种产生过程。俄国工业中资本主义的发展"有三个主要阶段：小商品生产（小的、主要是农民的手工业）、资本主义工场手工业和工厂（大机器工业）"④。三种工业形式依赖不同的技术基础。在最初阶段，小商品生产还主要是依靠传统的手工技术。工场手工业虽然逐渐大规模采用分工和协作模式，但仍然处于手工生产阶段。伴随着手工工场发展为资本主义工厂的是生产技术的根本性变革。工厂不再依靠手工技术，而要求把生产过程分解成一系列连贯而又相互独立的工序，从而实现机器大工业生产。

（二）对资本主义劳动过程的揭露

在对资本主义劳动过程的揭露中，列宁着重指出其对工人的发展特别是

① 《列宁全集》第1卷，人民出版社，2013，第16页。
② 《列宁全集》第3卷，人民出版社，2013，第199页。
③ 《列宁全集》第3卷，人民出版社，2013，第346页。
④ 《列宁全集》第3卷，人民出版社，2013，第497页。

身体健康造成的负面影响，全面分析泰勒制这一资本主义管理制度的双重性质。

列宁不仅关注到资本主义劳动过程对提高生产率的积极意义，也深刻揭露了其对无产阶级的压迫和损害。资本主义生产不能允许劳动者掌控劳动过程，它要求工人无条件服从机器、服从资本所有者。"罚款的目的不是为了赔偿损失，而是为了建立纪律，也就是使工人服从厂主，强迫工人执行厂主的命令，上工的时候听从厂主。"① 这种强制服从还表现为工作日尽可能的延长。资本家对工作时长的"贪婪"导致工人罢工反抗，政府被迫颁布新的工厂法以保障工人合法权益。高强度、长时间的劳作不仅对工人技能的发展产生负面影响，也大大损害工人的身体健康。"资本主义工场手工业的分工，使工人（包括局部'手工业者'）变成畸形和残废。在分工中出现了能工巧匠和残废者。前者人数极少，他们使调查者惊叹不已；后者大批出现，他们是肺部不健康、双手过分发达、'驼背'等等的'手工业者'。"②

列宁对资本主义劳动过程的揭露，还体现在对所谓"科学制度"即泰勒制的批判上。列宁首先揭示泰勒制榨取工人血汗的本质，这一制度"就是在同一个工作日内从工人身上榨取比原先多两倍的劳动"③。随后又进一步指出，泰勒制通过劳动过程的标准化使工人成为机器的奴隶，以达到提高劳动强度和劳动生产率从而获得更高利润的目的。但同时，泰勒制不仅是"资产阶级剥削的最巧妙的残酷手段，又包含一系列的最丰富的科学成就，它分析劳动中的机械动作，省去多余的笨拙的动作，制定最适当的工作方法，实行最完善的计算和监督方法等等"④，这些先进做法应当被社会主义吸收。列宁对泰勒制存在批判和利用两种态度，二者并不矛盾，他针对不同的历史背景和任务提出采取不同的策略⑤。

---

① 《列宁全集》第 2 卷，人民出版社，2013，第 26 页。
② 《列宁全集》第 3 卷，人民出版社，2013，第 391 页。
③ 《列宁全集》第 23 卷，人民出版社，2017，第 18 页。
④ 《列宁全集》第 34 卷，人民出版社，2017，第 170 页。
⑤ 张英琇：《列宁对泰勒制的真实态度与社会主义现代化》，《毛泽东邓小平理论研究》2021 年第 3 期。

（三）对社会主义劳动过程的探索

在对社会主义劳动过程探索的过程中，列宁充分肯定社会主义竞赛的重要性以及共产主义星期六义务劳动对建立更先进的社会劳动组织和新的劳动纪律的推动作用。

资本主义制度下的竞争实质上已经失去增强大部分人的进取心和创新精神的功能，取而代之的是日渐扩大和逐渐集中的资本主义生产对绝大多数劳动者的专制和压迫。而社会主义却可以大规模实行劳动竞赛，这得益于资本主义私有制的废除，只有在强迫劳动被取缔、工人们自己组织起来监督自己的工厂中，普遍拥有进取心和创造性才成为可能。在苏联当时的情况下，首要任务就是把工人真正组织起来负担起计算和监督的任务，使工厂真正成为人民的工厂，消除资本家、骗子、懒汉等的危害。为此，列宁鼓励工人在组织工作方面进行竞赛，并在全国范围内推广，让有组织能力的人在实践中脱颖而出。在《苏维埃政权的当前任务》中，列宁着重分析了"公开报道"这一组织竞赛的方法。在资本主义制度下榜样的力量是极其有限的，而在社会主义制度下"榜样的力量第一次有可能表现自己的广大影响。模范公社应该成为而且一定会成为落后公社的辅导者、教师和促进者"[1]。通过公开报道的方式组织公社之间的竞赛，将各公社业务成绩交给群众评判，无疑会对劳动生产率的提高产生巨大推动作用。

"无产阶级代表着并实现着比资本主义更高类型的社会劳动组织。"[2] 不同于农奴制的棍棒纪律和资本主义的饥饿纪律，社会主义劳动组织是依靠劳动者自由自觉的纪律来维持的。为推翻资本主义和巩固社会主义，就必须建立新的劳动纪律和劳动组织。而"'共产主义星期六义务劳动'所以具有巨大的历史意义，是因为它向我们表明了工人自觉自愿提高劳动生产率、过渡到新的劳动纪律、创造社会主义的经济条件和生活条件的首创精神"[3]。社会主义能否战胜资本主义归根结底要看社会主义制度是否具有更高的劳动生产

---

① 《列宁全集》第 34 卷，人民出版社，2017，第 172 页。
② 《列宁全集》第 37 卷，人民出版社，2017，第 11 页。
③ 《列宁全集》第 37 卷，人民出版社，2017，第 15 页。

率，"共产主义星期六义务劳动"是"共产主义的实际开端"①，这种劳动生产率的提高不是资本主义制度下那种强制的或者表面自由实则是被迫的提高，而是建立在推翻资本主义私有制基础上的主动的、自觉的、自由的提高。列宁对义务劳动高度肯定，认为"如果说在俄国现在的制度中也有某种共产主义的东西，那就是星期六义务劳动"②。

二 斯大林对劳动过程的相关论述

继列宁之后，斯大林面临如何建设苏联社会主义的重大课题，这要求进一步探索社会主义劳动过程的特殊形式。斯大林一方面继承列宁关于劳动竞赛的做法，另一方面推动农业劳动的集体化发展，同时也对社会主义下的工业劳动过程提出一系列要求。

（一）社会主义劳动竞赛

同列宁一样，斯大林对社会主义劳动竞赛给予高度评价，"实际上，竞赛是在千百万劳动群众最大积极性的基础上建设社会主义的共产主义方法。实际上，竞赛是工人阶级在社会主义基础上改造国家全部经济生活和文化生活的杠杆"③。竞赛是群众主动性、创造性的体现，不应被束缚和压抑。斯大林明确指出竞赛和竞争的区别，"竞争的原则是：一些人的失败和死亡，另一些人的胜利和统治。社会主义竞赛的原则是：先进者给予落后者以同志的帮助，从而达到普遍的提高"④。因而压迫性的竞争无法像竞赛一样真正激发广大群众的积极性。斯达汉诺夫运动更是将苏联的社会主义劳动竞赛推向新的高度。这一自发形成的运动不仅反映了群众对社会主义劳动竞赛的热情高涨，同时也将竞赛带向一个新的阶段，即与新技术相联系的阶段。这种竞赛不仅提高苏联的劳动生产率，也为向共产主义过渡准备条件。共产主义的原则要求是，"工人阶级的文化技术水平已经达到了足以打破脑力劳动和体力

---

① 《列宁全集》第37卷，人民出版社，2017，第19页。
② 《列宁全集》第38卷，人民出版社，2017，第38页。
③ 《斯大林选集》下卷，人民出版社，1979，第194页。
④ 《斯大林选集》下卷，人民出版社，1979，第195页。

劳动对立的基础的高度，脑力劳动和体力劳动的对立已经消失，而劳动生产率达到了可以保证消费品十分丰裕的高度"①，斯达汉诺夫运动为工人阶级文化技术水平的提高提供了可能。

（二）社会主义集体农庄

要解决粮食问题、改造并发展农业既不能走资本主义的道路，又不能依靠小农经济，前者会造成大批农民破产，后者则无力采用新技术因而不能实现较高的劳动生产率。因此斯大林明确指出，苏联必须走农业的社会主义道路，即把小农经济联合为大规模集体经济。集体农庄和国营农场蓬勃发展，从历史维度来看，苏联的农业"从细小的落后的个体经济进到巨大的先进的集体农业，进到共耕制，进到机器拖拉机站，进到以新技术为基础的劳动组合即集体农庄，进到用数百台拖拉机和联合收割机装备起来的巨大的国营农场"②。农业的集体化发展不仅仅是生产资料的公有化，同时也体现了劳动过程的社会主义特征。"在旧制度下，农民进行单干，用古老陈旧的方法和旧式农具工作……在新的集体农庄制度下，农民按劳动组合的方式共同工作，用新式农具—拖拉机和农业机器工作"③，这种联合起来的劳动不仅有利于现代机械的使用，也能大大提高劳动生产率。

（三）社会主义工业劳动

面对国内工业发展的复杂现状，斯大林对社会主义工业劳动提出一系列要求："采用和集体农庄订立合同的办法来有组织地招收工人，使劳动机械化……消灭劳动力的流动现象，消灭平均主义，合理地规定工资，改善工人的生活条件……消灭无人负责现象，改善劳动组织，在企业中合理地配置力量……使苏联工人阶级有自己的生产技术知识分子……改变对旧的工程技术人员的态度，多多关心和照顾他们，更大胆地吸收他们参加工作……用新方法来工作，用新方法来领导。"④ 第一，保证充足的劳动力供应是工业发展的

---

①　《斯大林选集》下卷，人民出版社，1979，第376页。
②　《斯大林选集》下卷，人民出版社，1979，第201页。
③　《斯大林选集》下卷，人民出版社，1979，第316~317页。
④　《斯大林选集》下卷，人民出版社，1979，第278~294页。

前提，集体农庄的普遍发展使这一难题的解决成为可能，且劳动过程的机械化不仅可以改善工人的劳动状况，也是保持工业发展速度的基础。第二，工人的频繁流动会导致大量培训时间和费用的浪费以及生产计划不能按时完成等一系列问题，要解决这一难题就必须取消平均主义，合理制定工资等级制度，尽可能满足工人的物质文化需要。第三，对连续生产制的曲解导致无人负责现象的出现，要解决劳动秩序混乱、加强劳动纪律、提高劳动效率，就必须改善劳动组织形式。第四，随着工业规模的不断扩大，原有的少量的技术人员已经难以满足需要，扩充工程技术人员数量一方面要不断培育新的工程技术人员，另一方面要充分利用已有的技术人员。第五，工业的发展要求管理方式的进步，企业的委员会管理制转变为一长管理制是必要的，经济领导者需要精通业务并了解企业运行现状。

第五节　中国化马克思主义对劳动过程理论的深化

如何把马克思主义理论同中国现实相结合，是中国共产党面临的重大问题。毛泽东以马克思主义理论为基础，借鉴苏联社会主义建设经验，结合中国现实发展了劳动过程理论。随着改革开放的不断深化，中国特色社会主义理论体系也对劳动过程理论做出新的发展。进入新时代以来，劳动过程发生一系列新变化，社会经济发展也对劳动过程提出新要求，习近平在已有理论的基础上做出进一步阐释。

一　毛泽东关于劳动过程的论述

毛泽东借鉴苏联社会主义劳动竞赛的经验，在中国广泛开展劳动竞赛和大生产运动，并建立起劳动模范制度；推动农业劳动的集体化发展，建立农业合作社；强调劳动纪律建设和劳动生产率的提高。

苏联的社会主义劳动竞赛为推动苏联经济的发展起到重要作用。在中国革命初期，边区亟须提高生产效率，但一方面技术薄弱、生产条件较差，另一方面受到外部封锁，种种形势凸显竞赛的必要性。中国共产党在苏联社会主义劳动竞赛的基础上进一步发展劳动模范制度，通过树立劳动模范形象，号召全体劳动者向劳模学习，从而开展有组织的劳模运动，激发广大群众的生产积极性，进行大范围的竞赛生产。劳动模范代表不断涌现，劳模精神逐渐形成。毛泽东对劳动模范高度赞扬。在新中国成立后，劳动竞赛和劳模制度作为优秀传统保留下来并不断发展。铁人王进喜、农业劳模申纪兰等一大批劳动模范的事迹不断激励着广大劳动者。树典型不局限于个人，也涉及团体和组织，如农业学大寨。

同斯大林一样，毛泽东也深刻意识到传统的小农经济不符合社会主义发展的要求，为此他指出要逐步由农业互助合作组织过渡到社会主义合作社。农业互助合作组织仍然是建立在土地私有制上的，变化的仅仅是劳动的形式，即由分散化的个体劳动转变为集体劳动。相较于完全分散化的小农经济，互助组虽然具有进步意义，能够略微提高劳动效率，但这种形式仍然是不彻底的，还只是社会主义的萌芽，还需要逐渐转变成完全的社会主义形式。

要充分发挥党的领导在劳动组织中的作用，在农业合作社中，坚持党的正确领导对于维持良好的劳动秩序至关重要。要保持较好的劳动纪律必须杜绝特权和官僚主义，"如果干部不放下架子，不同工人打成一片，工人就往往不把工厂看成自己的，而看成干部的。干部的老爷态度使工人不愿意自觉地遵守劳动纪律，而且破坏劳动纪律的往往首先是那些老爷们"①。关于劳动生产率，毛泽东则认为"提高劳动生产率，一靠物质技术，二靠文化教育，三靠政治思想工作。后两者都是精神作用"②。劳动工具和生产设备的更新换代以及工人的思想文化水平的提高无疑会促进生产率的提升。劳动关系对于劳动过程而言也是至关重要的，建立人与人之间平等的关系，加强领导人员、普通工人等之间的联系对企业生产效率的提高具有重要意义。

二　中国特色社会主义理论体系关于劳动过程的论述

中国特色社会主义理论体系进一步发展劳动过程理论，邓小平着重强调

---

① 《毛泽东文集》第 8 卷，人民出版社，1999，第 129 页。
② 《毛泽东文集》第 8 卷，人民出版社，1999，第 124~125 页。

科技对提高劳动生产率的重要作用，提出科技是第一生产力的论断；江泽民认识到非物质劳动的重要性，指出要尊重和保护一切有益于人民和社会的劳动；胡锦涛提出科学发展观，重点关注劳动者权益的保障和劳动者素质的提高。

面对国内严峻的政治经济形势，邓小平着重强调社会主义对生产力的解放和发展，将劳动过程的研究重点放在提高劳动生产率上，提出科学技术是第一生产力的论断，凸显了科技发展和教育的重要性。科学技术是生产力的重要因素，在中国科技水平较为落后的情况下，要发展生产力必须大力发展科技，而要发展科技就必须鼓励科学研究、注重科学教育。"如果我们的科学研究工作不走在前面，就要拖整个国家建设的后腿。"① 一方面要建立起专业规范的领导班子，另一方面也要做好科研工作人员的后勤保障。科研队伍的存续和壮大则要求加强教育、提高教育工作者的地位。当然，虽然劳动者的素质和知识分子的数量和质量越来越成为决定我国经济发展后劲大小的因素，但是这并不意味着过分强调脑力劳动而忽视体力劳动，相反"我们希望全国的青年学生努力学习，积极准备参加建设祖国的生产劳动，首先是体力劳动。从事脑力劳动的青年，也应该经过一段时间的体力劳动，这对于他们的德育、智育、体育的全面发展是必要的"②。

随着改革开放的进行，社会主义市场经济体制逐步建立，创造财富的源泉充分涌流，江泽民指出："现在，我们发展社会主义市场经济，与马克思主义创始人当时所面对和研究的情况有很大不同。我们应该结合新的实际，深化对社会主义社会劳动和劳动价值理论的研究和认识。"③ 这种新的情况一方面源于生产力的飞速发展，"信息技术的发展促进了劳动者与生产工具、劳动对象在空间上的灵活安排及有机结合，优化了人类的生产方式"④。生产的自动化、信息化、智能化水平的提高，又对劳动过程提出了更高的要求，

① 《邓小平文选》第 2 卷，人民出版社，1994，第 32 页。
② 《邓小平文选》第 1 卷，人民出版社，1994，第 277 页。
③ 江泽民：《在庆祝中国共产党成立八十周年大会上的讲话》，人民出版社，2001，第 32 页。
④ 《江泽民思想年编（1989—2008）》，中央文献出版社，2010，第 640 页。

简单重复的体力劳动逐渐被自动化机器替代，提高劳动者技术水平、增加劳动者队伍中科技人才的比例对社会主义现代化建设具有重要意义。另一方面源于经济体制和生产关系的转变，社会主义市场经济存在多种所有制经济形式，因而也存在多种形式的劳动过程。江泽民指出："要尊重和保护一切有益于人民和社会的劳动……一切为我国社会主义现代化建设作出贡献的劳动，都是光荣的，都应该得到承认和尊重。"[1] 不仅如此，相较于以物质生产劳动为主的传统社会经济形态，在改革开放后的中国，非物质劳动，如管理劳动、服务劳动、科技劳动等发挥着越来越重要的作用。劳动在中国特色社会主义事业建设过程中的作用和地位是毋庸置疑的。尊重劳动、提高劳动者的地位，注重科学技术的创造和发展，这无疑展现了对劳动过程中主体要素和物质要素的高度重视。

粗放型经济增长带来一系列经济社会生态问题，胡锦涛提出科学发展观，也对劳动过程提出更高的要求，突出表现在弘扬劳模精神、激发创造活力、保障劳动者权益和提高劳动者素质四个方面。第一，"爱岗敬业、争创一流，艰苦奋斗、勇于创新，淡泊名利、甘于奉献的伟大劳模精神，是中国工人阶级崇高品格的生动体现，是我们时代的宝贵财富，是激励全国各族人民团结奋斗、勇往直前的强大精神力量"[2]。劳模精神是发挥我国工人阶级和广大劳动群众在社会主义现代化建设中的主力军作用的关键要素。以劳模精神为引领，凝聚全国各族人民团结奋斗的强大精神力量，才能推动社会主义现代化宏伟目标加快实现。第二，要加快经济发展方式转变和经济结构调整，就必须不断提高经济发展质量和经济效益，这要求"充分发挥一切劳动者的首创精神，充分调动他们的积极性、主动性、创造性，最大限度地把他们的智慧和力量凝聚到推动科学发展上来"[3]。第三，要充分调动劳动者的积

---

[1]　《江泽民文选》第3卷，人民出版社，2006，第540页。

[2]　胡锦涛：《在2010年全国劳动模范和先进工作者表彰大会上的讲话》，人民出版社，2010，第5页。

[3]　胡锦涛：《在2010年全国劳动模范和先进工作者表彰大会上的讲话》，人民出版社，2010，第7页。

极性和创造性，就必须保障劳动者合法权益，"保障工人阶级和广大劳动群众经济、政治、文化、社会权益是我国社会主义制度的根本要求"①。具体来看，应当健全企事业单位民主管理制度，促进充分就业和提高就业质量，增加劳动报酬和提高劳动者生活水平，完善社会保障体系和劳动保护机制。第四，"当今世界的综合国力竞争，归根到底是劳动者素质的竞争。不断提高广大劳动群众的综合素质，是实现人的全面发展的必然要求，也是推动经济社会发展的重要保证"②。任何先进的管理理念和科学技术都必须通过劳动者的劳动过程才能切实发挥其效能。提高劳动者素质，一方面要树立正确的劳动理念，另一方面要提高劳动者的科学技术以及文化水平。打造一支有理想、有信念、有组织、有纪律、有文化、有技术的高水平劳动者队伍，才能从容面对层出不穷的新形势、新任务，不断推动社会主义现代化建设。

三 习近平关于劳动过程的重要论述

新时代，面对国内国际新形势，习近平多次强调劳动的重要性，并要求树立正确的劳动观；注重发挥劳模精神、劳动精神以及工匠精神的重要作用；要求提高劳动者队伍素质，重视劳动者技能培养；提出构建和谐劳动关系，提高劳动报酬，保障劳动者合法权益。

"我一直强调，劳动最光荣、劳动最崇高、劳动最伟大、劳动最美丽。全社会都应该尊敬劳动模范、弘扬劳模精神，让诚实劳动、勤勉工作蔚然成风。"③ 劳动是人类生存发展的前提条件，是财富的源泉，也是实现民族复兴、国家富强、人民幸福的必由之路。随着改革开放的不断深化和外资的不断进入，资本主义社会中一些错误思潮也在国内不断出现，好逸恶劳等不正之风带来诸多不良影响，因此必须树立正确的劳动观。"要开展以劳动创造

---

① 胡锦涛：《在2010年全国劳动模范和先进工作者表彰大会上的讲话》，人民出版社，2010，第8页。

② 胡锦涛：《在2010年全国劳动模范和先进工作者表彰大会上的讲话》，人民出版社，2010，第9页。

③ 《习近平书信选集》第1卷，中央文献出版社，2022，第170页。

幸福为主题的宣传教育，把劳动教育纳入人才培养全过程，贯通大中小学各学段和家庭、学校、社会各方面，教育引导青少年树立以辛勤劳动为荣、以好逸恶劳为耻的劳动观，培养一代又一代热爱劳动、勤于劳动、善于劳动的高素质劳动者。"① 勤劳朴素是中华民族的传统美德，也是中国传统文化的精华。在世界经济联系日益紧密的时代，树立正确的劳动观，有助于抵御消费主义、享乐主义等不良风气的侵蚀，也是继续加快推进社会主义现代化建设、实现中华民族伟大复兴的重要保障。

进入新时代，习近平再次将劳模精神置于重要地位，并在此基础上进一步阐发劳动精神和工匠精神的发展，"在长期实践中，我们培育形成了爱岗敬业、争创一流、艰苦奋斗、勇于创新、淡泊名利、甘于奉献的劳模精神，崇尚劳动、热爱劳动、辛勤劳动、诚实劳动的劳动精神，执着专注、精益求精、一丝不苟、追求卓越的工匠精神"② 。榜样的力量是巨大的，劳动模范不仅是劳动者的杰出代表，也是国家和民族的楷模。新中国成立以来，在一代代杰出的劳动模范的激励下，全国广大劳动者艰苦奋斗、勇于创新，实现了中国国防、科技、经济等诸多领域的重大突破。广大劳动者的辛勤劳动是中国综合国力不断提升的重要基础和坚实支撑。而随着中国生产力不断发展，各领域逐渐实现"从无到有"，并逐渐进入"从有到优"的阶段，因此精益求精的工匠精神就越发重要。三种精神对于提高劳动生产率、营造良好的劳动氛围、加强劳动纪律、为广大群众树立榜样等都具有重要意义。

在我国由制造业大国向制造业强国不断前进的过程中，三种精神都是必不可少的。不仅如此，劳模精神、劳动精神和工匠精神的弘扬和发展也是社会主义精神文明建设的重要内容，是我们宝贵的精神财富。只有加强对劳动模范的表彰和宣传、提高劳动者社会地位、充分鼓励工匠技艺和精神的传承，才能更好地发挥三种精神对社会发展的引领作用，从而更好更快地建设社会主义现代化强国。

---

① 习近平：《论党的青年工作》，中央文献出版社，2022，第47~48页。
② 习近平：《在全国劳动模范和先进工作者表彰大会上的讲话》，人民出版社，2020，第4页。

习近平明确指出要提高劳动者队伍的素质。工人阶级和广大劳动群众是社会主义现代化建设的主要力量。提高劳动者队伍的素质不仅要求加强劳动者队伍的技术素质教育，也要求提升劳动者队伍的思想道德水平。有一支思想过硬、技术过关的高素质人才队伍，才能够切实推进社会主义现代化建设。信息革命以来，技术更新迭代速度加快，随着改革开放的进一步深化，国内与国际接轨的程度逐渐加深，要在技术的国际竞争中取得优势，就必须"造就一支有理想守信念、懂技术会创新、敢担当讲奉献的宏大产业工人队伍"[1]。随着机器自动化水平不断提升，简单重复的劳动逐渐被机器取代，这客观上要求提高劳动者技能水平。一方面可以借助劳动竞赛过程中劳动者之间的相互学习，另一方面也需要相关主体主动承担起对劳动者进行技能培训的责任。"职业技能竞赛为广大技能人才提供了展示精湛技能、相互切磋技艺的平台，对壮大技术工人队伍、推动经济社会发展具有积极作用……各级党委和政府要高度重视技能人才工作……培养更多高技能人才和大国工匠，为全面建设社会主义现代化国家提供有力人才保障。"[2] 劳动者技能水平的提升，不仅符合人的发展需要，也是社会主义优越性的生动体现。保证充分就业和实现劳动者个人的不断发展既是社会主义建设所取得的阶段性成果，又可以进一步促进社会主义建设更快发展。

"劳动关系是最基本的社会关系之一……要依法保障职工基本权益，健全劳动关系协调机制，及时正确处理劳动关系矛盾纠纷。"[3] 在市场经济条件下，劳动者需要在劳动力市场找到工作，依靠劳动赚取工资，才能获取生存发展所需要的一系列商品。因此，劳动关系在劳动者的全部社会关系中往往占据至关重要的地位。建立和谐的劳动关系，才能保证劳动过程平稳有序进行。然而，近些年关于劳资矛盾的报道屡见不鲜，过度加班、拖欠农民工工资等恶性事件时有发生，劳动者维权难度大。在坚定不移推进依法治国的前

---

① 习近平：《在全国劳动模范和先进工作者表彰大会上的讲话》，人民出版社，2020，第8页。
② 《习近平书信选集》第1卷，中央文献出版社，2022，第317页。
③ 习近平：《在庆祝"五一"国际劳动节暨表彰全国劳动模范和先进工作者大会上的讲话》，人民出版社，2015，第8页。

提下，尽快完善劳动法，并对损害劳动者权益的行为做到执法必严、违法必究，是构建和谐劳动关系的最重要手段。除此之外，也不能忽视工会在保护劳动者权益方面的重要作用。"时代在发展，事业在创新，工会工作也要发展、也要创新……要把竭诚为职工群众服务作为工会一切工作的出发点和落脚点……维护好广大职工群众包括农民工合法权益……不断促进社会主义和谐劳动关系。"① 在构建和谐劳动关系的前提下，不断提高劳动报酬、保障劳动者合法权益，才能解决劳动者后顾之忧，充分发挥其劳动积极性。以按劳分配为主体是我国基本经济制度的规定，也是社会主义初级阶段的内在要求。"坚持在经济增长的同时实现居民收入同步增长、在劳动生产率提高的同时实现劳动报酬同步提高。"② 保障劳动者合法权益同样不容忽视。"要把稳就业工作摆在更加突出的位置，不断提高劳动者收入水平，构建多层次社会保障体系，改善劳动安全卫生条件，使广大劳动者共建共享改革发展成果，以更有效的举措不断推进共同富裕。"③ 尤其应当注重建立健全相关法律法规体系，为保障广大劳动者合法权益提供法律依据。贯彻共享发展理念，让劳动者享受到改革开放的成果，提高其获得感、幸福感，提高劳动者收入，缩小贫富差距，促进社会关系以及劳动关系的和谐发展。

四　中国化马克思主义劳动过程理论向系统化发展

自马克思创立劳动过程理论以来，劳动过程理论在西方、苏联和中国都得到了进一步的发展。其中，西方劳动过程理论在发展过程中逐渐放弃了劳动价值理论等马克思主义理论的核心内容，转而以劳动者的心理、劳动控制等为研究主题，这受到了西方马克思主义者的批判。列宁、斯大林继承并发展了马克思劳动过程理论，并率先对社会主义下的劳动过程进行了研究和探讨，这为劳动过程理论在中国的发展提供了重要借鉴。

中国化马克思主义劳动过程理论不断向系统化发展。马克思主义中国化

① 《习近平著作选读》第 1 卷，人民出版社，2023，第 119~120 页。
② 习近平：《论坚持全面深化改革》，中央文献出版社，2018，第 374 页。
③ 习近平：《在全国劳动模范和先进工作者表彰大会上的讲话》，人民出版社，2020，第 9 页。

理论对劳动过程的研究最初较多地借鉴苏联，而随着中国社会主义建设的不断推进，劳动过程理论的中国化成果逐渐增多。尤其是改革开放以来，中国特色社会主义理论对劳动过程进行大胆探索，极大地丰富和发展了马克思主义劳动过程理论。进入新时代以来，中国化马克思主义劳动过程理论开始向系统化发展，对劳动精神、劳动者技能、劳动关系以及劳动者权益保障等一系列重要内容的相关分析被纳入劳动过程理论体系中。中国化马克思主义劳动过程理论尽管取得了长足发展，但仍然面临两大主要问题。一是劳动过程理论的框架和基本内容仍然缺乏明确的界定，对劳动过程的分析有待进一步细化和深化；二是在新的技术革命背景下推动马克思主义劳动过程理论时代化和中国化发展的研究不足，尤其是关于分析大数据技术、人工智能技术等新一代信息技术的快速发展对劳动过程的系统性影响的研究较为缺乏。

第二章　劳动过程与价值形成或增殖
过程的系统分析

"劳动材料（正确的概念是劳动材料，而不是原材料），劳动资料和活劳动。一方面，资本按其物质组成来看，分成这三种要素；另一方面，这些要素的运动的统一是劳动过程（或者说这些要素共同加入这一过程），它们的静止的统一是产品。"[①] 劳动过程就是基于人类劳动的使用价值的生产过程。劳动过程具有二重性，一方面是一切社会形式所共有的，另一方面又处于特定的所有制关系或社会形态中。劳动过程理论的研究对象是直接生产过程中的劳动过程，更确切地说是这一劳动过程中所包含的生产关系。它不仅涵盖一般劳动过程，也包括不同社会形态下的各种具体形态的劳动过程。要研究资本主义市场经济或社会主义初级阶段市场经济下的劳动过程就必须联系所有制和价值形成或增殖过程。马克思主义劳动过程理论的基本内容可以概括为：要素组织、过程管理与生产关系。

第一节　劳动过程及相关概念界定

人类劳动力的耗费即是劳动，劳动持续进行并生产使用价值的过程即是劳动过程。劳动具有二重性，可以分为具体劳动和抽象劳动；劳动过程也具

---

① 《马克思恩格斯文集》第 8 卷，人民出版社，2009，第 183 页。

有二重性，既是一切社会形式共有的，又是特定生产关系下的。

一 劳动的概念与劳动的二重性

劳动力顾名思义就是劳动能力，是"活的人体中存在的、每当他生产某种使用价值时就运用的体力和智力的总和"[①]。事实上"除了从事劳动的那些器官紧张之外，在整个劳动时间内还需要有作为注意力表现出来的有目的的意志"[②]。因此，劳动力就表现为智力、体力和注意力的总和。不同劳动者的劳动能力不仅有数量上的差异，也有结构上的区别。从数量上看，每一位劳动者的智力、体力和注意力的总量存在差异，表现在劳动过程中即是同一种劳动中不同劳动者所能完成的量不同。例如，同样是搬运货物，身体强壮的劳动者可能搬运十次仍有体力，但身体羸弱的劳动者搬运五次就耗尽体力了。从结构上看，不同劳动者的智力、体力、注意力的相对比例不同，这与劳动者的技能结构是密不可分的。例如，从小接受高强度体力训练的劳动者其体力充沛，而接受更多知识教育的劳动者其智力过人。基于技能结构的不同，劳动者所能完成的劳动也是极不相同的。

"劳动力的使用就是劳动本身。"[③] 劳动是有目的的活动，是人的脑、手等器官运动的动态过程，并且劳动本身离不开劳动对象和劳动资料，只有固化在劳动对象中才能保存。按照不同的标准，劳动又可以分为不同的种类，如私人劳动与社会劳动、简单劳动与复杂劳动、生产劳动与非生产劳动、脑力劳动与体力劳动等。近年来，一些新的劳动类型如情感劳动、数字劳动等也逐渐出现。

马克思最先发现生产商品的劳动的二重性，即具体劳动和抽象劳动。具体劳动是财富的源泉之一，劳动过程首先是一个自然的过程，即通过劳动改造自然物以满足人的需要，因而具体劳动是基于一定目的的劳动力耗费。人的需要的多样性以及劳动资料的多样性又决定具体劳动形式的多样性。不同

[①] 《马克思恩格斯文集》第 5 卷，人民出版社，2009，第 195 页。
[②] 《马克思恩格斯文集》第 5 卷，人民出版社，2009，第 208 页。
[③] 《马克思恩格斯文集》第 5 卷，人民出版社，2009，第 207 页。

种类的具体劳动之间只有质的区别，而无法进行量的比较。尽管同种具体劳动可以比较劳动时间长短，然而同种使用价值之间的交换不具有普遍意义。将具体劳动的各种形式抽象掉，劳动就只是人类劳动力的耗费，也即表现为抽象劳动。因此，劳动过程直接表现为劳动者的智力、体力、注意力的使用或耗费。如果对劳动的抽象停留在此，则不同劳动之间依然不能自由交换。只有将这种耗费进一步抽象为人类劳动力的一般耗费，抽象才是彻底的，劳动才没有质的区别而只有量的区别，因而才是可比较的、可交换的。

二　劳动过程的概念及其二重性

就简单的或一般的劳动过程而言，劳动过程是基于人类劳动的使用价值的生产过程，是一切社会形式所共有的；但同时劳动过程的进行又离不开特定的所有制关系或社会形态，因而具有二重性。这种二重性在商品经济中表现为劳动过程与价值形成过程的统一，在资本主义市场经济或社会主义初级阶段的市场经济中表现为劳动过程与价值增殖过程的统一。

（一）劳动过程的概念

"劳动过程，就我们在上面把它描述为它的简单的、抽象的要素来说，是制造使用价值的有目的的活动。"[①] 劳动过程的基本内容如图 2-1 所示。

图 2-1 表明，所谓劳动过程的简单要素是指劳动过程包括的三个要素，即劳动本身、劳动对象和劳动资料。但仅有劳动过程的这个简单的或一般的定义是远远不够的，劳动过程总是以一定的生产力水平和社会政治经济形态为前提的，并且劳动过程不是孤立的个人的活动而是涉及分工与协作的社会的人的活动。技术条件从根本上规定劳动的工艺流程，从质和量上规定劳动过程中物的因素和人的因素的结合方式。社会条件则反映劳动过程中人与人的关系，其中既有劳动者之间的关系，也有劳动者与生产资料所有者之间的关系。就简单的或一般的劳动过程而言，它是劳动者以自身劳动为中介，运用劳动资料作用于劳动对象而生产使用价值的过程；就发展的或特殊的劳动

---

① 《马克思恩格斯文集》第 5 卷，人民出版社，2009，第 215 页。

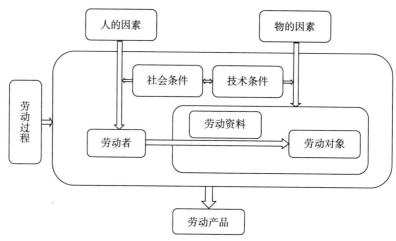

图 2-1 劳动过程的相关要素

过程而言，它是劳动者在一定技术条件和社会条件下生产使用价值的过程，因而就具有二重性。

（二）劳动过程的二重性

首先，劳动过程是使用价值的生产过程。虽然劳动具有二重性，但马克思在多处都明确区分了劳动过程与价值形成过程。例如，"在资本主义生产内，劳动过程对价值增殖过程的关系是，后者表现为目的，前者只表现为手段"[①]；"价值形成过程和单纯劳动过程的区别在于：后者是从质的方面来考察，而前者是从量的方面来考察"[②]；"如果我们把价值形成过程和劳动过程比较一下，就会知道，劳动过程的实质在于生产使用价值的有用劳动。在这里，运动只是从质的方面来考察，从它的特殊的方式和方法，从目的和内容方面来考察。在价值形成过程中，同一劳动过程只是表现出它的量的方面。所涉及的只是劳动操作所需要的时间"[③]。从这些论述中可以看到，马克思所说的劳动过程一般是指使用价值的生产过程。

其次，劳动过程又具有二重性。"我们首先发现劳动过程具有两重性。

---

① 《马克思恩格斯全集》第 32 卷，人民出版社，1998，第 107 页。
② 《马克思恩格斯全集》第 21 卷，人民出版社，2003，第 395 页。
③ 《马克思恩格斯文集》第 5 卷，人民出版社，2009，第 227~228 页。

一方面，它单纯是使用价值的生产过程；作为这样一种过程，它在社会存在的一切历史形式下都会存在而且必须存在；另一方面，像前面所说的，这一过程是在资本主义生产的特殊的条件下发生的。"① 恩格斯这里所提及的二重性是指劳动过程一方面是一切社会形式共有的，另一方面在资本主义这一特殊条件下又表现出新的特点。更一般地说，第二重性质体现为劳动过程在特定生产关系或社会形态下的新特征，而不仅仅是资本主义生产关系下的特殊表现。可以说劳动过程不单纯是使用价值的一般生产过程，在资本主义市场经济或社会主义初级阶段的市场经济中是与价值增殖过程相统一的使用价值的生产过程。因此，对劳动过程的分析离不开所有制关系以及价值形成或增殖过程。

第二节　劳动过程的所有制特征

中国共产党对所有制关系不断探索，逐渐形成了社会主义初级阶段公有制为主体、多种所有制经济共同发展的经济格局。生产资料所有制居于生产关系的核心地位，与劳动过程具有紧密联系，不仅是劳动过程的前提，也决定劳动过程的诸多环节和基本内容的社会特征。

一　所有制及其发展演变

广义的所有制是全部生产关系的总和，而狭义的所有制则是指生产资料所有制。马克思揭示了前资本主义所有制向资本主义所有制的过渡，也预言了资本主义私有制必将被社会主义公有制代替的历史趋势。中国共产党对所有制不断探索，形成了社会主义初级阶段以公有制为主体、多种所有制经济共同发展的经济格局。

（一）所有制及相关概念界定

所有权和产权是易与所有制相混淆的概念。"所有权是对财产所有权的简称，指对于财产的占有、支配、使用、收益等权利。"② 所有权是一个法律

---

① 《马克思恩格斯全集》第 21 卷，人民出版社，2003，第 437 页。
② 刘凤芹主编《新制度经济学》，中国人民大学出版社，2015，第 49 页。

概念，是由法律所规定的人对财产的一系列权利组成。在这些权利中，占有是基础，是使用财产的前提。财产所有者既可以自己使用财产，也可以通过转让将财产交由他人使用。这种转让、赠予、放弃财产的权利即是所有权中的处分权。财产的使用和处分可以为所有者带来收益，这就是收益权。收益可正可负，财产使用或处分不当而带来损失的情况也普遍存在。产权则是"私人、组织、企业、政府等对财产行使的控制和收益的权利，包括财产的使用权、转让权和处置权及各种组合的经济权利"[①]。产权的概念是大于所有权的，拥有一项财产的所有权必定意味着拥有相应的产权，然而拥有产权却不一定具有其所有权。所有权的核心是财产的归属，而产权的核心在于财产的控制和收益，后者是包括所有权、收益权、处置权等在内的权利束，既可以涵盖全部权利，也可以是这些权利的部分组合。较为典型的例子是股份制企业，企业股东拥有企业的部分所有权，而企业管理层拥有企业的控制权，后者虽然不拥有企业的所有权但因其可以控制企业并获取收益，因此仍然拥有企业的产权。所有权、产权、所有制之间既存在区别又密切联系，三者都关注人与财产的关系，但前两者是基于法权角度，更侧重于法律维度，而所有制更多的是作为一种经济概念存在。

作为经济学意义上的所有制毫无疑问是生产关系，但所有制是生产关系的组成部分还是其总和，对这一问题国内学界却存在争议。与这一问题密切相关的是所有制的内涵究竟是什么。如果将所有制仅仅看作生产资料所有制，那么其就是生产关系的组成部分而非总和。也有学者认为所有制就是生产关系的总和，如孙冶方将所有制形式等同于财产形式，因此进一步提出，"生产关系的全部内容也就是所有制形式或财产形式的全部经济内容"[②]。事实上，所有制概念有广义和狭义之分[③]。所谓狭义的所有制是指生产资料所有制、劳动产品所有制等具体所有制形式，前者有时也简称为所有制。而广义上的所有制则是抽象掉具体形式的更高层次的所有制关系，如资本主义私

---

① 刘凤芹主编《新制度经济学》，中国人民大学出版社，2015，第49页。
② 孙冶方：《论作为政治经济学对象的生产关系》，《经济研究》1979年第8期。
③ 吴宣恭：《论生产资料所有制是生产关系的基础》，《中国社会科学》1981年第2期。

有制。之所以称其为更高层次，是因为后者必然包括资本主义社会中各种狭义所有制。也是在这一层面上，马克思有时将所有制与生产关系的总和相联系。"私有制不是一种简单的关系，也绝不是什么抽象概念或原理，而是资产阶级生产关系的总和。"[1] 在各种具体形式的狭义所有制关系中，生产资料所有制又占据着重要地位。但马克思、恩格斯没有把生产资料所有制作为生产关系的一个部分单独列出来，"是因为生产资料所有制是生产关系的前提，它贯串于整个生产过程"[2]。

（二）所有制的演变

马克思在分析欧洲前资本主义的三种所有制形式的基础上指出它们与资本主义所有制的根本不同，并进一步提出资本主义私有制解体、公有制确立的历史趋势。

部落共同体不是土地被共同占有的结果，相反，前者是后者的前提。在亚细亚的土地所有制条件下，土地作为部落共同体的共同财产，个人只有作为共同体的一员才成为这一财产的占有者。在单个小公社之上还存在更高层次的统一体以及所有者，后者往往是专制的、世袭的，但这并不影响这种共同性。公社的一部分剩余产品以贡赋或统一体的共同工程的形式归属于更高层次的统一体。第二种所有制形式，即古代的所有制形式，同样以共同体为前提。但在这种所有制条件下，公社公有财产和个人私有财产是共存的。一部分土地以各种形式的公有地存在，另一部分则分割为小块被公社成员当作私有财产。公社成员把自己当作生产资料的所有者，也把这种私有财产当作自己从属于公社的身份象征。而第三种所有制形式，即日耳曼的所有制形式，则不同于前面两种形式。此时，公社表现为各个独立主体的联合而非统一的共同体。这种联合是以土地的私人占有为基础的，"每一单个家庭就是一个经济整体，它本身单独地构成一个独立的生产中心"[3]。尽管也存在公有土地，但在

---

① 《马克思恩格斯全集》第 4 卷，人民出版社，1958，第 352 页。
② 洪远朋：《应该恢复马克思的定义——也谈作为政治经济学对象的生产关系》，《学术月刊》1979 年第 12 期。
③ 《马克思恩格斯文集》第 8 卷，人民出版社，2009，第 132 页。

这里公有财产只是作为私有财产的补充而存在的。这三种所有制之间存在较多差异，但同时也表现出一定的共性。一方面生产是为了获得使用价值，另一方面对劳动的自然条件的占有是建立在个人与公社的关系的基础之上的。

资本主义所有制形成之前，首先是上述所有制形式的解体。在共同体中，劳动的主体与客观条件是统一的，随着共同体的瓦解，这种统一也解体了。一方面是劳动者与土地的分离，另一方面是劳动者与劳动工具的分离。劳动者本身也不再作为生产的客观条件，劳动才是。劳动者与生产资料分离且成为自身劳动能力的所有者，只能向资本所有者出售自身劳动力并提供劳动，雇佣劳动制度由此产生。货币转化为资本，以交换价值为核心的新的生产方式也就随之确立。劳动者与劳动条件分离的过程，同时也是资本的原始积累过程。在这一过程中，大量劳动者失去生产资料的同时资本却在少部分人手中积累。生产资料私人所有以及雇佣劳动制度是资本主义私有制的核心内容。

两个必然、两个决裂是基于历史唯物主义的科学结论。生产资料私人所有与生产社会化之间的矛盾是资本主义生产关系的基本矛盾，这一基本矛盾决定了资本主义必然被社会主义取代。"共产主义革命就是同传统的所有制关系实行最彻底的决裂"①，不论是共产主义的第一阶段即社会主义社会，还是共产主义的高级阶段，都实行生产资料公有制，全社会共同占有生产资料，这是毋庸置疑的。在国内引起争议的是关于重建个人所有制的问题。抛开不少打着重建个人所有制的幌子而实质上企图恢复私有制的观点，争议的核心在于这里的个人所有制涉及的是生产资料还是消费资料。恩格斯、列宁都明确提出过重建个人所有制是针对生活资料、消费资料，这也是国内学界主流观点。但也有学者认为重建个人所有制指涉生产资料，其主要理由除生产资料所有制的重要性以及生活资料所有制是生产资料所有制的衍生外，还有很重要的一点是基于否定之否定的形式分析。这种观点认为既然第一个否定是资本主义私有制对个人私有制的否定，涉及的是生产资料的层面，那么第二阶段的否定之否定也应当如此。但也有学者指出，马克思正是"出于形

---

① 《马克思恩格斯文集》第2卷，人民出版社，2009，第52页。

式上表述否定之否定规律的概念对称的需要，才没有直接点明而只是隐含
'重建个人所有制'的对象和范围——消费品"①。

（三）中国共产党对所有制的探索与实践

中国共产党对所有制的探索大致可以分为三个阶段。第一个阶段是社会
主义改造之前。在这一阶段，中国存在私营经济、外资经济等多种所有制经
济。受限于当时国内国际政治经济环境，党对于所有制问题的实践探索集中
在农村土地问题上。第二个阶段主要是社会主义改造之后到改革开放前。这
一阶段虽然有一些曲折反复，但是从整体上看，仍然是以单一公有制与高度
计划的经济体制为主。通过农业和手工业的合作社化改造，以及通过赎买等
手段完成资本主义工商业的改造，中国完成了从多种所有制经济向单一公有
制经济的转变。其间也出现过个体经济的发展，但这并不影响此阶段的整体
所有制格局。第三个阶段是改革开放以来。我国由单一的公有制经济逐渐发
展出以公有制为主体、多种所有制经济共同发展的经济格局。社会主义初级
阶段的基本经济制度不仅仅改变了我国的单一所有制结构，随着改革的深化，
公有制的实现形式也在不断丰富。首先是农村土地制度的变化。在坚持集体所
有制的前提下，改革开放初期实行了家庭联产承包责任制。近年来，我国逐步
实行农村土地三权分置，这无疑是对土地集体所有制实现形式的拓展。其次是
对国有企业的改革。在改革的过程中，我国逐步推动国有企业的股份制发展，
并在此基础上进行混合所有制改革。股份制并不是新型的所有制存在形式，而
是所有制的实现形式，它本身并不具有公有、私有的特征，股东的性质决定其
整体特性。国有资本控股的混合所有制股份制企业理所当然就具有公有制经济
的特征。近年来，我国提出国有资产管理由管企业向管资本发展也是基于此。

二　劳动过程与所有制

生产资料所有制在生产关系中处于核心地位，既是劳动过程的前提，又

---

① 周宇、程恩富：《马克思"重建个人所有制"的思想探析》，《马克思主义研究》2012 年第
1 期。

深刻影响劳动过程的技术和社会组织形式，与劳动过程本身及其管理密不可分，也是劳动过程中其他生产关系的基础。

（一）所有制是劳动过程的前提

生产资料所有制以及劳动力归谁所有是劳动过程的前提。劳动对象和劳动资料是劳动过程的基本要素，是劳动过程得以存在的前提条件。劳动本身也是不可缺少的，因而劳动力也要进入劳动过程。学界对"劳动力所有制"这一概念争议颇大，因此这里不使用这一概念来表征劳动力的归属。在前资本主义社会，人的依赖关系还是主导，奴隶归属于奴隶主、农奴归属于封建地主；在资本主义社会，人的依赖关系转变为物的依赖关系，劳动者名义上是自身劳动力的主人，实则不得不被雇佣，在被雇佣的阶段尤其是劳动过程中归属于资本所有者；只有在共产主义社会，社会是自由人的联合体，劳动成为人的第一需要，在劳动过程中劳动者才归属于自己。生产资料和劳动者带着各自的所有制特征进入劳动过程，也就导致劳动过程本身各个环节甚至最终结果都带有特定所有制的烙印。

（二）所有制与劳动过程的组织形式

劳动过程的技术条件决定劳动者与生产资料的结合方式，从根本上决定了劳动过程的组织形式，但不能忽视所有制对劳动过程组织形式的塑造。从某种意义上来讲，后者甚至更直接更深刻。首先，所有制影响劳动过程的技术组织形式。尽管技术本身很少带有所有制特征，但是技术的应用往往受所有制的影响。"在资本主义社会，只有当机器的价值小于所替代的劳动力的价值时，资本家才会使用机器……在共产主义社会……如果生产过程可能会对工人的身体造成危害或劳动强度太大，即使采用机器比使用人更贵，也要采用机器，即消除了采用机器的资本主义限制。"[①] 同样的，在社会主义市场经济中，采用机器的标准也不仅仅是价格或利润的问题。其次，不能忽视所有制对劳动过程的社会组织形式的塑造。劳动过程的社会组织形式涉及的是

---

① 程恩富、段学慧：《〈资本论〉中关于共产主义经济形态的思想阐释（上）》，《经济纵横》2017年第4期。

将劳动者组织起来的方式和劳动者之间的协作方式。其在资本主义市场经济中表现为雇佣劳动制度和强制性的分工和协作，而在社会主义初级阶段的市场经济中则表现为市场型自由联合劳动制度。

（三）所有制与劳动过程本身及其管理

在资本主义条件下和社会主义初级阶段，企业主对企业员工的技能培训以及劳动强度、劳动时间等的要求存在差异，对劳动过程的管理也存在很大不同。生产资料的集中和劳动的协作是资本主义生产方式的突出特征。随着生产规模的不断扩大，协作或者生产的社会化程度也在不断提高。这种集中和协作又不可避免地带来组织、协调、控制、监督等一系列问题。解决上述问题离不开高效的管理体制，现代科层制正是基于此而发展起来的。科层制最早由韦伯提出，"为了系统协调多人的工作以完成大规模行政任务而设计的组织类型，我们称之为科层制"①。企业科层制作为控制劳动过程的组织形式也具有所有制特征，在资本主义所有制条件下，其服务于资本家对劳动者及劳动过程的控制；在社会主义所有制条件下服务于劳动者与企业管理者的相互监督。并且企业管理者管理劳动过程的制度、文化等手段也因所有制不同而存在差异。

（四）所有制是劳动过程中其他生产关系的基础

所有制关系是劳动过程中其他生产关系的基础。在资本主义生产方式中，生产资料和被雇佣的劳动力由资本家所有，因此劳动过程本身以及劳动过程的结果即劳动产品也归属于资本家。劳动者不是劳动过程的主人，其主体性就难以彰显。劳动过程中存在工人消极怠工等问题，因此就衍生出资本所有者与劳动者之间的监督、控制与被监督、被控制的关系。这种监督与控制随着生产规模的扩大而逐渐从资本家那里独立出来，由此形成日渐庞大的管理层。工人之间则存在激烈的竞争关系。在社会主义生产方式下，无产阶级共同占有生产资料，真正成为劳动过程的主人；被监督被控制转变为相互管理

---

① 〔美〕彼得·布劳、马歇尔·梅耶：《现代社会中的科层制》，马戎等译，学林出版社，2001，第1页。

以及自觉积极的劳动，工人之间的竞争关系也逐渐被竞赛等关系所代替。

第三节　劳动过程与价值形成过程的统一

劳动过程具有二重性，在资本主义市场经济和社会主义初级阶段的市场经济中，劳动过程表现为与价值增殖过程相统一的使用价值的生产过程。二者是同一过程即生产过程的两个方面，价值增殖过程是劳动过程的目的，而劳动过程又对价值的生产具有重要影响。

一　价值实体与价值量

"洛贝尔图斯先生引用了李嘉图的价值量的尺度，但是也和李嘉图一样，不研究或不了解价值实体本身。"[①] 不正确认识价值实体，就无法真正明晰价值量的决定因素，因此李嘉图的理论才会产生混乱和矛盾。

（一）价值实体

在把使用价值的不同性质抽象掉的过程中，创造使用价值的具体劳动的种种特性也就随之消失了，而只剩下同一的人类劳动，即抽象劳动。这种抽象劳动就是商品价值的实体，其凝结在商品中形成商品的价值。不少学者把抽象劳动等同于劳动力的生理耗费，甚至把耗费的能量作为衡量价值的尺度。首先，撇开劳动的一切形式而只关注其是劳动力的生理耗费，这的确是对劳动的抽象，但并不是马克思所说的抽象劳动。其次，这种生理耗费不仅仅是能量的耗费，还是劳动力机能的耗费，否则就会得出保证能量供应劳动力就能一直劳动下去的错误结论。这种观点仅仅考虑能量耗费，忽视了人体肌肉、神经的疲劳程度等其他各方面的损耗。之所以说这种抽象并不是马克思所说的抽象劳动，是因为抽象劳动是生理性和社会性的统一，因为商品价值体现的是一般人类劳动的耗费，简单平均劳动"是每个没有任何专长的普

---

① 《马克思恩格斯全集》第 19 卷，人民出版社，1963，第 421 页。

通人的有机体平均具有的简单劳动力的耗费"[1]。正因如此，前一种抽象，即把劳动视为纯粹生理上的人类劳动力耗费，是伴随劳动的、超历史的；而后一种抽象，即生理性和社会性统一的抽象劳动，是局限于商品经济社会中的。后者才构成商品价值的实体。

（二）价值量

作为价值实体的抽象劳动只有量的区分而没有质的区别，劳动的量是以劳动时间来计量的。抽象劳动是生理性和社会性的统一，因此抽象劳动的计量不是基于纯粹的生理性劳动时间，而是基于社会必要劳动时间，即"现有的社会正常的生产条件下，在社会平均的劳动熟练程度和劳动强度下制造某种使用价值所需要的劳动时间"[2]。社会必要劳动时间是以生理性的劳动时间为基础的。抽象劳动的社会性在于其是同一的人类劳动力的耗费，相应的，也就要求社会必要劳动时间的同一性。这种同一性或者说社会性体现在社会必要劳动的三个规定上，即正常生产条件、平均劳动熟练程度和劳动强度。

后两者容易理解，但正常生产条件却容易被误解。首先，生产力的客观条件并不影响创造价值的抽象劳动，但是会改变单位商品的价值量。同一抽象劳动在相同时间内创造的价值并不会因为生产条件的改变而改变，但改进生产条件会使劳动者在相同时间内生产更多的使用价值或商品，从而单个商品的价值量就下降了，这就是所谓的价值量与生产力成反比。这也是为什么社会必要劳动时间以一定的生产条件为前提。其次，既然说正常的条件，那么就存在非正常的条件，也意味着社会生产中存在各种不同的生产条件。其中原因很多，如技术的扩散需要一定的时间、固定资产的更新换代有其特定周期、不同企业投入的资本量有差异，等等，这里不去深入探讨。社会正常生产条件并不是指某一种生产条件，马克思在讨论市场价值本身的规定时多次提及高于或低于中等条件、正常社会条件、较好或较坏条件等，除正常社会生产条件，其他条件下生产的商品同样可以参与商品市场价值的形成。但

---

[1] 《马克思恩格斯文集》第 5 卷，人民出版社，2009，第 58 页。
[2] 《马克思恩格斯文集》第 5 卷，人民出版社，2009，第 52 页。

情况并不总是这样，这需要结合所谓第二种社会必要劳动时间来看。由社会需要决定的社会总劳动时间在各个生产部门的按比例分配规定了价值实现的数量界限。如果商品量恰好能够满足社会范围的需要，那么该部门现有的生产条件对于社会而言都是"正常的"生产条件，即满足社会需要所必要的。但商品量和社会需要经常是偏离的，就商品量而言，"如果这个量过小，市场价值就总是由最坏条件下生产的商品来调节，如果这个量过大，市场价值就总是由最好条件下生产的商品来调节"①。由此可见，生产条件是不是"正常的"关键在于商品量是不是满足社会需要所必需的。如果是满足社会需要所必需的，则这种或多种生产条件对于社会而言就是"正常的"，反之则不是。

二　价值形成与价值增殖过程

"作为劳动过程和价值形成过程的统一，生产过程是商品生产过程；作为劳动过程和价值增殖过程的统一，生产过程是资本主义生产过程，是商品生产的资本主义形式。"②

劳动过程是商品生产过程的一个方面，另一个方面则是价值形成过程。在价值形成过程中，对物的因素和人的因素的关注点不再是二者在劳动过程中充当的角色不同，而是不变资本和可变资本的价值运动不同。物的因素或者说生产资料在价值形成过程中充当不变资本的角色，所谓不变是指生产资料的价值只转移到劳动产品中，而不发生增殖。不变资本中属于固定资本的部分全部参与到劳动过程中，但其价值却是逐步转移到劳动产品中；属于流动资本的部分如原料等一般是一次性参与到劳动过程中，且其价值也全部转移到产品中。人的因素或者说劳动力则充当可变资本的角色。一方面，劳动力并不是把自身的价值转移到产品中，而是活劳动重新创造出劳动力商品的价值并加到劳动产品中；另一方面，劳动力创造出大于自身价值的价值，也

---

① 《马克思恩格斯文集》第 7 卷，人民出版社，2009，第 206 页。
② 《马克思恩格斯文集》第 5 卷，人民出版社，2009，第 229~230 页。

即生产剩余价值。

"价值增殖过程不外是超过一定点而延长了的价值形成过程。"① 获取使用价值并不是资本主义生产的目的，获取价值或者更确切地说获取剩余价值才是资本主义生产的最终目的。剩余价值可分为绝对剩余价值和相对剩余价值。前者通过绝对地延长劳动时间而获得，并不涉及劳动本身的变化，因此在劳动只是形式上从属于资本的时候就已经发生了。后者则以生产方式的变革为前提，通过缩短必要劳动时间相对地延长剩余劳动时间而获得。劳动时间的延长毕竟是有限度的，随着资本主义生产方式的确立和进一步发展，相对剩余价值生产越来越成为剩余价值生产的主要方式。当然，这并不意味着绝对剩余价值生产就逐渐消失了。剩余劳动时间与必要劳动时间或者剩余价值与可变资本的相对比例是衡量劳动力受剥削程度的重要参数。

三　劳动过程与价值形成过程的统一

劳动过程与价值形成过程并不是两个不同的过程，而是同一过程的两个方面。在资本主义生产方式下，价值形成更确切地说是价值增殖过程是劳动过程的目的，而劳动过程是价值形成的手段。劳动过程对价值形成和剩余价值的生产具有深刻影响。

在资本主义产生之前，获得使用价值是劳动过程的主要目的，不论是劳动者自己使用还是缴纳实物地租等，劳动产品最直接的作用就是消费。而在资本主义社会，生产劳动产品主要是为了交换，生产使用价值也只是因为其是价值的载体。如果有一丝的可能在不生产使用价值的情况下获得价值，资本会毫不犹豫放弃使用价值的生产，当代西方发达资本主义国家经济过度金融化就是例证。劳动过程作为手段要服从于价值增殖这一目的。具体来看，资本主义生产方式对劳动过程的塑造是紧紧围绕尽可能获得更多剩余价值这一中心的，如集中使用生产资料等。集中使用生产资料不仅有利于扩大生产规模、吸纳更多的劳动力，而且能够促进协作劳动的发展、提高劳动效率和

---

① 《马克思恩格斯文集》第 5 卷，人民出版社，2009，第 227 页。

强度，同时还可以充分利用不变资本以便最大限度地将生产资料的价值转移至劳动产品中。劳动过程的要素购买、组织以及过程本身的管理等方面都受到追求剩余价值这一生产最终目的的影响。

劳动过程中物的因素、人的因素以及过程本身都会对剩余价值生产造成影响。物的因素主要指劳动过程的客观条件，突出地表现为劳动生产力；人的因素是劳动过程的主观条件，涉及劳动力的劳动强度和熟练程度；劳动过程作为过程本身，有其持续时间即劳动时间。首先，劳动生产力的变化并不能直接影响剩余价值生产。在不考虑主观条件所导致的劳动力变化的情况下，劳动生产力与单个商品的价值量成反比，劳动生产力提高会使得单个商品价值下降。如果这种下降发生在生产劳动者所需的生活资料的部门，那么其带来的直接影响就是劳动力价值的下降。其次，劳动强度和熟练程度的提高会增加剩余价值。显而易见，同等时间内，高强度劳动的效果是低强度劳动的多倍，在相同工作日内生产出更多的价值，但劳动力价值本身并没有发生变动，那么剩余价值自然而然地就会增加。最后，在其他条件不变的情况下，工作日的绝对延长无疑会带来剩余价值的增加。

第四节　劳动过程的基本内容

"政治经济学是研究生产关系的一门科学。但是，它不是孤立地、静止地研究物质和文化领域的生产关系，而是既要联系生产力，又要联系上层建筑，来揭示生产关系发展和变化的规律性。"[①] 劳动过程理论也属于政治经济学，其研究对象是直接生产过程中的劳动过程，更确切地说是劳动过程中所包含的生产关系。它不仅涵盖一般劳动过程也包括不同社会形态下的各种具体形态的劳动过程。要研究资本主义市场经济或社会主义初级阶段市场经济下的劳动过程就必须联系所有制和价值形成或增殖过程。同时，劳动过程理论还必须结合生产力的发展，如数字技术、人工智能等；也要联系上层建筑

[①]　程恩富、冯金华、马艳主编《现代政治经济学新编》，上海财经大学出版社，2011，第8页。

的运动，如企业管理制度、文化等。在马克思主义劳动过程理论的基础上，借鉴西方劳动过程理论中的合理成分，可以将劳动过程的基本内容总结如图2-2所示。

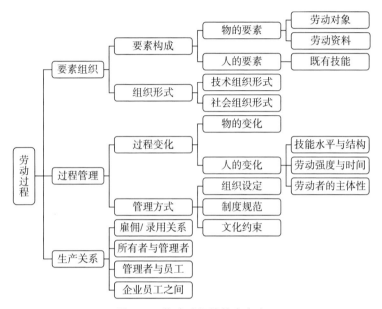

图 2-2　劳动过程的基本内容

图 2-2 表明，劳动过程涵盖的内容丰富，既包括物的因素也包括人的因素，既存在技术条件又存在社会条件，既涉及劳动者之间的关系也涉及雇佣工人与生产资料所有者之间的关系，等等。劳动过程理论的主要研究内容包括要素组织、过程管理、生产关系三个方面。实质上生产关系是贯穿于劳动过程的，这里将之单独列出一方面是突出强调其重要性，另一方面可使理论框架更加清晰。

一　要素组织

从静态来看，劳动过程由物的要素和人的要素按照一定的技术组织形式和社会组织形式构成。这种静态结构是劳动过程得以进行的前提，因而也是劳动过程理论的首要研究内容。

（一）劳动过程的要素构成

劳动过程的要素构成包括物的因素和人的因素，也即生产资料和劳动者。前者又可以分为劳动资料和劳动对象，提供劳动场所的土地等作为生产的客观条件也包含在劳动资料之内。生产资料带有技术特征，劳动者同样具有其禀赋和社会特征。

1. 生产资料

要尽可能地创造更多的使用价值或价值，这一方面要求在一定的生产力水平下合理地分配社会劳动，这就是所谓的按比例规律，市场调节规律（或价值规律）、国家调节规律（或计划规律）都是其实现方式①；另一方面要求生产力的不断发展，劳动资料的发展则是其中至关重要的部分。"在劳动资料本身中，机械性的劳动资料（其总和可称为生产的骨骼系统和肌肉系统）远比只是充当劳动对象的容器的劳动资料（如管、桶、篮、罐等，其总和一般可称为生产的脉管系统）更能显示一个社会生产时代的具有决定意义的特征。"② 事实上，随着劳动资料的进一步发展，调节和控制性的劳动资料占据着越来越重要的地位，如智能工厂中的信息采集、传输以及机械的自动操纵和调节系统等，不妨称之为神经系统。除此之外，广义上的劳动资料也包括劳动过程得以进行的一切物质条件。因此，可以说劳动资料包括四个方面：神经系统、骨骼肌肉系统、脉管系统和物质条件。

马克思根据是否经过劳动筛选将劳动对象分为自然存在的对象和原料。劳动对象性质各不相同，不同的分类标准会带来不同的种类划分，如有形和无形、物质和精神等。劳动对象之所以成为劳动对象，是由生产过程更确切地说是由劳动资料决定的。一种事物在成为劳动对象之前已经存在，并且可能因为人对它的迫切需要而促进了新的劳动资料的发明，但归根结底，只有在能够将之作为劳动对象的劳动资料产生之后，它才可能真正成为劳动对象。随着生产技术的进步，越来越多的物质被纳入劳动对象的范围内。从最

① 高建昆、程恩富：《论按比例规律与市场调节规律、国家调节规律之间的关系》，《复旦学报》（社会科学版）2015 年第 6 期。

② 《马克思恩格斯文集》第 5 卷，人民出版社，2009，第 210 页。

初的地表动植物到现如今的深海物质甚至太空物体，劳动对象的范围不断扩大。而且，同一物质的多种用途也不断地被发掘出来，例如：金在以前只用作货币、装饰品、餐具等，现在成为电子产品集成电路中不可或缺的组成部分。纷繁复杂的劳动对象的具体性质并不是劳动过程理论的研究内容，只有当劳动对象的发展涉及生产方式，进而对生产关系产生影响时，它才成为劳动过程理论的关注内容。

2. 劳动者

有目的的活动即人的劳动是劳动过程的重要组成部分，因此影响劳动者劳动的相关因素也是劳动过程理论研究的重要内容，这些因素主要包括劳动者技能、劳动强度、劳动熟练程度、劳动时间等。劳动者的技能结构决定其所能从事的劳动的种类，而后三者则直接影响劳动的数量。劳动强度和劳动熟练程度或者说技能水平的提高会直接提高劳动生产效率，从而增加劳动产出。上述因素更侧重于劳动过程中劳动者劳动的客观方面，但人并非机器，而是具有鲜明的主体性，因此还必须考虑劳动者的主体性问题。如果说劳动者技能决定劳动者"能不能干"、劳动强度和劳动熟练程度决定劳动者"能干多少"，那么主体性涉及的就是劳动者"想不想干"的问题。不少西方学者认为马克思的劳动过程理论以及后来布雷弗曼的分析忽视了劳动者的主体性问题，遂越来越多地借助福柯主义等来分析工人的认同、身份、文化、性格等主体性问题而回避经济基础、阶级等问题，由此西方劳动过程理论逐渐偏离马克思主义路线。主体性在劳动过程理论中应当占有一席之地，但对这一问题的分析不应当脱离马克思主义理论的基本方法。

除既有技能水平与结构外，其他因素更多地体现在劳动的动态过程中。因此，可以将这些因素放在过程与管理部分阐述。在要素构成这里，只需要看劳动者进入劳动过程之前的技能水平与结构即可。劳动者进入劳动过程之前具有不同的技能禀赋。不同的受教育经历和人生历程塑造了不同的劳动力技能结构。在劳动力市场中找到能完美匹配劳动过程的劳动力商品常常是资本家的美好愿望，而现实总是不尽如人意。当然，劳动者的技能在劳动过程中会不断变化。这种变化既可能是技能的提升和强化，也可能是技能的衰退和消失。这种变化同样也属于劳动过程理论"过程管理"的内容。

（二）劳动过程的组织形式

既然劳动过程中存在物的因素和人的因素，那么将这些要素组织起来就是劳动过程开始的前提。不同生产资料之间以及生产资料与劳动者之间的结合方式主要是由劳动过程的技术组织形式决定的，如何将劳动者组织起来则主要涉及劳动过程的社会组织形式。两种组织形式不是截然分开的而是互相联系的。

1. 技术组织形式

劳动过程的技术组织形式从质和量上决定要素的结合。首先是劳动资料和劳动对象的结合。俗话说"没有金刚钻，不揽瓷器活"，这正是说明劳动资料和劳动对象的这种质的联系。特定的工具只能用来加工特定的材料，且只能以特定的方式，例如锯子用于切割木材而刨子则用来刨光。不仅如此，技术条件同样决定二者的数量比例。单位时间内，一台纺纱机能加工多少棉花、一台饮料灌装机能完成多少瓶饮料灌装等都是由机器本身或者说由机器背后的相关技术决定的。

其次是劳动对象之间以及劳动资料之间的结合。劳动对象之间的不同组合可能导致劳动产品性质的极大不同。钢材中含碳量的不同会直接影响钢材的品质和用途，钢材的含碳量越高则强度、硬度越高而韧性和延展性越差。在钢材中加入不同的元素也会产生不同的效果，如加入铬元素会提高钢的硬度、加入镍元素会使钢更耐酸碱腐蚀。劳动资料之间的比例在自动化生产线作业中尤其明显。自动化汽车装配生产线上有夹具、检测设备、完成装配动作的机械手臂等一系列劳动资料，保持一定的比例以及控制动作的前后顺序对完成产品的生产至关重要。劳动过程的物质条件同样要与其他生产资料保持一定比例。世界上第一台电子计算机占地170多平方米，而现在笔记本电脑可以放置于桌子上。同样的空间内所能容纳的机器设备数量一直在随着技术进步而不断发生变化。

最后是劳动者与生产资料的结合。最初的纺纱机是手动的，单个劳动者需要手动添加原料，一般能操纵一台纺纱机。在资本家对剩余价值的极度渴望下，单人操纵两台甚至多台纺纱机的情况出现了，但事实证明这并不是一种合理的现象。而在自动化甚至是智能化生产方式中，一个工人可能通过电脑同时操纵几十台纺纱机并且控制机器自动添加原料。劳动过程的技术条件主要是基于生产资料的物理、化学性质将劳动过程中的不同要素组织起来。西方劳动过程理论研究的精益生产、专业灵活化等新生产范式正是基于劳动过程的技术组织形式的变化。

2. 社会组织形式

技术组织形式不仅在生产资料的结合以及劳动者与生产资料的结合中发挥了决定性作用，同时也是劳动者相结合的基础，与劳动过程的社会组织形式密切相关。前者之所以是后者的基础是因为技术条件决定生产的规模和方式，为社会组织形式的发展提供了可能。这种可能的实现会受到所有制关系的影响。在劳动者拥有生产资料或者小业主生产时期，劳动过程还只是劳动者个人的事情。随着资本主义所有制确立，协作逐渐成为劳动过程的社会组织形式。"人数较多的工人在同一时间、同一空间（或者说同一劳动场所），为了生产同种商品，在同一资本家的指挥下工作，这在历史上和概念上都是资本主义生产的起点。"① 在工场手工业之前及其初期，生产规模的扩大和生产资料与劳动者的集中促进了简单协作的产生，随着分工的发展，专业化的协作也逐渐发展起来。生产的社会化或者说协作是资本主义劳动过程社会组织形式的基本特征。但这并不意味着其他所有制条件下不存在协作。事实上，不论所有制或者社会形态如何改变，协作总是存在的。原始社会公有制条件下也存在协作，但那种协作与以生产资料私有制和雇佣劳动制度为基础的资本主义协作是不同的。社会主义公有制条件下的协作也区别于资本主义协作。资本主义劳动过程的社会组织形式是基于雇佣劳动制度的协作，劳动者是作为被雇佣者而组织起来的，而社会主义劳动过程的社会组织形式则是自由联合劳动制度下的协作。后文对资本主义市场经济和社会主义初级阶段市场经济中的特殊劳动过程作分析时还将进一步阐述这些内容。

---

① 《马克思恩格斯文集》第 5 卷，人民出版社，2009，第 374 页。

二 过程管理

劳动过程并不是要素的静态组合，而是劳动者与生产资料相互结合、共同运动的动态过程，对劳动者而言是劳动力的耗费，对生产资料而言是对劳动的吸纳。作为动态过程的劳动过程要受到管理，这不仅是生产的技术条件的要求，同时也是保障所有者利益的要求。参与劳动过程的要素带着所有制的特征，作为要素运动的总和的劳动过程同样存在归谁所有的问题，因而也就存在由谁来管理进而如何管理的问题。

（一）要素在劳动过程中的变化

劳动过程的各个组成要素的运动变化共同构成劳动的动态过程。就劳动过程的物的因素而言，可以从时间、空间、形变和质变等角度来分析；就劳动过程的人的要素而言，主要涉及技能水平与结构、劳动强度与时间以及劳动者的主体性问题。

1. 物的因素

精确计算时间主要是为了满足技术条件的规定和提高生产效率。在农业中，何时播种、何时收获是由农作物的生长周期决定的；在工厂中，何时加料、何时加工也是由机器及其背后的技术决定的。计算时间不仅是为了符合使用价值的生产要求，劳动者或资本家关心劳动持续时间的另一个重要原因在于关注生产效率。棉花需要经过几个小时才能纺成棉线是现有技术条件所决定的，但这并非固定不变。不论是出于劳动者自己使用的目的还是出于资本家用于交换的目的，缩短劳动时间、提高棉线的产量都是至关重要的，改善技术条件或在现有条件下尽可能减少不必要的时间耗费都是可行的方法。

在劳动过程中，要素的空间变化不仅就其是生产使用价值所必需的这一点而言才有意义，对于提高劳动生产率同样如此。机器在工厂内摆放的位置、原料的仓储位置等对于缩短不必要的在不同机器之间的转换时间、搬运原料的时间等都具有重要意义。当然还涉及劳动过程的物质条件的变动的情况，如物流运输涉及场所的变更。

在劳动过程中，生产资料所经历的一系列具体的物理和化学变化显然并不是劳动过程理论的研究内容。劳动对象的形变和质变以及相应的劳动资料的发明和使用，如锻造机对钢材的加工、微生物使淀粉发酵成酒等，是自然科学或工程学的课题。劳动过程理论归根结底是关于人的科学，其关注生产资料的落脚点仍然是人。例如关注原料在加工过程中是否会出现有毒物质，其根本目的是避免对劳动者身体健康造成直接损害或造成环境污染间接影响人的生存。

2. 人的因素

在劳动过程中，也涉及一系列与劳动者密切相关的问题，首先就是技能水平与结构。劳动者在进入劳动过程之前往往并不具备完全适应该劳动过程的全部技能，但通常情况下这并不影响劳动过程的正常进行，因为劳动者的技能可以在劳动的过程中逐渐习得，也即所谓的"干中学"。不少劳动过程的专业性不高且容易学习，但也有一部分要求较高的专业素养。对于前者，资本所有者在劳动力市场中寻找劳动力商品时只需寻找到具备正常劳动能力的劳动者，通过入职培训或在劳动中学习的方式塑造劳动者的技能结构，使之适应劳动过程即可；对于后者，则需要限定劳动者的知识结构、学历水平等。而事实上这种限定往往依然无法保证劳动者技能水平与结构完全精准匹配劳动过程，但保证了劳动者在劳动过程中掌握相应技能的可能性，之后就是不断学习和熟能生巧的问题了。如果后续劳动过程出现变化，如劳动工具更新等，劳动者的技能也会随之发展。

但劳动过程对劳动者技能的塑造是具有两面性的，马克思曾多次指出在大工业时代工人成为机器的附庸，"去技能化"的问题广泛存在。在资本主义生产方式中，分工不断细化，劳动者越来越不能参与一种劳动产品的全部生产过程，而只能成为总体工人的一部分，长期参与劳动过程中某一特定的环节。这在资本主义生产还带有手工业的色彩时还没有造成显著的影响，但在机器体系不断发展的情况下，工人越发成为机器的附庸，长期从事单一、枯燥的劳动，技能退化问题日益凸显。

其次是劳动强度与时间，这涉及劳动者的生理健康问题。劳动是劳动力的耗费，劳动过程就是劳动力消耗的过程，这种消耗的速度就是劳动强度，持续的时间即为劳动时间。不论是体力劳动还是脑力劳动，这种消耗都是基于劳动者的生理机能，二者的区别在于前者主要是肢体肌肉疲惫而后者是神经疲惫。劳动者的劳动能力不是无限的，从长期来看，这种劳动能力整体上一般首先随着年龄的增长而逐渐增加，在成年时达到峰值，之后随着劳动者的衰老而逐渐下降，其间也可能因疾病、教育进修等情况而出现劳动能力的波动，且劳动者的脑力和体力的发展可能并不一致。但就某一特定的较短的时间段来看，劳动者的劳动能力不会发生太大变动。

劳动强度、劳动时间和劳动力的关系可以类比于速度、时间和位移。速度越高，相同的位移所需的时间就越短；同样，劳动强度越高，在劳动力没有大幅度提升的情况下，劳动时间就会变短。但现实并不是理论公式，只要速度和时间的乘积一定，即位移一定（速度和时间的简单相乘得到位移只在匀速运动中适用），就可以随意提高速度。劳动强度受到劳动者身体的限制，有其生理极限。有些工作要求工人在短时间内高强度连续工作，然后在后一阶段集中休息。从表面上看，在相同的时间内总工作量是一定的，但这仍然会对工人身体健康造成损害。不改变劳动时间，而单纯提高劳动强度的做法比上述情况更加隐蔽。当然，直接延长劳动时间的现象也普遍存在。这不仅导致工人受剥削的程度加深，也影响其生理健康。

最后是劳动者主体性与心理健康问题。劳动过程中不仅有体力智力的消耗，还需要以注意力表现出来的有目的的意志，这与劳动者的主体性密切相关。部分西方学者将劳动过程理论引向后现代主义，过于强调主观性以及斗争的偶然性，批判马克思主义理论忽视对劳动者主体性问题的分析。这种对马克思主义理论的指责是不正确的。

第一，马克思基于历史唯物主义考察现实的人，进而提出资本的本质以及资本主义生产方式的核心目的和基本矛盾，揭示资产阶级对无产阶级的剥削关系以及无产阶级的反抗，并指出自由人的联合体终将取代阶级斗争的社会。就此很难说马克思忽视劳动者的主体性。事实上，资本主义生产方式下，不拥有生产资料的劳动者很难真正彰显自身的主体性，这种彰显只有在社会主义社会或共产主义社会才有可能实现。

第二，马克思对于微观层面的个人的主观性、偶然性着墨不多，而更多地关注作为阶级整体的无产阶级与资产阶级的关系与斗争，这并不只是所谓的"宏大叙事"，因为阶级斗争是个人斗争的统一，个人的斗争是阶级斗争的具体展开，二者是有机结合的。部分西方学者局限于关注某一车间、某一企业或者某一群体的主体性问题，这是在资产阶级社会意识形态下自觉或不自觉地忽视阶级斗争本质的表现。

第三，守正创新的马克思主义学者应当在马克思的分析框架下完善关于劳动者主体性的研究。主体性问题的涵盖范围很广，如涉及身份认同、劳动者情感交往甚至是性别、年龄、种族等。劳动者的主体性问题首要影响的就是劳动过程的生产效率，同时也会对劳动过程的管理以及人与人的关系产生影响。对后两者的影响归根结底还是要反映在劳动过程中，对此将在后文中具体分析。主体性问题影响劳动者的意志，具体表现在劳动过程中劳动者注意力的变化上，这其实就是西方劳动过程理论的基本原则之一即劳动力的不确定性。不同性别、不同年龄段劳动者的注意力集中程度可能不同，不同民族在勤劳、严谨、守时等方面也存在差异。主体性问题对劳动力的发挥有着重要的影响，因此西方劳动过程理论把劳动力的不确定性当作基本原则之一。但事实上，在资本主义生产方式下劳动者主体性不能得到真正彰显，他们表现出的意志并不是自身的目的而是资本家强加于其上的资本的目的，因而在劳动过程中劳动者表现出注意力也是被迫的。在这种情况下，主体性问题对于劳动过程的不确定性的影响就大打折扣了。对于资本家而言，不同性别、种族、年龄的劳动者都是他的可变资本，都要为他完成一定量的劳动。对主体性的压制不会导致生产效率的明显下降，因为劳动者不是劳动过程的主人而是受到资本家的监督与管制，西方劳动过程理论如此关注劳动过程的管理的原因之一正是为了防止生产效率的下降。对主体性的压制如果保持在工人可接受的程度，那么只会对工人的心理健康造成损害；如果压制超过可接受的限度，就会引发工人激烈的反抗，工人通常向工会求助或者举行罢工。

（二）劳动过程的管理方式

在劳动者拥有生产资料的情况下，劳动者自身就是劳动过程的主人，他掌握生产资料的所有权和劳动产品的分配权，且劳动过程相对简单，因此劳动过程的管理并不具有重大意义。劳动过程的管理成为生产的关键问题的原因之一在于从事劳动的劳动者并不是劳动过程和生产资料以及劳动产品的拥有者，资本的所有者不得不面临劳动力的不确定性。要保证生产效率的稳定，资本家就必须建立全面的监督管理体系，主要包括组织设定、制度规范和文化约束。前两者是显性的、硬性的约束，而后者则表现为隐性的、软性的约束。三种管理形式相互交织实现对工人身体、心理的全面控制，从而避免劳动过程中劳动力的不确定性问题。社会主义条件下对劳动过程的管理是为了符合社会分工或者需要。但在社会主义初级阶段的市场经济中，也需要确定劳动纪律，因而也需要上述三种形式的管理，只是同资本主义存在区别。对二者的具体分析参见后文。

1. 组织设定

组织设定是管理体系的基础。在资本主义生产方式下或社会主义初级阶段的市场经济中，企业对劳动过程管理的组织基础都表现为现代企业的理性科层制，只是二者存在差异。"科层制是指在大型组织中对工作进行控制和协调的组织原则。"① 科层制的主要特征有：专业、分级、规范和理性。科层制的专业化是建立在劳动分工不断细化的基础上的。特定的工作岗位被赋予特定的工作职能并由专业化的劳动者来完成。分级则是科层制的核心内容，将所有岗位分成高低不同的层级，下一级受到上一级的控制和监督。上级对下级的权威是由组织或者说层级所赋予的，这种权威仅限于工作范围内。科层制的规范性则是指需要制定一整套规章制度体系来保证工作的标准操作以及不同工作之间的协调。纯粹理性的科层制要求其内的成员在工作中摒弃个人情感。然而纯粹理性的科层制在现实中并不存在，非理性因素普遍存在，

---

① 〔美〕彼得·布劳、马歇尔·梅耶：《现代社会中的科层制》，马戎等译，学林出版社，2001，第2页。

但不可否认的是科层制依然是劳动过程管理的重要组织基础。随着信息技术、智能技术的发展，科层制本身也不断进步，呈现出新的特点。

2. 制度规范

制度规范是管理体系的核心。对制度的定义其实有很多，制度经济学的代表人物之一康芒斯认为制度是"集体行为控制个体行为"[①]，新制度经济学代表人物之一诺斯认为，"制度是一个社会的游戏规则，或更正式地说是人类设计的、构建人们相互行为的约束条件。它们由正式规则（成文法、普通法、规章）、非正式规则（习俗、行为准则和自我约束的行为规范），以及两者的执行特征组成"[②]。尽管二者对制度的定义不同，但都强调制度的规范作用，并且这种规范是针对个体的客观行为的。对于制度而言，有意义的仅仅是行为本身而非个体的主观意志，也就是说制度只要求个体的行为客观上符合集体或组织的要求即可。因此，可以概括地说制度就是集体规范个体客观行为的准则。

制度又可以分为正式制度和非正式制度，前者主要包括法律、法规等，后者则涉及习俗等，学者一般将是否有组织来对制度的执行进行监督作为区分二者的标准。较为典型的正式制度是 20 世纪初资本主义国家出现的泰勒制，它通过测定时间和研究劳动者的动作以期制定出标准的生产流程和规范来提高生产效率。这种所谓的科学管理制度甚至把劳动过程分解成一个个具体的动作来加以规范，通过对劳动过程的严密监督以及采取惩罚措施迫使劳动者完全按照"标准"流程进行劳动。有学者认为非正式制度不依靠监督和惩罚，因而个体是自愿而非被迫地遵守制度，这其实是不准确的。规章制度本身是具有意识形态特征的，在资本主义私有制的条件下，制度归根结底是资本家为了约束劳动者、创造更多的剩余价值而制定的。例如某互联网公司的加班福利制度是五点半下班，六点半有班车，八点就可获得夜宵券，十点钟以后报销打车费。这种加班福利制度作为一种正式制度，从内容上看只是

---

① 〔美〕康芒斯：《制度经济学》，商务印书馆，1962，第 87 页。
② 道格拉斯·诺斯、路平、何玮：《新制度经济学及其发展》，《经济社会体制比较》2002 年第 5 期。

涉及加班的福利安排，但这种刻意的制度安排塑造了一种非正式的加班制度。劳动者看似自愿的选择实质上体现了更深层次的被迫。正如虽然无产阶级看似有选择工作的自由，但失去生产资料的无产者能够选择的不过是被谁剥削而已，这种表面上的自由不能否定实质上的被迫和被剥削。

3. 文化约束

文化约束是管理体系的重要内容。前文已经提及制度是集体规范个体客观行为的准则。但个体的客观行为毫无疑问要受到其主观意志的影响，这种通过直接影响个体主观意志从而间接规范其客观行为的方法就是文化约束。制度规范往往是硬性的、显性的，而文化约束经常是软性的、隐性的。前者的硬性和显性主要是指它以明文规定规范个体的行为，对执行进行监督、对违反规定的行为进行惩罚。文化约束是软性的、隐性的也是在这一意义上来讲的。但这并不意味着文化约束的作用很微弱，甚至很多时候文化约束的效力比制度规范还要大。违反文化约束的个体行为可能导致更严重的后果，如被同一文化环境下的其他人所排斥等。

文化的营造相较于制度的制定是缓慢的。制度的制定和传播直至在组织中的普遍应用可以在较短的时间内完成，但对组织文化的塑造却非一朝一夕就能达到。组织文化的形成有两条路径，一条是自上而下的文化的塑造，一条是自下而上的文化的形成。前者是通过团建、集中开会学习等方式，向组织成员直接灌输组织的文化理念，这种方式见效快但一般不如后一种效果好。自下而上的自觉的文化形成主要依赖组织已有的制度规范，包括正式和非正式的。制度是规范个体客观行为的规则，毫无疑问，其也会对个人的主观意志产生影响，这种影响如果在个体中具有普遍性，就会成为文化约束。当然，也存在作为制度对立面的文化约束。工人出于对组织现有制度的反抗也可能形成文化约束。如工厂中工人形成"磨洋工"的文化以消极怠工来反抗过于严格的加班制度，这种文化约束不允许有工人积极努力工作，一旦有工人积极努力工作，则该工人就被其他工人排斥。

三　生产关系

马克思在《资本论》第一版序言中提到"我要在本书研究的，是资本主义生产方式以及和它相适应的生产关系和交换关系"①。同样，劳动过程理论不仅要研究劳动过程的要素组织和过程管理，也要研究劳动过程中的生产关系，主要包括所有制及产品分配关系、劳动过程中人与人之间的关系等。

（一）所有制及产品分配关系

在全部生产关系中，所有制关系处于基础地位。狭义的所有制一般是指生产资料所有制，其重要性毋庸置疑。除此之外，在劳动过程、产品分配过程中都存在所有制关系。首先，进入劳动过程之前，各要素各自带有所有制特征。在资本主义私有制下，生产资料属于资本所有者，而劳动力要成为商品就要求劳动力占有者"必须是自己的劳动能力、自己人身的自由所有者"②。在社会主义公有制下，生产资料由全体劳动者所有，劳动者依然是自身的所有者。其次，在劳动过程中，生产资料不改变其归属，不论是私有制还是公有制条件下都是如此。但在资本主义私有制下，劳动力商品在被购买之前为劳动者自身所有，一旦雇佣关系成立，劳动力进入劳动过程，劳动者就作为可变资本而归属于资本所有者。此时，劳动者虽然名义上依然是自身劳动力的所有者，但实质上劳动力的使用却由资本所有者决定。在公有制下劳动者成为生产的主人，雇佣劳动被自由联合劳动代替。最后，所有制同样会影响劳动产品的分配。在资本主义私有制下，资本所有制不仅要求不变资本和可变资本的补偿，还要求无偿占有剩余价值。而在仍存在商品经济的社会主义初级阶段的公有制企业中，劳动者按照自己的劳动获得分配。所有制及产品分配关系集中体现在雇佣关系（资本主义市场经济）或市场型自由联合劳动关系（社会主义初级阶段市场经济）中。

（二）委托代理与管理关系

资本家与工人的雇佣关系是分析资本家对工人的管理、对劳动过程的控

---

① 《马克思恩格斯文集》第 5 卷，人民出版社，2009，第 8 页。
② 《马克思恩格斯文集》第 5 卷，人民出版社，2009，第 195 页。

制等关系的基础。雇佣劳动是资本主义生产的基本形式，雇佣关系并不仅仅体现在劳动力市场中，更是整个生产过程的基础。在资本主义私有制下，劳动过程的全部要素都归属于资本所有者，但在生产过程中，从事劳动的劳动者却直接掌握着劳动过程，资本所有者必须对劳动者进行监督。在生产规模日渐扩大的情况下，这种监督已经无法由资本家独立完成，因此雇佣管理者或者监督者就是必要的。资本家与管理者之间不仅是雇佣关系，还表现为委托代理关系。管理者与劳动者之间则是管理或监督关系，这种关系又可以分为不同层级，即管理或监督关系存在逐层传递。管理关系也可能对分配关系产生影响。姑且不论资本家对迟到、早退行为的罚款导致劳动者收入的降低，所谓的 KPI 考核等管理方法通过对劳动者设置考核指标体系来判定劳动者的收入水平，不同档次的绩效工资甚至可能相差数倍。资本家与劳动者之间的管理关系也会受到企业的规章制度、文化氛围以及劳动者与资本家的个人背景等因素的影响。

（三）竞争协作或竞赛协作关系

产业后备军或者相对过剩人口是资本主义发展的必然结果，工人之间的竞争对于资本所有者而言是喜闻乐见的。一方面工人之间的竞争越激烈，资本家就越能够压低劳动力的工资，从而获得更多的剩余价值；另一方面工人的竞争也有利于资本对劳动者的控制。松散的工人阶级无法反抗资本家的控制，激起工人之间的竞争可以削弱工人阶级的团结性。但同时，由于分工的细化，每个工人只是总体工人的一部分，因而劳动过程也就要求工人之间进行协作。前文已经分析过这种协作对于资本主义生产的重要意义。劳动者的集中也会带来工人之间的相互激励，从而提高生产力，表现为所谓的"集体力"，这种因协作而带来的精神振奋更接近于社会主义生产中的竞赛的效果。

工人之间有时也会有互相监督的关系，这种互相监督部分是竞争与协作衍生出来的，部分是由于资本所有者将劳资矛盾转化成工人之间的矛盾。随着竞争越发激烈，工人之间的斗争也在加剧，监督其他人按时完成任务以达到改善自身工作待遇的目标的现象屡见不鲜。协作同样也可能导致互相监督，劳动过程是连贯的有机整体，生产的技术条件要求保证各环节的量的比例。因此，为保证自身环节的顺利进行，对其他环节中的工人进行监督也就有了必要性。这一点甚至会被资本家利用，从而将劳资矛盾转移到工人之间。例如，在从事服装加工的某乡镇企业中，服装加工采取流水线作业，企业主对部分效率高的年轻工人实行计件工资制，而对其他年龄较大、效率较低的工人实行计时工资制，但将获得计件工资的工人安排在获得计时工资的工人下游，前者为获得更多工资会主动催促后者不断加快速度、提高劳动强度。从而企业主达到提高生产效率和工人受剥削程度的目的。除此之外，宗教、学历、性别等也会对工人之间的关系产生重要影响。当然，在公有制下，工人之间的协作更加紧密，竞争关系则被竞赛关系代替。

第五节　劳动过程的数学形式

"一种科学只有在成功地运用数学时，才算达到了真正完善的地步。"①从经济学发展史来看，马克思是同时代经济学家中使用数量分析方法最多的、最好的。但当代西方经济学和国内部分经济学论文存在盲目追求数学形式化的现象，往往忽视定性分析的作用，容易混淆现象与本质、特殊与一般的关系。一味地追求量化经常导致经济学人文性的缺失，这种做法显然是对数学分析方法的误解。同时，国内也有很多经济学研究者过分注重定性分析、文本分析等方法而忽视马克思主义政治经济学注重数学方法的传统。因此有必要"坚持唯物辩证法为总的方法论原则，应当避免数学分析的形式主义和滥用，应当把数学分析与现代马克思主义政治经济学前提假设和理论基础结合起来，以期实现数学分析与现代政治经济学的有机结合"②。通过上文对劳动过程理论基本内容的分析，可以初步构建劳动过程的数学模型。

---

①　中共中央马克思恩格斯列宁斯大林著作编译局编《回忆马克思》，人民出版社，2005，第191页。

②　程恩富：《中国经济学现代化的创新原则与发展态势》，《政治经济学评论》2010年第1期。

一 劳动过程的要素构成

劳动对象、劳动资料和劳动者及其劳动本身是劳动过程的重要内容。前两者又可以统称为生产资料，是劳动过程中物的因素，劳动者及劳动本身则是劳动过程中的人的因素，这些要素都可以用有限集合或矩阵来表示。

（一）生产资料

生产资料在市场经济中就表现为商品，即使这种以商品形式表现出来的财富在今天已经庞大到难以精确统计，但毋庸置疑的是其总量终究是有限的，因此可以用一个有限的集合来表示社会中的全部商品：$\{s_1, s_2, \cdots, s_n\}$。

当企业生产某一特定商品（不妨就以商品 s_1 为例）时，首先考虑这一过程所涉及的物的因素。在市场经济情况下，这些物的因素的获得必须通过商品交换的形式，因此生产商品 s_1 的劳动过程所需要的物的因素必然是社会全部商品集合的子集或者说是其内元素的不同组合。以矩阵的形式可以表示为：

$$(s_1, s_2, \cdots, s_n) \times \begin{pmatrix} a_1 & 0 & \cdots & 0 \\ 0 & a_2 & \cdots & 0 \\ \cdots & \cdots & \cdots & \cdots \\ 0 & 0 & \cdots & a_n \end{pmatrix}, \ \diamondsuit\ S = (s_1, s_2, \cdots, s_n), \ A = \begin{pmatrix} a_1 & 0 & \cdots & 0 \\ 0 & a_2 & \cdots & 0 \\ \cdots & \cdots & \cdots & \cdots \\ 0 & 0 & \cdots & a_n \end{pmatrix}$$

矩阵 S 表示商品种类。系数矩阵 A 表示生产单位商品 s_1 所需要的各种生产资料的数量，可称之为生产资料系数矩阵，其对角线元素不全为零。

（二）劳动者及劳动本身

接下来考虑劳动者及劳动本身。在某一或特定商品的生产过程中，劳动过程可以继续细分成多个更具体的劳动过程，这些不同劳动过程或分工之间的区别主要在于劳动资料的不同。一般而言劳动资料的不同也即意味着劳动对象的不同。之所以不以劳动对象做区分是因为同一种劳动对象可能对应不同的劳动过程，比如一块木头可能要经过锯子切割、刨子打磨等。但同一种劳动资料往往只对应同一种具体劳动。比如锯子对应的是锯的劳动，刨子对应的是刨的劳动。当然"作为工业革命起点的机器，是用这样一个机构代替只使用一个工具的工人，这个机构用许多同样的或同种的工具一起作业"[1]，这意味着同一种机器可以用来代替不同的劳动。但一方面，虽然同一台机器可以代替不同的劳动，比如同一台车床既可以用来车螺丝钉也可以用来车螺丝帽，但对于工人而言他所付出的劳动并没有太大的区别，都是操纵机床的劳动，无非是向车床中输入的指令有些许不同罢了。另一方面，在同一生产过程中，即某种特定商品的生产过程中，同一台机器往往只进行一种劳动，在螺丝钉的生产过程中，不存在车螺丝帽的劳动。因此，在某一企业内特定商品的生产过程中，不同种劳动可以按照劳动资料来进行区分，即一种劳动资料对应一种劳动，不同种劳动资料对应不同种劳动，具体来说可以用下面的公示来表示：

$$(l_1, l_2, \cdots, l_n) \times \begin{pmatrix} b_1 & 0 & \cdots & 0 \\ 0 & b_2 & \cdots & 0 \\ \cdots & \cdots & \cdots & \cdots \\ 0 & 0 & \cdots & b_n \end{pmatrix}, \ 令\ l = (l_1, l_2, \cdots, l_n),\ B = \begin{pmatrix} b_1 & 0 & \cdots & 0 \\ 0 & b_2 & \cdots & 0 \\ \cdots & \cdots & \cdots & \cdots \\ 0 & 0 & \cdots & b_n \end{pmatrix}$$

l_i 是作为劳动资料的商品 s_i 所对应的直接劳动种类，矩阵 l 表示全部直接劳动种类。系数矩阵 B 表示生产单位商品 s_1 所需要的各种活劳动的数量，可称之为直接劳动系数矩阵，其对角线元素同样不全为零。但活劳动本身并不等同于劳动者的劳动力本身。生产单位商品 s_1 所需要的 k 个劳动力可以用一个有限的集合表示，即 $L = (L_1, L_2, \cdots, L_k)$。所谓劳动力，也即劳动能力，可以用劳动者所能完成的不同种类具体劳动的量来表示。第 i 个劳动力的劳动能力可以表示为：

$$L_i = (l_1, l_2, \cdots, l_n) \times \begin{pmatrix} e_1^i & 0 & \cdots & 0 \\ 0 & e_2^i & \cdots & 0 \\ \cdots & \cdots & \cdots & \cdots \\ 0 & 0 & \cdots & e_n^i \end{pmatrix}, \ 令\ E^i = \begin{pmatrix} e_1^i & 0 & \cdots & 0 \\ 0 & e_2^i & \cdots & 0 \\ \cdots & \cdots & \cdots & \cdots \\ 0 & 0 & \cdots & e_n^i \end{pmatrix}$$

---

[1]　《马克思恩格斯文集》第 5 卷，人民出版社，2009，第 432 页。

L_i 表示劳动力 i 的劳动能力，矩阵 E^i 是劳动力 i 的劳动能力矩阵（最大能力），e_j^i 表示劳动力 i 全部耗费在具体劳动 l_j 上时所能完成的最大劳动量。劳动力的使用即是劳动，但这种使用也有质和量的区别，劳动力使用的质的区别就表现在具体劳动的种类不同，而量的区别则在于劳动时间不同，且劳动时间在不同种类的具体劳动上的分配也不同。

$$\hat{L_i} = (l_1, l_2, \cdots, l_n) \times \begin{pmatrix} e_1^i & 0 & \cdots & 0 \\ 0 & e_2^i & \cdots & 0 \\ \cdots & \cdots & \cdots & \cdots \\ 0 & 0 & \cdots & e_n^i \end{pmatrix} \times \begin{pmatrix} \lambda_1^i & 0 & \cdots & 0 \\ 0 & \lambda_2^i & \cdots & 0 \\ \cdots & \cdots & \cdots & \cdots \\ 0 & 0 & \cdots & \lambda_n^i \end{pmatrix}$$

$$令 \Lambda^i = \begin{pmatrix} \lambda_1^i & 0 & \cdots & 0 \\ 0 & \lambda_2^i & \cdots & 0 \\ \cdots & \cdots & \cdots & \cdots \\ 0 & 0 & \cdots & \lambda_n^i \end{pmatrix}$$

矩阵 $\hat{L_i}$ 是劳动者 L_i 真正发挥出来的劳动能力的数量和结构，它等于劳动能力矩阵 E^i 乘以矩阵 Λ^i。矩阵 Λ^i 反映了劳动者的劳动能力与实际发挥出来的能力之间的关系，可以称之为劳动力实现系数矩阵，它与劳动过程的分工协作、管理以及劳动者的主体性发挥等密切相关。

二 劳动过程的组织形式

生产资料系数矩阵和直接劳动系数矩阵都是由劳动过程的技术组织形式构成的，因此可以将二者合并：

$$(s_1, s_2, \cdots, s_n, l_1, l_2, \cdots, l_n) \times \begin{pmatrix} A & \cdots \\ \cdots & B \end{pmatrix}$$

这就是劳动过程的技术组织矩阵。

劳动者的能力并不一定能够全部发挥出来，这种发挥依赖劳动过程的社会组织形式，将全部劳动者的劳动力实现系数矩阵合并，可得：

$$\Lambda = \begin{pmatrix} \Lambda^1 & 0 & \cdots & 0 \\ 0 & \Lambda^2 & \cdots & 0 \\ \cdots & \cdots & \cdots & \cdots \\ 0 & 0 & \cdots & \Lambda^k \end{pmatrix}$$

这是劳动过程的社会组织矩阵，它反映了劳动者在劳动过程中的分工（从事劳动的种类）以及所完成的劳动量。

三 劳动过程的过程管理

而"一旦从属于资本的劳动成为协作劳动，这种管理、监督和调节的职能就成为资本的职能。这种管理的职能作为资本的特殊职能取得了特殊的性质"[1]。这种管理劳动既包括对生产资料的管理也包括对工人直接劳动的管理，首先是对生产资料的管理劳动：

$$(l_{s_1}, l_{s_2}, \cdots, l_{s_n}) \times \begin{pmatrix} c_1 & 0 & \cdots & 0 \\ 0 & c_2 & \cdots & 0 \\ \cdots & \cdots & \cdots & \cdots \\ 0 & 0 & \cdots & c_n \end{pmatrix}, \; 令\, l_s = (l_{s_1}, l_{s_2}, \cdots, l_{s_n}), C = \begin{pmatrix} c_1 & 0 & \cdots & 0 \\ 0 & c_2 & \cdots & 0 \\ \cdots & \cdots & \cdots & \cdots \\ 0 & 0 & \cdots & c_n \end{pmatrix}$$

l_{s_i} 表示作为生产资料的商品 s_i 所需要的管理劳动，矩阵 l_s 表示管理生产资料的劳动种类。矩阵 C 是生产资料的管理劳动系数矩阵。管理劳动又具有二重性，即一方面是生产所必要的管理劳动，另一方面是不必要的监督劳动。剔除监督劳动后的生产资料管理劳动为：

$$(l_{s_1}, l_{s_2}, \cdots, l_{s_n}) \times \begin{pmatrix} c_1 & 0 & \cdots & 0 \\ 0 & c_2 & \cdots & 0 \\ \cdots & \cdots & \cdots & \cdots \\ 0 & 0 & \cdots & c_n \end{pmatrix} \times \begin{pmatrix} \delta_1 & 0 & \cdots & 0 \\ 0 & \delta_2 & \cdots & 0 \\ \cdots & \cdots & \cdots & \cdots \\ 0 & 0 & \cdots & \delta_n \end{pmatrix}, \; 令\, \Delta = \begin{pmatrix} \delta_1 & 0 & \cdots & 0 \\ 0 & \delta_2 & \cdots & 0 \\ \cdots & \cdots & \cdots & \cdots \\ 0 & 0 & \cdots & \delta_n \end{pmatrix}$$

矩阵 Δ 表示在对生产资料的管理劳动中生产必要的管理劳动所占比例。

---

[1] 《马克思恩格斯文集》第 5 卷，人民出版社，2009，第 384 页。

对直接劳动的管理劳动为：

$$(l_{l_1}, l_{l_2}, \cdots, l_{l_n}) \times \begin{pmatrix} d_1 & 0 & \cdots & 0 \\ 0 & d_2 & \cdots & 0 \\ \cdots & \cdots & \cdots & \cdots \\ 0 & 0 & \cdots & d_n \end{pmatrix}, \quad 令 \ l_l = (l_{l_1}, l_{l_2}, \cdots, l_{l_n}), \quad D = \begin{pmatrix} d_1 & 0 & \cdots & 0 \\ 0 & d_2 & \cdots & 0 \\ \cdots & \cdots & \cdots & \cdots \\ 0 & 0 & \cdots & d_n \end{pmatrix}$$

l_{l_i} 表示直接劳动 l_i 所需要的管理劳动，矩阵 l_l 表示对直接劳动的管理劳动种类。矩阵 D 是对直接劳动的管理劳动系数矩阵。剔除监督劳动后对直接劳动的管理劳动为：

$$(l_{l_1}, l_{l_2}, \cdots, l_{l_n}) \times \begin{pmatrix} d_1 & 0 & \cdots & 0 \\ 0 & d_2 & \cdots & 0 \\ \cdots & \cdots & \cdots & \cdots \\ 0 & 0 & \cdots & d_n \end{pmatrix} \times \begin{pmatrix} \omega_1 & 0 & \cdots & 0 \\ 0 & \omega_2 & \cdots & 0 \\ \cdots & \cdots & \cdots & \cdots \\ 0 & 0 & \cdots & \omega_n \end{pmatrix}, \quad 令 \ \Omega = \begin{pmatrix} \omega_1 & 0 & \cdots & 0 \\ 0 & \omega_2 & \cdots & 0 \\ \cdots & \cdots & \cdots & \cdots \\ 0 & 0 & \cdots & \omega_n \end{pmatrix}$$

矩阵 Ω 表示在对直接劳动的管理劳动中生产必要的管理劳动所占比例。

矩阵 D 是活劳动的管理劳动系数矩阵，又可细分为对每个劳动者的活劳动的管理劳动系数矩阵：

$$\begin{pmatrix} d_1 & 0 & \cdots & 0 \\ 0 & d_2 & \cdots & 0 \\ \cdots & \cdots & \cdots & \cdots \\ 0 & 0 & \cdots & d_n \end{pmatrix} = \sum_{i=1}^{k} \begin{pmatrix} d_1^i & 0 & \cdots & 0 \\ 0 & d_2^i & \cdots & 0 \\ \cdots & \cdots & \cdots & \cdots \\ 0 & 0 & \cdots & d_n^i \end{pmatrix}$$

将生产资料的管理劳动系数矩阵和活劳动的管理劳动系数矩阵合并，就可以得到劳动过程的管理劳动系数矩阵：

$$(s_1, s_2, \cdots, s_n, l_1, l_2, \cdots, l_n) \times \begin{pmatrix} C & \cdots \\ \cdots & D \end{pmatrix}$$

前文已经提到劳动过程还具有其社会组织形式，具体来讲就是生产的社会化也即协作。协作的影响体现在两个主要方面，一是生产资料的节约，二是劳动生产率的提高，后者既包括"集体力"，也包括协作引起的竞争心和精神振奋带来的个人生产力的提高。因此，管理劳动既会影响生产资料系数矩阵又会影响直接劳动系数矩阵，即：

$$
\begin{pmatrix}
c_1 & 0 & \cdots & 0 \\
0 & c_2 & \cdots & 0 \\
\cdots & \cdots & \cdots & \cdots \\
0 & 0 & \cdots & c_n
\end{pmatrix}
\times
\begin{pmatrix}
f_1 & 0 & \cdots & 0 \\
0 & f_2 & \cdots & 0 \\
\cdots & \cdots & \cdots & \cdots \\
0 & 0 & \cdots & f_n
\end{pmatrix}
=
\begin{pmatrix}
a_1 & 0 & \cdots & 0 \\
0 & a_2 & \cdots & 0 \\
\cdots & \cdots & \cdots & \cdots \\
0 & 0 & \cdots & a_n
\end{pmatrix}
$$

$$
\begin{pmatrix}
d_1^i & 0 & \cdots & 0 \\
0 & d_2^i & \cdots & 0 \\
\cdots & \cdots & \cdots & \cdots \\
0 & 0 & \cdots & d_n^i
\end{pmatrix}
\times
\begin{pmatrix}
g_1^i & 0 & \cdots & 0 \\
0 & g_2^i & \cdots & 0 \\
\cdots & \cdots & \cdots & \cdots \\
0 & 0 & \cdots & g_n^i
\end{pmatrix}
=
\begin{pmatrix}
\lambda_1^i & 0 & \cdots & 0 \\
0 & \lambda_2^i & \cdots & 0 \\
\cdots & \cdots & \cdots & \cdots \\
0 & 0 & \cdots & \lambda_n^i
\end{pmatrix}
$$

$$
令\ F =
\begin{pmatrix}
f_1 & 0 & \cdots & 0 \\
0 & f_2 & \cdots & 0 \\
\cdots & \cdots & \cdots & \cdots \\
0 & 0 & \cdots & f_n
\end{pmatrix},\
G^i =
\begin{pmatrix}
g_1^i & 0 & \cdots & 0 \\
0 & g_2^i & \cdots & 0 \\
\cdots & \cdots & \cdots & \cdots \\
0 & 0 & \cdots & g_n^i
\end{pmatrix}
$$

矩阵 F 表示对生产资料的管理劳动引起的生产资料的节约，矩阵 G^i 表示对劳动者 L_i 的管理劳动引起的该劳动者劳动能力的实际发挥的变化。

综上所述，劳动过程的完整数学形式可以表示为：

$$S \times A + l \times B + l_s \times C + l_l \times D \to s_1$$

上述是用使用价值形式或者说具体劳动形式表示的生产商品 s_1 的劳动过程，劳动过程理论所涉及的诸多要素都可以在其中得到反映。将劳动过程数学化不仅是马克思主义政治经济学科学性的要求，也是更好地分析智能经济发展对劳动过程的影响的重要基础。

第三章 智能经济与劳动过程的
多要素新变化

对劳动过程的理论研究必须结合生产力的发展，而对当代劳动过程影响最深远的无疑是人工智能技术。在智能经济条件下，劳动过程发生一系列新的变化，在不同所有制企业中又具有不同表现。其中，劳动过程中所有制特征较弱的内容主要包括劳动过程的要素构成与技术组织形式。

第一节 智能经济的技术基础

计算能力和数据规模的增加为智能算法的优化提供条件，这也是智能经济得以发展的前提。智能算法是智能经济的软件基础，计算能力则是智能经济的硬件支撑，二者最终都服务于数据处理。

一 智能经济以算法为核心

人工智能是智能经济的核心，其本质上是一种算法。人工智能理论分支众多、派系繁杂，历史上出现过多条发展路线的斗争，其中最主要的有逻辑主义（或规则派）、连接主义（或统计派）和自然主义①。

（一）逻辑主义：从专家系统到知识图谱

"定理证明是极端的符号派。所有符号派的人工智能技术的基础都是定

---

① 尼克：《人工智能简史》，人民邮电出版社，2021，第274页。

理证明，如专家系统、知识表示和知识库。"① 所谓定理证明是指机器定理证明，也叫自动定理证明、自动推理等，是对数学哲学中逻辑主义、形式主义的继承和发展，主要内容是研究如何使用机器来证明或判定数学定理，这是对机器代替人的智力劳动的重要尝试。机器定理证明方面曾涌现出一大批优秀成果，如阿兰·罗宾逊（John Alan Robinson）的归结原理、吴文俊对几何定理的证明等。自动定理的发展为人工智能的规则派的诞生奠定了基础，规则派最初的"代表作"是专家系统。所谓专家系统是指具有专家的知识和经验的一套程序系统，可以模拟专家解决复杂问题。一般而言，公认的第一个专家系统是 DENDRAL，它把知识规则化，可以根据输入的质谱仪数据输出物质的化学结构。专家系统真正成功的商业化应用则是 DEC 的 XCON 系统，该系统可以根据需要而自动配置零部件。专家系统的发展推动了知识表示方式的进步，其后来发展成知识图谱。知识图谱类似于百度百科、维基百科，只是其受众不是人而是机器。2006 年随着阿贡实验室定理证明小组的解散，机器定理证明也步入低谷。近年来神经网络、卷积网络等逐渐应用到机器证明中。尽管独立的专家系统公司现在已经很少见，但各种类型的专家系统依然在被使用，如当代电子商务中采用类似于 XCON 的专家系统。

（二）连接主义：从神经网络到深度学习

人工智能领域率先提出神经网络的是麦卡洛克（Warren McCulloch）和皮茨（Walter Pitts），之后赫布（Donald Hebb）提出 Hebb 学习规则，"该规则认为，如果两个细胞总是同时激活的话，它们之间就有某种关联，同时激活的概率越高，关联度也越高"②，这可能是连接主义的最直观体现，后续的无监督机器学习算法也多是来源于这一规则。"感知机"的发明把神经网络研究推向高潮，其可以进行简单的视觉处理，这在当时无疑是重大的突破。尽管后来感知机的研究失败并由此导致神经网络研究的低潮，但一种新的神经网络模型的提出使得神经网络在经历低谷后又迎来复兴，这个模型就是霍

---

① 尼克：《人工智能简史》，人民邮电出版社，2021，第 55~56 页。
② 尼克：《人工智能简史》，人民邮电出版社，2021，第 119 页。

普菲尔德网络。神经网络的复兴刚好赶上互联网的崛起，后者为前者提供了海量的数据。后来发展出来的深度学习实质上就是更复杂的神经网络模型，所谓深度实质上就是指神经网络的神经元层数更多。深度学习的热度很高，其中很重要的原因在于其实测效果很好。在图像识别、语音识别和翻译等领域，深度学习具有较高的准确度。

（三）自然主义：细胞自动机到强化学习

同样是向生物学学习，人工智能的自然主义却选择了与连接主义不同的路径，前者由细胞自动机发展到遗传算法，最终演变为强化学习。细胞自动机又叫元胞自动机，是仿照自然而构造的计算机。自然界的复杂结构都是由基本的单元通过彼此之间的相互作用而构成的，细胞自动机理论就是研究通过构造较小的计算机部件以及规定它们之间的连接方式而造出较大的计算机部件，从而完成大型的运算。受生物学中遗传理论和自然选择理论的影响，一种模拟生物种群进化的算法产生了，也就是所谓的遗传算法。遗传算法的核心就是通过循环或者迭代，筛选出优质的选项，契合优胜劣汰的自然选择过程。遗传编程与遗传算法的区别在于后者是对数据进行优胜劣汰的处理，而前者是针对程序本身，通过使程序变异并筛选，从而找出最优的程序、提高编程的效率。强化学习则是建立在马尔可夫决策过程和动态规划基础上的一种非监督式学习算法，其之所以闻名世界是因为它是 AlphaGo 的核心算法，在后者击败围棋世界冠军之后，这种算法也逐渐成为主流。

二 智能经济以算力为基础

智能经济以人工智能算法为核心，提升算力是算法的要求。所谓算力就是计算能力，通俗来说即芯片处理数据的能力。一方面，算法的形成和改进需要基于大量数据，这就要求芯片数据处理能力的提升；另一方面，智能经济时期数据量激增，算法要准确、高效地处理海量数据，这同样离不开算力的提升。目前，计算方式主要有本地计算和云计算两种。

（一）本地计算：AI 芯片

"AI 芯片也被称为 AI 加速器或计算卡，即专门用于处理人工智能应用中的大量计算任务的模块。"[1] 中美贸易摩擦发生后，美国断供中国企业芯片，对中国经济和企业发展造成一系列严重的负面影响，也凸显芯片的重要性。从技术路径来看，AI 芯片主要包括加速芯片、类脑仿生芯片和通用芯片[2]。其中，AI 加速芯片又可以分为 GPU、FPGA 和 ASIC。GPU 即图形处理器，最初是辅助传统处理器 CPU 处理图形问题的，但因其具有海量数据并行计算能力，从而成为深度学习的绝佳硬件。FPGA 功耗和延迟性都较低且具有较高的可编程性，因而更偏向于终端应用。ASIC 是专用集成电路芯片，最典型的案例是谷歌的 TPU 即张量处理器和苹果的 A11 神经引擎。类脑仿生芯片顾名思义就是利用芯片模拟人脑构造，归根结底还是要提高芯片的智能程度和计算能力。现有的芯片基本是针对特定问题、特定领域的专用芯片，发展真正智能化的通用芯片是人工智能芯片产业的发展趋势。

（二）云计算：分布计算

摩尔定律指出，集成电路上可以容纳的晶体管数目每经过 18 个月到 24 个月便会增加一倍，更一般地说，芯片的性能每过一段时间就会得到一次重大提升。但随着芯片制程的不断发展，摩尔定律是否即将遇到物理极限等问题不断引起争议。且不论 AI 芯片的计算能力是否会受到限制，智能时代数据的爆炸增长其实就已经远远超过现有芯片的处理能力。要完成大量数据的处理，只依靠本地芯片的算力常常是不够的，因此云计算就应运而生。云计算技术在其发展的最初阶段只是简单的分布计算，即将数据处理任务分解，再由不同的计算机群分别完成，然后最终将结果合并。这有助于解决本地处理的算力不足以及成本高昂的问题。在云计算模式中用户将数据存储于数据中心，所谓数据中心实质上是具有海量数据存储和计算能力的计算机集群。谷歌、亚马逊、微软等大型跨国公司都在建设自己的数据中心，我国也在建设"云上贵州"等一系列项目。

---

[1] 　杨正洪、郭良越、刘玮：《人工智能与大数据技术导论》，清华大学出版社，2019，第 25 页。

[2] 　尹首一、郭珩、魏少军：《人工智能芯片发展的现状及趋势》，《科技导报》2018 年第 17 期。

三 智能经济以数据为要素

数据是智能经济的关键要素，智能算法和计算能力终归要落实到数据处理上。在智能时代，数据要素突出地表现为大数据，大数据的存储、传输与处理对信息技术的发展也提出新的要求。

（一）大数据的概念与特征

关于大数据，学界尚未形成权威的定义。要准确认识大数据的内涵，就要回答两个问题：一是什么才算大，二是什么是数据。2020 年百度网盘用户规模突破 7 亿，数据存储总量已突破 1000 亿 GB，这还仅仅是一家公司的一个软件的数据量。在数据爆炸的时代，全球数据生产速度惊人，这种体量的数据当然可以称为大数据。有分析指出，大数据是指规模超出普通数据库软件工具的捕获、存储、管理和分析能力的数据集[①]。但这种界定也存在问题，例如统计全国人口的年龄信息所得到的数据实质上并不太会超过数据库软件的存储和处理能力，但直观来看，这一数据应该也属于大数据。因此，也有学者认为大数据的大是侧重于数据的全面性，即非抽样。但这种定义依然存在问题。如果统计对象的总体可能较小，那么即使是总体的全面的数据依然不能算作大数据。以数据大小来判断数据是否属于大数据也不太合理，不同格式的文件大小差异很大，一部高清电影的文件大小可能是一份全国统计数据的几十倍。

大数据有两层含义，一是数据来源范围大，二是数据文件规模大。广义的大数据还包含数据处理部分，即采用数据挖掘等信息技术对数据进行加工。至此，我们还不能对大数据进行定义，因为数据的种类还没有被界定。数据是信息的载体，信息无处不在，数据同样如此。但只有计算机能够识别的数据才有可能成为大数据。把全国所有餐馆中的纸质菜单汇总在一起，虽然其中蕴含的数据信息很多、范围也很广，但它们并不能被计算机识别和处

---

① 麦肯锡全球研究院：《大数据：下一个创新、竞争和生产力前沿》，转引自〔美〕詹姆斯·R. 卡利瓦斯、〔美〕迈克尔·R. 奥弗利《大数据商业应用风险规避与法律指南》，陈婷译，人民邮电出版社，2016，第 4 页。

理，只有将这些纸质菜单转化成计算机可以识别的二进制数据，其才能成为大数据。因此，狭义的大数据就是指数据来源范围大、数据文件规模大的数字化数据集；广义的大数据除大数据本身外，还包括大数据的处理技术，如数据挖掘等。

（二）大数据的产生与获取

大数据的产生主要有两种途径。首先，与日常生活联系密切的是用户使用网络的过程中产生的数据。随着互联网技术的发展和信息基础设施的完善，我国乃至全世界的互联网用户数量日渐增加。移动互联网的发展使得人与人之间的沟通可以随时随地进行，也为大数据的产生奠定了基础。用户在浏览网站、使用社交软件等过程中会产生大量的数据。其次，随着物联网技术的发展，万物互联逐渐出现。人与机器设备、人与环境交互过程中也会产生大量的数据。其中，传感器的作用就显得极其重要。人依靠视觉、嗅觉、味觉等方式来感知世界，智能机器同样依赖传感器来获取周围环境的信息，从而转化成数字化的数据。根据感知对象的不同，传感器可以分为内部传感器和外部传感器，前者主要用于检测智能设备内部状态，后者则针对外部环境。外部传感器根据具体的感知方式和对象，又可以分为视觉传感器、声音传感器等种类。要保证数据获取的迅速、便捷和准确，就必须发展高精度的传感器。不论以何种方式产生的数据，最终都要通过互联网传输到相应的存储器或者处理器中。

（三）大数据的存储和处理

大数据的数据结构混杂，往往同时包括结构化、非结构化以及半结构化等多种类型的数据。如何将庞大且杂乱的数据进行存储、分类整理以及计算处理是使用大数据不得不面临的难题。面对这一问题，以往常规的数据存储和处理方式就不再适用，搭建数据平台是大数据时代解决数据存储和加工问题的普遍选择。数据平台在实现数据共享、提高数据管理效率等方面具有显著优势。目前，数据平台主要有常规数据仓库、MPP（大规模并行处理架构）、Hadoop（分布式系统架构）等种类。大数据处理技术涉及的环节很多，其中主要包括数据整合、数据建模、数据安全管控、数据开发等。比较常见的数据分析有可视化分析、数据挖掘、预测性分析等。大数据处理是硬件技术和软件算法的综合应用，前者主要是指数据平台的物理信息设备等，后者则涉及神经网络算法等。大数据处理对于市场预测与决策、用户行为特征分析、重点客户筛选等具有重要意义，在电信、医疗、交通等领域也有重要应用，这也是大数据分析商业化的基础。

第二节　智能经济的概念与发展历程

智能经济是以人工智能算法为核心，以信息设备的计算能力为基础，以数据为关键要素的经济新形态。智能经济兴起于 20 世纪 50 年代，经历了三次浪潮，从现阶段来看，智能经济正处于蓬勃发展的时期。

一　智能经济的概念界定

智能经济就是以人工智能算法为核心，以算力为基础，以数据为要素，实现劳动过程智能化，进一步促进生产社会化发展的经济新形态。

（一）经济时代的划分依据

不同经济时代最直接的区别在于人们之间的社会关系不同，而人与人之间的社会关系又是由生产方式决定的。因此，划分经济时代的根本依据就是生产方式，或者说劳动的组织形式。"不论生产的社会的形式如何，劳动者和生产资料始终是生产的因素……凡要进行生产，它们就必须结合起来。实行这种结合的特殊方式和方法，使社会结构区分为各个不同的经济时期。"[1]从前文的分析中不难看出，这种结合的方式和方法其实就是劳动过程的要素组织形式，包括技术组织形式和社会组织形式。生产力是在不断发展进步的，因而技术进步是时常发生的，技术进步积累到一定程度就会带动劳动过程的技术组织形式产生变化。这种技术组织形式上的变化可能是微小的、渐进的，也可能是重大的、急剧的。劳动的社会组织形式可能会因此而发生变

---

[1]　《马克思恩格斯文集》第 6 卷，人民出版社，2009，第 44 页。

化，但即使是技术组织形式发生革命性的变化也并非必然导致社会组织形式发生根本性变化，因为后者涉及生产关系尤其是占据核心地位的所有制关系，其受生产力发展的影响并不是体现为简单的决定与被决定的关系。智能经济条件下，劳动过程的技术组织形式发生重大变化，但社会组织形式没有产生根本性变化，因此称之为新的经济时期可能更为合适。

（二）劳动资料对经济时代划分的重要性

经济时代划分的根本依据在于生产方式，而在生产方式中劳动资料又处于核心地位。"各种经济时代的区别，不在于生产什么，而在于怎样生产，用什么劳动资料生产。劳动资料不仅是人类劳动力发展的测量器，而且是劳动借以进行的社会关系的指示器。"① 劳动资料不仅反映了生产力的绝对水平，也从根本上塑造了各个经济时代的社会关系。经济的社会形态的发展类似自然史的过程，不同的劳动资料对应不同的生产力水平，也塑造了不同的生产关系。"手推磨产生的是封建主的社会，蒸汽磨产生的是工业资本家的社会。"② 从名称上很容易看出，手推磨和蒸汽磨的首要区别在于动力的不同，前者靠人力驱动，而后者靠化石燃料等产生的自然力推动。随着生产力的进一步发展，自动化机器普遍应用，由自然力推动已越来越成为机器的必要条件。现在的主要问题不是由何种动力来推动机器，而是由谁来操纵机器。形象地说，蒸汽磨正在被"智能磨"取代，二者的主要区别在于机器的操纵者是人还是人工智能，后者正是智能经济的核心特征。

（三）智能经济的内涵

早在 20 世纪末，国内就有学者对智能经济相关概念进行阐述。黄觉雏等认为智能经济就是智能密集型生产方式的经济时代，此时人的部分智力活动被技术系统取代③。进入 21 世纪以来，随着信息技术的进一步发展，有关智能经济的研究也逐渐丰富起来。《新基建，新机遇：中国智能经济发展白

---

① 《马克思恩格斯文集》第 5 卷，人民出版社，2009，第 210 页。
② 《马克思恩格斯文集》第 1 卷，人民出版社，2009，第 602 页。
③ 黄觉雏、穆家海、黄悦：《二十一世纪经济学创言——论智能经济》，《社会科学探索》1990年第 3 期。

皮书》明确提出智能经济是以人工智能为核心驱动力，以信息技术和智能技术为支撑，通过智能技术产业化和传统产业智能化，推动生产生活方式和社会治理方式智能化变革的经济形态①。李彦宏认为智能经济是以新一代人工智能为基础，以数字化、网络化、智能化融合发展为杠杆，与经济社会深度融合的经济新形态②。不仅如此，学界也有不少研究对智能经济的概念进行界定。何玉长、宗素娟认为智能经济是以人工智能技术开发和应用为依托的经济结构和经济形态，将人的智能与智能设备相结合，以智能产业和企业为支撑，把 AI 技术应用于经济活动的全部环节和宏观经济管理与决策③。

界定什么是智能经济，要从劳动方式即劳动的技术组织形式和社会组织形式出发。从现有研究来看，人工智能技术毫无疑问是智能经济的核心，而人工智能算法的实现又离不开算力和数据，这三者是智能经济下劳动过程要素的突出变化。智能经济对劳动过程的技术组织形式的最主要影响就是用机器的智能代替人的智能，实现劳动过程智能化；而对于社会组织形式而言，智能经济促进了协作的社会化发展。因此，可以说智能经济就是以人工智能算法为核心，以算力为基础，以数据为要素，实现劳动过程智能化，进一步促进生产社会化发展的经济新形态。

二 智能经济的发展历程

智能经济的发展离不开人工智能技术的进步，从 1956 年人工智能概念提出以来，智能经济已经历三个快速发展阶段。现阶段各国政府纷纷出台产业政策，智能经济及其相关产业爆发式增长，呈现出算法不断优化、算力不断提升、数据不断增加的发展趋势。

（一）智能经济的发展历史

智能经济实质上是伴随着人工智能而起伏发展的。人工智能作为一项新

---

① 《〈中国智能经济发展白皮书〉完整版发布》，中国发展研究基金会，https://www.cdrf.org.cn/zcyjzxdt/7231.htm。

② 李彦宏：《智能经济》，中信出版社，2020，第 33 页。

③ 何玉长、宗素娟：《人工智能、智能经济与智能劳动价值——基于马克思劳动价值论的思考》，《毛泽东邓小平理论研究》2017 年第 10 期。

兴的技术，是否能够引起经济的重大变革取决于人工智能是否能够实现大规模的应用。1956 年达特茅斯会议首次提出人工智能概念，至今人工智能已经经历三次快速发展的浪潮。人工智能首次提出后引发学界的广泛讨论，但研究成果多属于理论建构，其应用性不强。这也导致人工智能技术的发展在经历第一次高潮之后迅速陷入低谷。20 世纪 80 年代，DEC 公司的专家系统号称每年可以节约数千万美元的生产费用，由此引发人工智能发展的第二次高潮。日本率先提出发展第五代计算机，美国和欧洲也积极开展相关研究。美国推出 MCC、无人驾驶车等项目，欧洲则启动了"欧洲信息技术战略计划"，但这波人工智能的浪潮很快就消失了。随着日本五代机研发的失败，各国发展人工智能技术的热情骤减，人工智能发展再次陷入低谷。经过长期的沉淀，人工智能在 AlphaGo 战胜世界冠军李世石后重新成为热门话题。事实上，在此之前人工智能就不断取得突破，如 IBM 的深蓝超级计算机、谷歌的无人驾驶技术、深度神经网络在图像识别上取得重大突破等。在第三次浪潮中，人工智能技术的应用性得到非常大的提升。信息设备硬件的不断进步、算力的提升以及数字基础设施的普及和数据资源的丰富构成了人工智能发展的坚实基础。

（二）智能经济的发展现状

从现阶段来看，智能经济正处于蓬勃发展的时期。智能经济的产业狭义上就是指机器人、自动驾驶等人工智能的具体应用，而从广义上讲还包括智能经济的基础产业即算力和数据相关产业，以及涉及人工智能这一核心技术发展的相关产业。

首先，从算力相关产业来看，半导体研究机构 IC Insights 发布的《麦克林报告》显示 2021 年中国大陆半导体产值是 312 亿美元，而整个中国大陆的芯片消费市场为 1865 亿美元。近几年 AI 芯片产业也出现爆发式增长，从图 3-1 可以看出，尽管整体上全球 AI 芯片市场规模增长速度处于下降趋势，但是增长速度依然很高。中国 AI 芯片市场的增长速度波动较大，但从整体上来看领先于全球市场规模增长速度。

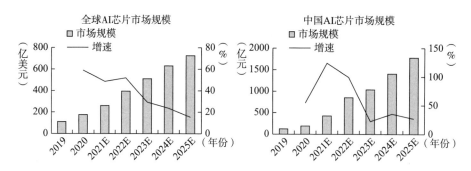

图 3-1 AI 芯片市场规模

注：带有 E 标志的年份为估算值。

数据来源：华经产业研究院。

其次，从数据相关产业来看，中国大数据基础设施建设快速推进。2022年中国首批 44 个国家新型数据中心典型案例正式发布，10 个国家级数据中心集群在如火如荼建设之中。继"南水北调""西电东输"等国家级战略工程之后，"东数西算"成为新一轮的国家战略举措，京津冀、长三角等国家算力枢纽的建设进入快车道。天津中心、广州中心等 10 所超算中心也在抓紧建设以满足重大科学技术和工程研究的需求。2018 年我国大数据领域专利公开量约占全球的 40%。大数据技术快速发展的同时，相关市场规模也在不断扩大。"2023 中国国际大数据产业博览会新闻发布会"指出 2022 年我国大数据产业规模达 1.57 万亿元，同比增长 18%，数据中心总机架近 600 万标准机架。大数据产业成为推动数字经济发展的重要力量。①

再次，从人工智能技术本身来看，中国企业赶超速度很快。当前人工智能技术主要包括机器学习、计算机视觉、自然语言识别三个方面，涉及人脸识别、智能控制、机器学习等多个领域。人工智能技术起源于西方国家，因而西方发达资本主义国家在智能经济发展中占据优势地位，深度学习最著名的应用是谷歌公司的 AlphaGo，另外 Caffe、Torch 等国际知名人工智能平台大多属于国外公司。在计算机视觉、自然语言识别等方面情况也较为类似。

---

① 《2022 年我国大数据产业规模达 1.57 万亿元同比增长 18%》，中国政府网，https://www.gov.cn/xinwen/2023-02/22/content_5742649.htm。

但是近年来中国企业快速发展，不断缩小与国际先进技术水平的差距。2017年《互联网周刊》评选出人工智能企业排行榜，在人工智能、深度学习、智能语音等领域国内也涌现出很多优秀的企业，如华为、百度、金山云等。

最后，从人工智能技术应用来看，智能经济不仅创造出一些全新的市场，也对传统的产业造成深刻的影响。人工智能技术带来工业机器人、智能医疗、智能金融、智能家居、自动驾驶、无人工厂等产业的迅猛发展。2022年世界机器人大会上，工信部党组书记金壮龙指出2021年中国机器人全行业营业收入超过1300亿元，工业机器人产量达36.6万台，较2015年增长10倍，稳居全球第一大工业机器人市场。根据《2020中国智能家居生态发展白皮书》的数据，中国智能家居市场规模在2016~2020年五年间由2608.5亿元增长至5144.7亿元，年均复合增长率达到18.51%。不难看出，人工智能技术的应用场景十分丰富并且发展迅速，智能经济规模正在不断扩大。

总的来看，中国人工智能及相关技术发展迅速，智能经济的规模不断增长。从图3-2可以看出，中国人工智能相关技术发展迅速，AI芯片相关专利数量从2014年的1129件已经增长到2020年的15621件，增长了近13倍。中国人工智能行业市场的增长速度十分可观，产值越来越高，2021年已经达到1963亿元，比2016年的154亿元增长了近12倍。

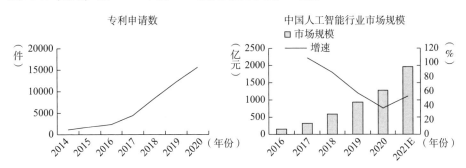

图3-2　人工智能相关技术与市场规模发展

注：带有E标志的年份为估算值。

数据来源：华经产业研究院。

人工智能技术与智能经济在世界范围内取得了快速增长，各主要经济体不断出台产业政策和国民经济规划以促进智能经济的发展。从表 3-1 可以看到，中美欧等多年来连续出台多项战略计划，对人工智能技术本身发展与相关人才培养以及智能市场的培育等多个方面、诸多领域做出规划。在之前的工业革命阶段，中国常常处于被动接受状态，但在本次人工智能浪潮中，中国不再处于旁观者的状态，而是积极参与其中并逐渐开始引领人工智能技术与智能经济的发展。近年来中国、美国、欧盟以及欧洲主要国家颁布的人工智能相关政策文件如表 3-1 所示。

表 3-1　近年来中美欧人工智能政策文件对比

	时间	政策文件
中国	2017 年	《新一代人工智能发展规划》
	2018 年	《人工智能标准化白皮书（2018 版）》
	2019 年	《关于促进人工智能和实体经济深度融合的指导意见》
		《新一代人工智能治理原则——发展负责任的人工智能》
	2021 年	《中华人民共和国国民经济和社会发展第十四个五年规划和 2035 年远景目标纲要》
美国	2016 年	《国家人工智能研究和发展战略计划》
		《为未来人工智能做好准备》
		《人工智能、自动化与经济报告》
	2018 年	《2018 年国防部人工智能战略摘要：利用人工智能促进安全与繁荣》
	2019 年	《维护美国人工智能领域领导力》
		《国家人工智能研究和发展战略计划》
		《美国人工智能倡议首年年度报告》
欧盟	2018 年	《人工智能通讯》
	2020 年	《人工智能白皮书——欧洲追求卓越和信任的策略》
		《欧洲数据战略》
英国	2018 年	《产业战略：人工智能领域行动》
	2022 年	《国防人工智能战略》
法国	2018 年	《有意义的人工智能：走向法国和欧洲的战略》
	2021 年	《法国 2030 计划》

	时间	政策文件
德国	2018 年	《人工智能战略》
	2020 年	新版《人工智能战略》

资料来源：根据互联网数据整理。

从表 3-1 可以看到，世界主要经济体对智能经济的发展都非常重视。在智能经济的这轮发展中，中国奋起直追，制定大量促进智能经济发展的产业政策，支持力度居于世界前列。

（三）智能经济的发展趋势

智能经济的发展趋势是算法不断优化、算力不断提升、数据不断增加。近年来，人工智能算法之所以取得长足的发展，原因在于算力的提升和数据的增加为算法的优化创造了条件。信息硬件设备技术仍然处于高速发展过程中，有人提出摩尔定律即将遇到物理极限，从而限制算力的增长。实质上，在芯片制程不断缩小的过程中，这类观点早就已经出现。一方面所谓的物理极限至今还没有达到，芯片制程仍然在不断缩小，目前最先进的工艺已可以量产 5 纳米芯片；另一方面扩大算力的手段层出不穷，如华为面对芯片制裁研发成功的芯片堆叠技术，可以在不改变芯片制程的条件下实现芯片算力的巨大提升。随着数字基础设施的普及，互联网用户还将持续增加。我国基础设施建设一直处于世界领先水平，宽带、基站等数字基础设施覆盖率很高，因此网络用户数量和由此产生的数据庞大。随着 5G 的普及、光纤干路网络宽带的发展等，数字基础设施还将不断完善，可以推断未来数据量会继续高速增长。算力的提升和数据的增加为算法的优化提供基础，在机器视觉、自然语言处理等方面，人工智能技术会越来越完善。人工智能应用产业也将持续火热，自动驾驶、智能家居、智能医疗等行业发展前景广阔。人工智能技术越来越不局限于少数的高科技企业，日渐向全部生产领域扩散。

三　智能经济的影响概述

作为一种新的经济形态，智能经济的影响是广泛而深刻的。这种影响包括经济、社会、文化等诸多方面。就经济层面而言，智能经济对生产、分配、交换和消费四个领域都会产生重要影响。

（一）生产领域

智能经济是基于人工智能等新技术的经济新形态，其影响最直接地体现在生产领域的变革上。其中最主要的是对劳动过程的影响，后文将详细论述。智能经济的另一个重要影响体现在匹配供给和需求上。经济学中把市场称为看不见的手，认为价格机制反映商品的供求信息，价格的波动起到调节供给和需求的作用。但市场调节有其固有的顽疾，信息不完全、信息失真以及调节滞后、调节成本高等都是市场机制或者说价格机制的弊端。智能经济的产生让看不见的手逐渐成为看得见的手，当然后者也不再仅仅是所谓的市场机制或价格机制了。供给和需求常常是不匹配的，或者说市场均衡是偶然的甚至几乎是不可能出现的，一方面是需求和供给都在不断变动，另一方面是生产者并不了解总需求以及其他生产者的生产能力。智能经济的发展为解决这一问题提供了可能。数字信息设备的普及为需求信息的搜集创造条件，大数据分析技术的进步可以使企业有效获取市场的需求信息。同时，物联网、智能化工厂的发展让生产者能够清晰地掌控本企业的生产能力并可以随时灵活地加以调整。工业互联网的发展甚至可以统筹不同企业的生产能力，以实现生产端和需求端匹配的目的。这能够极大地减少社会生产中不必要的浪费，提高资本循环的效率。

（二）分配领域

智能经济对收入分配的影响直接反映在劳动力市场上。资本积累的必然趋势是资本有机构成的提高，智能经济的发展同样会带来类似的结果。人工智能以机器智能来替代人的智力劳动，这会不可避免地导致失业的发生。同时从收入分配来看，劳动收入占全部收入的比例也可能因此下降。当然，短期内也可能因为新产业的出现，就业数量基本保持不变甚至是略有增加，此时劳动收入占全部收入的比例可能有一定提升，但这要求新产业对劳动力的吸纳能力较强且能够覆盖旧产业中的失业。长期来看，智能经济对就业的效应还是以替代为主，因而劳动收入占比仍有下降趋势。人工智能技术不仅会重塑劳动和资本之间的分配，也会导致劳动者之间收入分配的变化。有学者认为人工智能排斥低技能的劳动力而需要高技能的劳动力，这就可能导致劳动者之间收入差距的扩大。不仅如此，智能经济对收入分配的影响还有其他很多比较隐蔽的途径，例如，智能金融的发展加剧机构投资者对小微投资者的剥夺。传统经济条件下，机构投资者等借助自身资金优势和信息优势在股市等金融市场中肆意收割小微投资者，这种情况在智能经济条件下会更加严重。依靠发达的智能金融系统，机构投资者操盘、控盘的能力得到强化，甚至不需要人工操作即可完成对其他投资者的收割。而小微投资者受制于资金不足和技术相对落后，只能不断损失财富，从而贫富分化加剧。同时还有类似于大数据杀熟等垄断行为，在日常生活的点点滴滴中无形地收割着普通大众的财富。

（三）交换领域

智能经济能够缩短交换环节、降低交换成本。前文中提到智能经济能够高效地匹配供给和需求，其中很重要的原因就在于其缩短了交换环节或者说商品的流通环节，这种改善实质上在数字经济阶段就已经发生，不过在智能经济条件下更彻底更显著。智能经济条件下交换环节更少更高效，一方面得益于生产端和需求端的智能化水平的提高，另一方面得益于物流运输系统的智能化发展。前者保证市场需求能够全面、快速地反馈给生产者，而生产者又有能力快速调整生产，相较于非智能经济，这部分时间就大大缩减。而智能物流系统的发展也起到至关重要的作用。智能仓储物流系统不仅能够极大地减少人力成本、空间成本，还能够提高管理效率，实现商品仓储运输的高效化发展。在商品交换领域如此，在货币交换领域亦是如此。刷脸支付、语音支付等新型智能支付方式越发普遍，相较于传统的支付方式大大节约时间和成本。人工智能技术在银行中的应用也能够有效降低金融机构的经营成本、提高货币业务办理效率。

（四）消费领域

大众感受最深的可能是智能经济发展对消费领域所带来的影响，主要体现在消费内容和消费方式的变化上，正因为这种影响与每个人的生活密切相关，所以尤为引人关注。首先，消费的内容或者说消费对象是智能化产品。随着人工智能技术的成熟，越来越多的智能产品开始涌现。自然语言的识别和处理技术的完善使得智能家庭助手走进千家万户，智能家居市场规模不断扩大，如小米公司的"小爱同学"、百度公司的"小度助手"等。其次，消费的方式依赖智能化设备和智能算法。以购物为例，随着电子商务的发展，越来越多的消费者尤其是年轻人依赖网上购物而较少去实体店消费。智能手机是网上购物的常见工具。不仅如此，随着大数据技术的发展，商品的精准投送已逐渐成为可能。消费者不再是在虚拟店铺中漫无目的地浏览商品，而是受电商平台智能算法的影响，更多地关注电商平台推荐的商品。这种现象在字节跳动公司的抖音、今日头条等软件中体现得更为明显。这些软件通过数据挖掘等智能算法来分析用户的浏览偏好，从而精准地向目标用户投放其感兴趣的视频、新闻等内容。智能经济对消费内容和消费方式的影响既有其积极的一面，也有消极的一面，但这不是本书研究的主要内容，故不再赘述。

第三节　劳动过程要素构成的新变化

一般劳动过程是一切社会形式所共有的，通常从简单的、抽象的要素的角度来反映生产使用价值的有目的的活动。"因此，我们不必来叙述一个劳动者与其他劳动者的关系。一边是人及其劳动，另一边是自然及其物质，这就够了。"[1] 这里所涉及的其实是劳动过程的要素构成以及组织形式（主要指技术组织形式），其所有制特征较弱，是本节和下一节主要关注的内容。劳动过程的其余内容，即劳动过程的社会组织形式、劳动过程本身的变化及其管理、劳动过程中的生产关系都带有鲜明的所有制特征，后续章节将按所有制类型分别讨论。

智能经济会对劳动过程的要素构成产生重要影响，主要表现在以下几点：新的劳动对象不断涌现，其中最为重要的是数据；劳动资料发生革命性

---

[1] 《马克思恩格斯文集》第5卷，人民出版社，2009，第215页。

的变化，人工智能算法和智能机器成为新型劳动工具，劳动场所呈现数字化、智能化的特征；劳动者的技能结构与技能水平也随之发生变化。

一　数据成为劳动对象

智能经济条件下，新材料不断涌现，越来越多的新物质被纳入劳动过程中。智能经济下劳动过程中劳动对象的变化突出地体现在数据成为劳动对象。数据普遍成为劳动对象在其他经济时代或时期是从未有过的事情。从人工智能诞生开始，智能算法就处在不断完善之中，这种完善不仅包括原有框架下的扩充，也包括新的框架的提出。现阶段各种类型的人工智能算法层出不穷，从事代码编译的劳动者群体也在不断壮大。数据的大规模发展甚至早于算法，因为后者往往是基于前者才能得到长足的进步和发展。数字信息设备的发展为数据的爆发增长提供了基础，从日常娱乐消费到工厂车间生产，各个领域每时每刻都在生产出大量数据。数据类似于传统的簿记，生产过程"越是按社会的规模进行，越是失去纯粹个人的性质，作为对过程的监督和观念上的总的簿记就越是必要"①。数据之所以成为劳动对象，一方面是因为数据类似于簿记可以对生产过程起到监督和管理作用；另一方面是因为数据又不同于簿记，很多时候有用信息隐藏在大量无用数据之中，需要被挖掘出来才可以使用。

根据《中华人民共和国数据安全法》第三条的规定，数据是指任何以电子或者其他方式对信息的记录。数据并不依赖现代化信息设备，在没有文字的时代就存在结绳计数。只是在数字信息时代，数据才得以充分发展。数字基础设施的普及带来数据量爆炸式增长，而人工智能算法的发展又提供了大数据分析的工具，因此数据的重要性大大提升，以至于成为一种新的生产要素。这里，我们主要关注的就是这种基于计算机的、以电子形式记录的数字化数据。其来源主要有两种，一是现实物理世界的信息，二是数字空间中的信息。传感器可以将现实物理世界中的信息转化为数字化数据，例如在智能

---

① 《马克思恩格斯文集》第5卷，人民出版社，2009，第215页。

工厂中，通过压力传感器、温度传感器、红外传感器等多种传感器的共同配合，可以实现工厂车间数字化，时刻获取车间中的生产信息。随着工业互联、万物互联等技术的发展，这种类型的数据的规模会进一步扩大。而在当下，数字空间中的信息是数字化数据的主体。数字空间实质上是一种以信息设备和软件算法为基础的数字化信息空间，是数字信息运动的存在形式。数字空间的数字化特征也意味着数字空间不能直接作为人的活动场所，只有借助数字平台才能有效利用数字空间。在各种类型的数字平台中，人可以完成娱乐消费、商品交换等一系列活动。而这些发生在数字空间中的活动，本身就是基于数字化设备和算法的，因而这些活动轨迹也很容易被记录并转化成数据。

这种对物和人的活动的记录在信息革命以前就存在着，也即所谓的簿记。广义的簿记是指用簿册记录，而狭义的簿记主要是指记账。"在中世纪，我们只在修道院中发现农业的账簿。但是，我们知道，在远古的印度公社中，已经有一个农业记账员。在那里，簿记已经独立为一个公社官员的专职。"[①] 从马克思的这段描述中可以看到，在中世纪或者远古时代也存在着专门的记账员，从而也就有记载生产的簿记。生产、分配、交换、消费是经济中四个密切联系的环节，簿记的记录同样不局限于单纯的生产过程，只是在传统簿记的记录过程中，生产过程相关的数据是其主要内容，这主要是受信息搜集和处理能力的限制。随着信息革命的到来，数据采集和处理能力都有巨大提升，簿记也因此得到重要发展，一方面呈现出数字化趋势，另一方面其种类和内容极大丰富。簿记摆脱了纸张、墨水等传统材料的束缚，而转变为数字化的形式。数字信息设备的普遍应用为数字簿记提供广泛的数据来源，越来越多的活动，例如消费活动、娱乐活动等被纳入簿记的记录范围。

数据的核心在于记录，在数字经济时代，表现为数字簿记。数字簿记的产生同样是劳动过程的结果，只是这种劳动过程与传统的或一般的劳动过程存在显著区别。首先，生产数字簿记的劳动过程以另一种活动为劳动对象。

---

① 《马克思恩格斯文集》第 6 卷，人民出版社，2009，第 152 页。

数字簿记涉及两种过程，一是需要被记录的过程，二是以记录前一种过程为目的的劳动过程。被记录的过程可以是具有某种特定目的的劳动过程，也可以是人的某一活动，甚至是动物或者物的存在过程。"生产和记载生产的簿记，终究是两回事，正象给船装货和装货单是两回事一样。"① 在这里，给船装货就是具有某种特定目的的劳动过程，而记录装货单的过程就是以记录装货的劳动过程为目的的劳动过程，装货单的形成正是这种劳动过程的结果。其次，生产数字簿记的劳动过程以软件算法、数字信息设备为主要劳动资料。传统簿记的产生需要记录员通过观察搜集数据，然后记载于纸张或其他材料上。而数字簿记的数据采集则依靠众多智能传感器或智能算法，数据的记录主要由计算机完成，数据的存储形式是数字化的。最后，生产数字簿记的劳动过程主要是由算法工程师等完成。智能算法采集数据的效率远高于传统采集方式，例如网络爬虫程序可以自动在互联网中进行数据采集和整理，每天可以抓取百万张网页。

　　数据产品或数据商品是经过加工的数字簿记，这种数字簿记不以保留被记录过程的使用价值为目的。簿记可以用来管理和监督生产过程，其形式是不断变化的。在生产还处于简单阶段时，簿记的职能往往在劳动者头脑中完成。在前资本主义的农业生产中，每年需要多少种子、多少肥料等是在农民头脑中完成初步计算的。一方面因为生产的规模较小且劳动过程较为简单，另一方面因为生产资料的所有者同时也是劳动过程的所有者，因而专业化的独立的簿记是不必要的。当然在这一阶段，也是需要专业化的簿记的，如各地方或中央政府对地租缴纳情况予以统计。这种专业化的簿记只在资本主义时代才变得更为普遍和重要。在生产规模不断扩大和劳动过程逐渐复杂的情况下，簿记的职能已经很难单独在头脑中完成了。不仅如此，生产资料的所有者不再是直接参与劳动过程的劳动者。对生产资料所有者而言，监督劳动者及其劳动过程就离不开独立的簿记。随着资本主义的发展，簿记的范围在不断扩大，簿记的数量也在不断增加，但这种发展仍然只是量的变化，主要

---

① 《马克思恩格斯全集》第 50 卷，人民出版社，1985，第 63 页。

受到数据的采集、传输、存储和处理能力的限制。在数字簿记出现之前，数据的收集、统计和整理等主要依靠人力，且往往以纸质簿记形式存在，这使得簿记的传输和处理都受到很大限制。随着计算机以及人工智能的发展，数据的采集逐渐由智能算法、传感器来完成，数据的存储形式向数字化转变，这为簿记的快捷传输和批量分析奠定了基础。并且，簿记也逐渐由企业内部的簿记转变成社会的簿记。

随着大数据技术的发展，数据产品的使用价值逐渐被发掘出来，总的来说是为生产提供咨询服务，具体来看主要分为商品生产和商品实现两个方面。数据产品用于交换产生数据商品。数据商品的使用价值在于运用被记录对象的相关信息，这种信息可以是个人的、企业的以及社会的。很显然，这种信息并不会对其他商品的使用价值造成任何影响，一种商品的功能和作用甚至是位置并不会因为这一信息而发生改变，但这种信息的运用却可以为商品的生产过程提供咨询服务。第一，数据商品记录生产者内部的相关信息，如原料数目、机器运行状态等，运用数据商品可以优化生产过程、减少不必要的物质损耗、节约劳动时间等，也可以强化企业所有者对生产过程的监督以及工人对资本的从属，并且生产资料的数字化记录是大规模定制化生产的重要基础，也是无人车间、智能生产的重要前提。第二，数据商品记录消费者的相关信息，如消费偏好、需求数量等，对这些数据的分析可以指导企业生产，化市场"看不见的手"为看得见的簿记，促进供求平衡，防止供求失衡导致资源浪费、价格异常等问题。第三，数据商品加速商品流通，这一方面是因为数据商品将消费需求直接呈现给生产者，又赋予生产者灵活调整生产的能力，可以实现供需的精准匹配、减少商品的库存积压；另一方面是因为数字簿记让流通领域中的商品仓储分类、管理、运输等环节更高效更智能。总的来说，数据商品的使用价值就在于为企业提供咨询服务，能够优化商品生产过程和加快商品价值实现进程。

二 劳动资料的智能化

智能算法成为智能经济下新型的劳动资料或劳动工具，与此相适应的还有智能机器。简单地说，以往劳动资料的演变主要分为工具和机器两个阶段。简单工具的使用是以辅助人类劳动为目的的，传统机器则是以代替人类劳动为目的，只不过这种代替主要是指体力劳动。随着算法的出现，智能机器逐渐发展起来，这一阶段的机器开始逐步替代人类的智力劳动。人类劳动与动物行为的根本区别在于前者是一种有目的的活动，即在劳动过程开始之前，劳动的蓝图已经在人脑中形成。实质上也就是说智力劳动在真正的劳动过程开始之前可能就已经开始。人工智能算法使机器能够像人一样思考，使得智能机器有能力替代人的智力劳动。在智能经济的最初阶段，这种替代尚不明显，人工智能更多的是作为一种辅助工具而出现。正如简单工具对人的体力劳动的辅助，初级的智能机器也能够辅助人的智力劳动，例如：在智能车间中，智能系统可以动态监测生产线上的数据，及时甚至提前感知可能的错误或故障，以增强工人对劳动过程的管理能力。当然也有一些简单的智力劳动已经被智能机器代替。生产线上可以细分为多种固定动作的一些简单甚至是较为复杂的劳动过程，如汽车装配生产线上的智能机械手臂、流水线作业的集成电路焊接等已经可以由智能机器完成。这些劳动的程式已经很成熟，因而其中智力劳动的成分相对较少，初级智能机器就可以完成替代。此时的劳动过程，与其说是智能化，倒不如说是高级的自动化。只有在智能算法和智能机器高度发达的阶段，较为复杂的、绝大部分的智力劳动被智能机器替代才是真正的劳动过程的智能化。

劳动资料的另一个重要变化体现在为劳动过程提供场所的物质条件的变革上，一方面是劳动场所的数字化，一方面是劳动场所的智能化。土地作为劳动的最初场所，其重要性毋庸置疑。"一方面，土地为了再生产或采掘的目的而被利用；另一方面，空间是一切生产和一切人类活动的要素。"① 农业革命后，劳动场所和劳动工具转变为农业社会中经过人工改造的耕地和简单工具。耕地既承担着劳动对象的角色又作为劳动场所。工业革命后，机器成为主要劳动工具，工厂成为主要劳动场所。"就工厂来说，土地只是作为地

---

① 《马克思恩格斯文集》第 7 卷，人民出版社，2009，第 875 页。

基，作为场地，作为操作的空间基地发生作用。"① 在工业社会，土地作为劳动对象的属性已经开始弱化。随着农业占整个经济比重的下降，土地作为劳动场所的空间属性不断发展。因而，劳动场所"脱实向虚"成为可能。在智能经济条件下，数字化劳动场所逐渐发展起来，越来越多的劳动者脱离实体劳动场所转而在虚拟的数字空间中劳动。数字空间实质上是一种以信息设备和软件算法为基础的数字化信息空间，但人不能直接在数字空间中劳动，必须要借助数字平台，如工人在工业仿真、设计软件等生产型数字平台的虚拟空间中从事产品设计等劳动。在数字平台一词中，数字作为定语表征其形式，平台才是其核心内容。人的活动离不开一定的空间，农业劳作主要在"田间"，手工业和工业则发生在"工作间"。人的需要的多样性决定了人的活动的多样性，也必然要求有各种各样的活动空间。在社会发展过程中，这些活动空间逐渐有了约定俗成的名称，如进行艺术表演的舞"台"、用于运动的操"场"、小团队的工作"室"等。而随着信息技术的发展，越来越多的活动发生在数字空间中，活动场所日渐丰富。它们有不同的名称，如微信、QQ 等社交平台，淘宝、京东等电商平台，百度、谷歌等搜索平台。尽管因功能不同而名称各异，但毫无疑问它们都是人的活动的场所即平台，且都具有数字化的特征，因而都属于数字平台。由此，可以把数字平台定义为以信息设备和软件算法为基础的数字空间中人的活动场所。形象地说，数字平台是在数字空间中开辟的一块又一块的"土地"，为人的生产生活提供场所。数字空间多种多样、人的活动丰富多彩，因而就需要不同类型的数字平台。

在数字虚拟空间中劳动的工人越来越多，而传统的生产场所即工厂随着智能化水平的提高却呈现出工人数量不断减少的趋势。"智能化车间是自动化与信息化深度融合的制造车间……具备自主性的感知、学习、分析、判断、通信与协调控制能力，实现数据驱动的智能决策，且决策结果能够通过

---

① 《马克思恩格斯文集》第 7 卷，人民出版社，2009，第 883 页。

在线或离线控制方式来优化车间活动的运行。"① 对直接参与劳动过程的工人的替代在自动化车间中就已经发生，智能车间的不同在于从事监督和管理活动的人员也大大减少了。智能车间通过智能传感器等硬件设备对生产过程进行全方位监督，并实时反馈。在初级智能阶段，反馈的信息仍需管理者来辨别和处理，尽管如此这也能够有效提高单个管理者的管理能力。在更高级的智能阶段，智能算法具有自适应、自学习等多种能力，能够根据已有的知识经验对车间反馈的信息做出正确的应对，从而实现制造车间的真正智能化发展，例如华晨宝马的"新大东工厂的车身车间拥有超过 800 台机器人，自动化率达到 95% 以上，可实现自生产和自检测"②。

三　劳动者技能新变化

智能经济条件下，劳动者的技能结构和技能水平都发生重大变革。

信息革命以来，随着个人电脑、智能手机等智能终端的普及和数字基础设施的完善，IT 行业成为十分热门的行业，程序员跻身高薪职业。不仅如此，能够熟练使用各类专业软件也逐渐成为劳动者就业的重要标准。先说后者，在智能经济条件下，劳动工具和场所的变化必然要求劳动者与之相适应。教师讲课离不开 PPT、工作交流离不开电子邮件、摄影工作者离不开 PS 等，手机、电脑等智能终端成为人生活和工作的必需品，这就要求工人掌握一整套相关技能。但这种劳动者的技能结构的变化并不是智能经济的专属。在智能经济兴起之前，互联网的高速发展已经推动这种现象的发生。

代码编译同样在智能经济之前就已经成为热门技能，但只有在智能经济条件下，编码才真正成为一项基础技能。智能经济的核心是人工智能算法，而随着智能经济的发展和成熟，智能机器技术必然向绝大多数生产部门扩散，在劳动过程中智能机器普遍存在，因而算法也就普遍存在。在那个时

---

① 朱海平：《数字化与智能化车间》，清华大学出版社，2021，第 9 页。
② 中国汽车工程学会组编《汽车智能制造典型案例选编（2018）》，北京理工大学出版社，2018，第 47 页。

候，编码才会成为大部分劳动者的基础技能。同时，劳动者技能多样化或者说拥有较强的学科交叉能力也会变得越发重要。不论智能机器的发展阶段如何，究其根本，总是通过编码将种类不同的事物转变成同一的能够由机器识别的语言。装配汽车和生产衣服是完全不同的劳动，但在智能机器看来都是由一连串代码组成的，这种代码语言本身是同一的。

当编码成为劳动者的基础技能之后，劳动者才有可能完成多种完全不同的劳动过程，才能自由地在不同的劳动之间切换。但相应的，劳动者也需要掌握不同劳动的具体内容，尽管它们都可以用同一种机器语言来描述，因此学科交叉能力或者说技能的多样化也就有了意义。在智能机器普遍使用之前，劳动者理论上也可以在多种不同劳动之间切换，但一方面这种切换的范围较小，一般而言是在相近的劳动过程中才能够顺利进行，另一方面是这种切换的时间成本和资金成本通常较高。智能机器可以有效解决上述问题，劳动者只需要在掌握编码的基础上了解某种具体劳动的工作内容，就可以轻松完成该种劳动过程。在智能机器发展的更高级阶段，当智能机器能够准确识别自然语言、可以自主编程时，编码这种基本技能甚至也要被取代，劳动者只需要提供劳动目的，机器即可完成相应的劳动过程。

从理论上看，劳动者技能水平逐渐向更高层次发展，但现实中往往并非如此。机器自动化水平的提高首先会对较低技能水平的工人产生替代作用，因为一般情况下对技能要求较低的劳动过程更容易由机器来完成。但是私有制企业家采用机器的唯一理由是机器能够带来更多的剩余价值，否则再好的技术也不会被采用。因此从理论上说或者从技术自然演变角度看，自动化机器理应先替代低技能工人，但在现实中却常常是更复杂的劳动过程先被机器生产代替，因为用机器代替这种复杂劳动会产生更高的收益。机器的智能化是建立在自动化基础之上的，也同样具有类似的特征。较低水平的智力劳动往往并不是智能机器替代的对象，而高水平的智力劳动又因为技术或成本限制而暂时难以被替代，所以劳动者技能呈现出两极分化的趋势。

智能机器的发展引发人工智能相关领域高技能劳动者的需求增加，同时其对劳动过程的管理能力增强，越来越多的工人彻底沦为智能机器的附庸，智能机器带来生产规模的进一步扩大，导致生产对这部分低技能劳动者的需求增加。在智能经济的初级阶段，受技术和成本的限制，用智能机器替代中等技能劳动者能够实现收益最大化。当然，随着智能技术的进一步发展，低技能的劳动者也会被代替，甚至高技能劳动者也逐渐被机器取代。短期内智能经济新产业的诞生以及生产规模的扩大对劳动力需求的增加可能会"抵消"智能机器对劳动力的替代。但从长期来看，资本有机构成提高，劳动力需求整体上处于下降趋势，且社会对其技能水平要求越来越高。这并不是说智能机器的发展促进了劳动者技能水平的提高，抛开社会教育、文化整体层次的提高，也只能说智能机器迫使劳动者不断提高自身技能以避免被机器代替。

　　不论是对劳动者个人而言还是对整个劳动者群体而言，就业数量和结构都是十分重要的内容。劳动者技能结构和技能水平的变化同样会反映在劳动力市场中。人工智能相关领域作为新兴产业会创造出新的劳动力需求，而在被智能机器完全替代或者部分替代的行业中劳动力需求下降。短期内看，劳动力需求总体上处于不断增加的状态，但从长期来看，智能经济条件下资本有机构成进一步提高，劳动力需求必然相对下降，随着智能技术向大多数生产领域扩散，这种下降的效应会更加显著。但劳动力市场的这种变化并不在本书讨论范围内，因此这里仅简要提及，并不展开论述。

第四节　劳动过程技术组织形式的新变化

　　拥有自主决策能力和全面感知能力的智能机器毫无疑问是劳动资料的神经系统的核心。让机器生产机器成为智能经济时期的重要特征。智能机器的使用能够极大地提高劳动生产率，减少不必要的物质损耗，并且促进人机协同作业，使得大规模定制化智能生产成为可能。

一　生产资料量的新变化

　　从量上看，劳动过程的技术组织形式决定劳动对象之间的比例、劳动资料之间的比例以及劳动对象和劳动资料相结合的比例。

首先，智能经济以人工智能算法为核心，本质上仍然是以劳动资料的变革为主，尽管也存在改变劳动对象之间的比例的情况，但这并不是本书所要考察的重点。这种比例的改变只有在智能机器的使用减少劳动过程中不必要的物质损耗这一情况下才有意义，至于生产方法的改良引起劳动对象之间比例的改变则是无关紧要的。一般而言，劳动对象的节约或物质损耗的减少主要源于新的生产方法的发明和旧的生产方法的改进。新的生产方法的发明不仅可能推动新的劳动对象的产生，也可能带来劳动对象的"节省"。旧的生产方法的改进对于减少生产过程中的不必要损耗同样具有重要意义，这种改进以提高生产效率为目的，往往要求尽可能节省劳动时间和生产资料。智能机器的发明及后续的改进和完善同样如此。机器的智能化使得对劳动过程的管理越发精准和灵活，也为减少生产资料的浪费提供了基础。

其次，智能经济下劳动资料之间的比例更加精准有序。智能经济条件下生产过程的连贯性进一步提高，也对劳动工具之间的配合提出更高的要求。传统机器大工业使得工人成为机器的附庸，但仍然需要大量工人参与生产过程，这种现象随着自动化机器的广泛应用而有所改变。自动化机器实质上是工人程式化动作的固定，其局限性较突出。智能机器在自动化机器的基础上增加了人工智能，使得机器生产对一线工人的需求下降，生产过程可以主要由一系列相互配合的智能机器自主完成，因此生产过程的连贯性和秩序性就大大提高。例如，沈阳新松机器人自动化股份有限公司实现机器人的工具的快速切换，大大提高机器人作业的灵活性和效率[①]。不仅如此，这种连贯性和秩序性的提高使得作为劳动过程的物质条件的劳动资料与直接参与劳动过程的劳动工具之间的比例也得到优化。工人在劳动过程中需要一定的物理空间，机器同样如此，只是后者所需要的空间相对小一些。机器可以密集地安装在狭小的空间中，而不必担心空间不足影响机器的生产效率，相较于传统机器体系，智能工厂所需要的物理空间明显减少了。这种相对是就产量而言的，现实

---

① 中国汽车工程学会组编《汽车智能制造典型案例选编（2018）》，北京理工大学出版社，2018，第 202 页。

中智能工厂可能比传统工厂面积更大,但同时其生产能力的提升往往更显著。

最后,劳动资料与劳动对象之间的比例也得到进一步发展,一台智能机器所能加工的劳动对象可能是传统机器的数倍。得益于智能机器的应用,生产过程越发智能化,生产的连贯性和秩序性增强,生产效率也进一步提升,每台机器所能加工的劳动对象的数量也不断增加。例如,第二届中国国际进口博览会上,日本的汽车工业机器人52秒就能组装一辆汽车,相较于传统生产,其加工效率大大提升。劳动资料与劳动对象之间的比例的这种发展,也带来生产规模的进一步扩大。

二 生产资料质的新变化

新的劳动资料即智能算法和智能机器的出现,是智能经济下劳动过程技术组织形式变化的最突出表现。"所有发达的机器都由三个本质上不同的部分组成:发动机,传动机构,工具机或工作机……工具机是这样一种机构,它在取得适当的运动后,用自己的工具来完成过去工人用类似的工具所完成的那些操作。至于动力是来自人还是本身又来自另一台机器,这并不改变问题的实质。"[1] 智能机器没有超越机器的范畴,正如工具机的动力来自人还是机器并不改变问题的实质一样,控制工具机的操作的指令来自人还是机器也并不改变问题的实质。在传统的机器大工业中,工人负责操控机器,机器的运动实质上是由工人的指令及其本身的物理机械结构决定的。机器能够完成一系列原本应该由工人完成的复杂动作,工人只需要进行控制即可,这一点进一步发展成为机器的自动化。自动化机器实质上是固定化工人的指令。随着机器自动化水平的进一步提高,越来越多的劳动过程已经可以完全由机器自主完成,这就为智能机器的诞生奠定了基础。智能机器的核心在于算法,在最初阶段这种算法实质上不过是高级的自动化,比如人工智能第二波浪潮中出现的专家系统,正是通过将特定的知识、规则、经验等固定下来从而实现对机器运作的控制。随着智能机器的发展,智能机器的自适应、自学习能

---

[1] 《马克思恩格斯文集》第5卷,人民出版社,2009,第429~430页。

力得到长足的发展，已经可以自主地指挥机器生产，从而劳动过程的智能化水平也就越来越高。

当整个产品生产只由一种工作机来完成时，尽管同一厂房中存在许多同种工作机，但这依然是同种工作机的简单协作并不形成机器体系，后者是以分工为基础的协作。智能机器的出现并没有从根本上改变大工业的生产方式，同种智能机器的简单协作以及智能机器体系依然广泛存在于工厂生产过程中。不同的是，智能机器的互联互通水平更高，物联网、工业互联网等的发展使得智能机器体系的规模更大、各种机器的协作更连贯和流畅。前文已经提到劳动资料可以分为神经系统、骨骼肌肉系统、脉管系统和物质条件，拥有自主决策能力和全面感知能力的智能机器毫无疑问是劳动资料的神经系统的核心。如果说用机器生产机器是机器大工业生产确立的标志，那么让机器生产机器则是智能经济时期的重要特征。

三　劳动者与生产资料结合的新变化

在智能经济的不同阶段，劳动者与智能机器的结合也是不尽相同的。按照人工智能水平的高低可以将这种结合依次分为五个等级，如表 3-2 所示。

表 3-2　人与人工智能的协作度

级别	工作主体	人与机器的关系	主要内容
1	人	智能机器提供建议	智能机器基于分析结果和预测，以建议形式向人提供工作顺序和注意事项等附加信息
2	人	智能机器进行检查	智能机器通过信息采集设备对人的工作结果进行检查
3	人	智能机器发出指示	对于一部分工作内容，人不做任何判断，而是遵从智能机器的指示执行操作
4	人和智能机器	智能机器部分替代人	智能机器代替人完成一部分工作，一方面人监控智能机器的工作，另一方面人与智能机器协同工作
5	智能机器	智能机器完全替代人	智能机器代替人完成所有工作，人可以远程监控和发出指示

资料来源：日本 MediaSketch 公司。参见〔日〕伊本贵士《人工智能全书：一本书读懂 AI 基础知识、商业应用与技术发展》，郑明智译，人民邮电出版社，2022，第 11 页。

从表 3-2 中不难看出,在智能经济的初始阶段,智能机器只是作为劳动者的辅助工具出现的。但随着智能技术的进一步发展,智能机器对人的智力劳动的替代效用逐渐增多。最高级别即智能机器完全替代人的情况短期内可能无法普及,可以预见级别 4 即智能机器与人协同工作的情况会在现有社会中广泛而长期存在。在这种情况下,智能机器尚无法对生产的全部环节以及自身运作的具体情况进行全面精准的监控,因而需要劳动者对智能机器及其生产进行监督。这种监督一方面是指关注智能机器是否按照既定规则正常运行,另一方面也包括对出现异常的智能机器进行检修、调整以使其继续正常工作。同时,智能机器尚未进化到足以独自完成全部工作的阶段,因此仍需要人与智能机器协同工作。在级别 3 中,已经有一部分工作是智能机器下达指令,由劳动者来执行和完成,因此在级别 4 中这种工人与智能机器的协作一般而言是智能机器占据主导地位而工人处于辅助地位。这与传统机器大工业时期工人成为机器的附庸并没有本质上的区别。不同的仅仅是传统机器的动作流程由其机械构造固定且较难更改,而智能机器的运作则可以由软件程序调整且调整难度较小。

四　大规模定制化智能生产

智能经济下劳动过程的技术组织形式的变化重塑了生产的形式,具体来说智能经济下的生产是大规模定制化智能生产。自工业革命以来,生产规模不断扩大。规模化生产得益于生产的标准化,而在智能经济条件下,规模化生产和生产的多样化之间的矛盾得以解决,大规模定制化生产成为可能。

首先,商品经济以获取价值为生产目的,而使用价值是价值的载体,因此在商品经济中追求大规模生产是必然的。以追求剩余价值为目的的资本主义商品生产更是如此,不断扩大再生产是其必然趋势。传统机器大工业时期规模化生产就已经初步实现,这种规模化生产的基础是生产的标准化,更深层次的原因在于生产力发展水平。相较于传统手工业,机器大工业带来生产力的巨大提升,一方面是分工和协作的深化,另一方面是机器的普遍应用。分工的细化意味着一种商品的生产过程被分割成若干独立的环节,并由不同的工人独立完成。这些工人日复一日进行同样的操作,劳动效率由于专业化而提升。但要完成商品的生产，还需要将商品的各部分进行组装，这就要求各中间产品的标准化。一旦某种中间产品不符合生产标准，其就不能与其他部分一起组装成完整商品。不仅如此，传统机器的局限性同样限制了生产的灵活性。传统机器实质上是依靠机械结构固定工人的肢体动作，以自身器件的运动代替人的体力劳动，即使是自动化机器也同样如此。在这样的情况下，灵活地调整生产过程是难以实现的，因此机器只能不断地生产标准化的产品。在智能经济条件下生产规模进一步扩大，这得益于机器本身生产效率和机器间协作的连贯性的提高。并且智能机器由于较少需要工人，因而可以长期高强度运转，生产效率的提升可能是巨大的。

其次，标准化、批量化的大规模生产是传统工业生产的重要特征，而在智能经济条件下定制化生产成为可能。智能机器的应用不仅会扩大生产规模，同时也能提高人对劳动过程的掌控程度，这是定制化生产的重要基础。在此之前，定制化生产已经出现，但其规模还比较小，标准化生产还是主流。原因就在于劳动过程的调整成本高昂，这一问题因智能机器的使用而逐渐得到解决。以服装生产为例，一旦设定了某种衬衫的款式、型号和花色图案，传统机器就只能按照预设的内容进行标准化生产，如需更改衬衫款式甚至需要更换机器硬件，而这不仅成本高昂还会造成时间损耗。但对于智能机器而言则不存在这一问题。消费者在购买衬衫时可自行选择甚至设计衬衫的款式、型号和花色图案等，生产者只需要将相关数据输入程序中，智能机器就可以自行调整并生产出符合要求的衬衫。这种调整是即时的、灵活的，因而企业可以在保证规模化生产的前提下实现定制化、个性化生产。

最后，劳动过程的智能化水平不断提高是智能经济生产的重要特征。生产规模的进一步扩大和定制化生产的发展归根结底离不开劳动过程的智能化。智能机器之间的互联互通、人与智能机器之间的协同乃至不同企业之间生产的配合都是传统工业生产难以达到的。智能技术使得市场需求的获取成为可能，也使得供给侧的合作成为现实。前者对于供需矛盾的解决至关重要，也是定制化生产的前提；后者则会加强供应链上下游以及不同供应链之间的联系，从而促进生产的社会化程度进一步提高。

第四章　智能经济条件下社会主义市场经济中非公有制经济劳动过程新变化

"非公有制经济是我国社会主义市场经济的重要组成部分。对个体、私营等非公有制经济要继续鼓励、引导，使之健康发展。"[①] 社会主义社会非公有制经济除个体经济和私营经济外，还包括外资经济。三种非公有制经济从整体上看都属于生产资料私人所有制，但具体来看又有所区别，因而智能经济对三种经济中劳动过程的影响既存在相同点也有不同之处。

第一节　非公经济所有制形式与价值形成过程

社会主义社会中非公经济主要是指个体经济、私营经济和外资经济，当然也包括混合所有制经济中的非公有制成分。社会主义市场经济仍然属于商品经济，因此存在价值形成过程。上述三种经济形式中生产资料均属于私人所有，故其生产过程是劳动过程和价值增殖过程的统一。又因为三种经济形式中生产资料的归属存在差异，所以价值的分配或者更确切地说是剩余价值的分配又有所不同。

[①] 江泽民：《高举邓小平理论伟大旗帜 把建设有中国特色社会主义事业全面推向二十一世纪》，人民出版社，1997，第24页。

一 外资经济

私营经济和个体经济通常是就中国国内资本而言的，外资经济则是外国资本的经济形式。按照地域范围来划分，经济可以分为区域经济、国内经济和国际或世界经济。在世界经济层面，资本不断在各个国家和地区间流动，外资经济顾名思义就是资本来自国外的经济。外资经济在我国国内非公有制经济中占据重要地位。

（一）所有制形式

按照传统的划分，外资经济是指国外投资者和港澳台投资者根据我国有关涉外经济的法律、法规，以合资、合作或独资的形式在大陆境内开办企业而形成的一种经济类型，包括中外合资经营企业、中外合作经营企业和外资企业三种形式。中外合作经营企业与中外合资经营企业的区别主要在于：后者的出资折算为股权，企业采用法人形式的有限责任公司，利润分配与风险承担以出资额为依据；而前者可以不采用法人形式，这种情况下出资不折算为股权，利润分配和风险承担以合作合同为准而不依据出资额，外国合作方可以在经营期间以利润分成等形式收回成本，合作期满后企业全部财产归中方所有。外资企业是指全部资本由外商独立提供的企业，外国的企业和其他经济组织或者个人以货币或者其他法定投资方式投资，全部财产所有权属于外国投资者。

2019 年 3 月 15 日通过的《中华人民共和国外商投资法》自 2020 年 1 月 1 日起施行，自实施之日起"外资三法"同时废止。在此之前，根据"外资三法"设立的外商投资企业，在其后五年内可以继续保留原企业组织形式等。新实行的外商投资法对于推动内外资一致、统一管理等具有重要意义。但从所有制角度来看，这并不影响外资经济的所有制特征。不论外资企业的组织形式或资本的存在形式如何，外资企业的根本特征在于国外资本所有者是外资企业生产资料的所有者。

（二）外资经济规模

改革开放以来，中国外商投资规模不断扩大。2019 年和 2020 年外商直接投资设立企业数量出现下降，但实际使用外资金额依然在不断增长，如

表 4-1 所示。

表 4-1 2015~2020 年中国外商投资规模

年份	外商直接投资设立企业数（个）	外商直接投资额（亿美元）
2015	26575	1262.67
2016	27900	1260.01
2017	35652	1310.35
2018	60533	1349.66
2019	40888	1381.35
2020	38570	1443.69

注：不考虑港澳台投资企业。
数据来源：《中国统计年鉴（2021）》。

2020 年规模以上工业企业中，外商投资企业数为 23280 个，占总企业数的 5.8%。至于总资产、营业收入、利润总额这三项经济指标，外商投资企业分别占企业总数的 10.8%、13.6%、15.8%。具体如表 4-2 所示。

表 4-2 2020 年规模以上工业企业主要指标（外资经济）

单位：个，亿元

项目	企业单位数	资产总计	营业收入	利润总额
总计	399375	1303499.3	1083658.4	68465.0
按登记注册类型分				
外商投资企业	23280	141163.6	147297.9	10835.0
中外合资经营企业	7148	60828.9	63397.8	4897.2
中外合作经营企业	311	1999.0	1696.5	200.3
外资企业	15235	68904.4	76098.7	5284.5
外商投资股份有限公司	402	8514.4	5273.4	417.2
其他外商投资企业	184	917.0	831.5	35.9

数据来源：《中国统计年鉴（2021）》。

随着改革开放的进一步深化，中国市场开放的范围不断扩大，负面清单制度的制定、外商投资法的出台都会促进外商投资企业进一步增加。从 2020 年数据可以看出，外商投资企业中占多数的是合资企业和独资企业（外资企业），其中独资企业毫无疑问是数量最多、实力最强的，可以预计今后独资企业仍然会是外商投资企业的主体。

2020 年中国实际利用外资 1493.4 亿美元，同比增长 5.7%。其中第三产业吸引外资占 75.2%，涉及信息传输、软件和信息技术服务业、科学研究和技术服务业、租赁和商务服务业、金融业等。第二产业中外商投资主要集中在制造业。高技术产业利用外资占 28.3%，但绝大部分是高技术服务业而非高技术制造业。从地域分布来看，外商投资青睐于东部地区尤其是长江经济带①。

（三）价值形成与分配

外资经济所有制的根本特征在于国外资本所有者是外资企业生产资料的所有者，因而外商投资企业商品生产的价值形成过程和分配具有鲜明的资本主义特征。

首先，外商投资企业生产商品的目的在于利润最大化，也即尽可能追逐剩余价值。商品的价值形成过程在外商投资企业中表现为价值增殖过程。改革开放以来，中国能够吸引大量的外资进入，其中很重要的原因在于中国拥有大量的廉价劳动力，这直接表现为可变资本的节约。土地、资源等其他生产要素的成本也相对较低，这可以减少外商投资企业不变资本的投入。改革初期，我国对环境保护重视不够，大量高污染外商投资企业在中国开设而不用支付环境成本，这也会降低外商投资企业的资本投入。影响外商投资企业剩余价值获取的因素除总资本外，还有资本周转速度。一方面，中国拥有规模巨大的国内市场，并且对外贸易发达；另一方面，工人劳动时间较长、劳动强度大，劳动力市场中工人供给充足。中国被称为世界工厂，产品从生产到销售能够迅速完成。劳动力供大于求保证外商投资企业随时能够获得充足的工人，且不必担心连续高强度工作导致工人流失，因而生产过程能够持续高速进行。这些因素都能够加快资本周转。总资本的节约和资本周转速度的加快为外商投资企业获取大量剩余价值创造了条件。

---

① 《中国外资统计公报（2021）》，商务部外国投资管理司，https://fdi.mofcom.gov.cn/come-datatongji-con.html？id=15367。

其次，外国投资企业所获取的剩余价值主要被其国外所有者获得。一方面，从企业层面来看，外国投资企业利润除用于企业扩大再生产外主要由外国投资企业资本所有者获得；另一方面，从全球价值链层面看，外资在中国设立的主要是附加值较低的加工企业，研发设计等高回报的部分依然在国外，因此剩余价值大部分仍由国外资本获得。外商投资企业资本金及结汇所得人民币资金使用应在经营范围内遵循真实、自用原则并符合外汇管理相关规定，外国投资者在中国境内的出资、利润、资本收益等，可以依法以人民币或者外汇自由汇入、汇出。外国投资企业每年有大量利润汇到国外由其资本所有者获得。除正常汇出利润外，外国投资企业也利用全球价值链转移剩余价值，即通过高价购买国外知识产权、机械设备等将国内外国投资企业获取的剩余价值转移到国外资本手中。

二　私营经济

2018 年习近平在民营企业座谈会上的讲话中指出："民营经济具有'五六七八九'的特征，即贡献了 50% 以上的税收，60% 以上的国内生产总值，70% 以上的技术创新成果，80% 以上的城镇劳动就业，90% 以上的企业数量。"[1] 学界一般认为民营经济涉及的是企业的经营层面而非所有制层面，其涵盖范围要比私营经济广，广义的民营经济是除国有和国有控股企业以外的多种所有制经济的统称，狭义的则不包括外资企业[2]。二者之间的区别限于篇幅不再赘述，但毫无疑问的是私营经济作为民营经济的主体，其规模巨大，且在中国经济的发展过程中起到了重要的作用。

（一）所有制形式

私营经济的全称应该是私有私营经济，从所有制层面来看，私营经济就是生产资料私人所有的经济，更确切地说这里的私人特指中国公民而不包括国外私人，后者在中国创办的企业实质上是属于外资经济。从这个意义上来

---

① 习近平：《在民营企业座谈会上的讲话》，《人民日报》2018 年 11 月 2 日。
② 潘胜文：《民营经济内涵问题的争论与评析》，《经济经纬》2006 年第 6 期。

说，似乎个体经济也应该属于私营经济。在改革开放初期，关于个体经济的界定就存在不少争论。比较著名的一种观点是所谓的"七上八下"，即有人借用马克思对"小业主"与"资本家"界线划分的举例，认为雇工到八个就不是普通的个体经济，而是资本主义经济。事实上，个体经济与私营经济的界限并不在于人数。从所有制上看，二者都属于私人所有；从经营主体上看，二者也都是私人经营。但二者的不同在于生产经营活动是否采用雇佣劳动制度。私营经济是基于雇佣劳动制度的私有私营经济，而个体经济则是基于个体自身或家庭成员劳动的私有私营经济。

（二）私营经济的规模

改革开放以来，私营经济规模迅速扩大，占中国经济总量的比例也在不断提高。2020 年规模以上工业企业主要指标如表 4-3 所示。

表 4-3　2020 年规模以上工业企业主要指标（私营经济）

单位：个，亿元

项目	企业单位数	资产总计	营业收入	利润总额
总计	399375	1303499.3	1083658.4	68465.0
按登记注册类型分				
内资企业	356349	1055072.4	840469.8	50297.6
私营企业	286430	345022.8	413564.0	23800.5
私营独资企业	9634	4940.4	8017.8	467.6
私营合伙企业	1543	832.8	1430.1	88.0
私营有限责任公司	262254	291320.2	371165.3	19919.8
私营股份有限公司	12999	47929.4	32950.9	3325.1

数据来源：《中国统计年鉴（2021）》。

从表 4-3 中可以看到，2020 年规模以上工业企业中，私营企业单位数占总企业数的 71.7%，占内资企业总数的 80.4%；资产量占总企业资产量的 26.5%，占内资企业资产量的 32.7%；营业收入占总企业营业收入的 38.2%，占内资企业营业收入的 49.2%；利润总额占总企业利润总额的 34.8%，占内资企业利润总额的 47.3%。从上述数据可以看到，私营企业数量较多，但

71.7%的企业单位数的资产量却只占总企业资产量的26.5%，说明私营企业单个企业的规模相对较小。

科技创新能力不足、品牌优势弱、处于价值链低端等一系列问题不仅导致企业效益低、利润率不高，而且严重影响企业的生存能力。在中美贸易摩擦中，很多严重依赖国外资源、技术、设备的企业难以生存下去。要增强中国企业的竞争力，就必须打造知识产权优势。"所谓知识产权优势，是指通过培育和发挥拥有自主知识产权的经济优势，是相对于比较优势、竞争优势而言的第三种优势。"① 当然，在打造知识产权优势的同时还需要加大企业对资本、技术、品牌、供应链的控制力度。以往的发展中，国内企业往往不注重品牌建设和供应链整合，实际上二者所带来的经济效益十分明显。打造控资本、控技术、控品牌、控供应链的中国企业，才能促进中国经济实力实现质的飞跃，由经济大国转变为经济强国。

（三）价值形成与分配

私营经济本质上属于私有制经济，以追求利润最大化为生产目的。尽可能地追逐剩余价值是私营经济的重要特征，价值分配采取按资分配的形式。

社会主义初级阶段存在多种所有制经济，私营经济也是社会主义市场经济的重要组成部分，但需要强调的是在社会主义条件下发展私营经济归根结底是要发展社会主义生产力，如何引导私营经济更快地走向更高的发展阶段是值得思考的问题，前文中提到的打造知识产权优势和"四控"型民族企业可能是行之有效的解决方案。同时也要贯彻依法治国的基本国策，确保私营企业严格遵守劳动法。

在私营企业中，价值分配采用按资分配的形式，更确切地说是按生产要素产权进行分配，"劳动（准确表述应为劳动力或劳力）、技术、资本、土地等生产要素共同参与国民财富及其货币表现即收入的创造，但非劳动生产要素本身并不因此获得财富和收入的分配，而是要素的拥有者凭借其产权及

---

① 程恩富：《改革开放以来新马克思经济学综合学派的若干理论创新》，《政治经济学评论》2018年第6期。

其份额获得财富和收入"①。在私营企业中，工人获得劳动力商品的价值作为工资，而企业主获得以平均利润表现出来的剩余价值。这种剩余价值与企业内部工人创造的剩余价值可能存在差异，如果私营企业具有垄断性质这种剩余价值则表现为垄断一般利润②。近年来，中央出台一系列措施防止资本无序扩张，引导各类资本健康发展对于治理资本垄断具有重要意义。

三　个体经济

个体经济是基于个体自身或家庭成员劳动的私有经济，是社会主义市场经济的组成部分，支持个体经济发展对促进就业和国民经济增长具有积极意义。以地摊经济为例，2020 年"两会"上，有代表建议"因地制宜释放地摊经济最大活力"，时任国务院总理李克强多次肯定地摊经济的积极作用，多个省市响应并支持地摊经济发展。2022 年国务院发布《促进个体工商户发展条例》，再次明确鼓励、支持、引导个体经济的发展。

（一）所有制形式

在个体经济中生产资料归个人或家庭所有，因此尽管其定义中没有限制生产规模和人数，但实质上个体经济只能是小规模的、较为简单的生产形式。一旦有其他人的资本投入进来或者是有雇佣工人参与生产过程，个体经济就发展为私营经济。之所以将家庭也涵盖进来，是因为从法律财产关系上看，家庭财产是共有的。这里所说的家庭并不是传统意义上的家庭，而是从法律财产关系上看作为财产共同体的家庭。从这个意义上看，个体经济与集体经济有类似之处。在集体经济中，生产资料是全部成员共有的，而在个体经济中，同样如此，只是后者仅限于拥有共同财产的家庭成员。一些家族企业，即使没有雇佣工人，从严格意义上来看依然不属于个体经济。尽管从血缘关系上看，各自组建家庭的兄弟姐妹仍然属于同一个大家庭，但在法律财

---

① 潘越、程恩富：《运用"资本市场"分配方式促进共同富裕》，《管理学刊》2022 年第 4 期。
② 在资本主义的自由竞争时期，剩余价值转变为一般利润；在垄断资本主义时期，一般利润分化为两部分，一是在自由竞争的企业间形成一般利润，二是在垄断的企业之间形成垄断的一般利润，后者往往要比前者更高。

产关系上依然属于不同的主体，因此那些以兄弟姐妹各自家庭组成的家族企业严格意义上属于私营企业，是不同家庭以合作的方式组合起来的企业。

正因为对个体经济的规定限制了生产的规模，所以个体经济也有自己独特的优势，即极大的灵活性和较强的适应性。又因为个体经济的劳动过程较为简单，进入市场或者退出市场较为容易，因此能够充当劳动力市场的蓄水池，在就业形势严峻时吸纳多余的劳动力，在缺少工人时又可以释放多余的劳动力。并且市场中总有一些角落容易被较大型的国有、私营企业忽视，个体经济则能够起到很好的补充作用，有利于方便人民生活、繁荣市场。其弊端则在于经济体量较小、抗风险能力较弱以及生产技术水平不高。

（二）个体经济规模

近年来，个体经济规模在不断扩大，个体经济吸纳就业的能力也在不断增强，2015～2019 年个体经济吸纳就业情况如表4-4 所示。

表 4-4　2015～2019 年个体经济就业人数

项目	2015 年	2016 年	2017 年	2018 年	2019 年
劳动力（万人）	80091	80694	80686	80525	81104
按城乡分就业人员（万人）	77451	77603	77640	77586	77471
城镇就业人员	40410	41428	42462	43419	44247
乡村就业人员	37041	36175	35178	34167	33224
按工商登记注册的私营个体就业人员（万人）					
城镇私营企业	11180	12083	13327	13952	14567
城镇个体	7800	8627	9348	10440	11692
乡村私营企业	5215	5914	6554	7424	8267
乡村个体	3882	4235	4878	5597	6000

数据来源：《中国统计年鉴（2020）》。

从表4-4 可以看出，2015～2019 年乡村个体经济就业人数占乡村总就业人数的比例分别为10.5%、11.7%、13.9%、16.4%、18.1%，城镇个体经济就业人数占城镇总就业人数的比例分别为19.3%、20.8%、22.0%、24.0%、26.4%。不论是在乡村还是城镇，2015～2019 年个体经济就业人数占总就业人数的比例都呈现上升趋势。

至 2021 年底，全国登记在册个体工商户已达 1.03 亿户，约占市场主体总量的 2/3，个体工商户多集中在服务业，大约解决 2.76 亿人的就业问题。2021 年全国新增个体工商户 1970.1 万户，同比增长 17.2%，超过从 2012 年到 2021 年年均 11.8% 的增速。[①]

（三）价值形成与分配

个体经济的生产目标依然是追求利润。在前资本主义社会中商品经济不发达时，劳动者拥有生产资料并生产商品用以交换，这时商品按价值进行交换，劳动者的必要劳动时间再生产出自身价值连同其创造的剩余价值一道构成商品的价值。商品价值的总额等同于劳动者劳动的总额。

如果考虑当下的个体经济，情况又有所不同。前文已经提到，某一社会形态中占据主导地位的生产关系必然会对以往社会形态残留的生产关系造成影响。在资本主义社会中，个体经济也不可避免地发生改变。首先，如果是非生产领域的个体经济，如从事商业的个体工商户，那么其利润依然是产业资本利润的扣除。其次，如果是生产领域的个体经济，那么情况就与之前不同。相较于前资本主义社会中的商品交换，资本主义社会的一个突出特征在于剩余价值转变为一般利润，商品按价值进行交换转变为按生产价格进行交换，或者更确切地说，价格波动的中心由价值转变为生产价格。因此，可以将生产领域中的个体经济按照资本有机构成的高低分为三类，即高于、等于和低于社会平均资本有机构成。如果个体经济的资本有机构成恰好等于社会平均资本有机构成，此时其利润刚好等于其创造的剩余价值。如果个体经济的资本有机构成高于社会平均资本有机构成，则其利润要超过其创造的剩余价值，资本有机构成较低的生产部门的剩余价值会流向资本有机构成较高的个体经济，反之则是个体经济的剩余价值流向其他生产部门。事实上，绝大部分个体经济属于服务业，涉及生产领域的并不是主体，因为小规模的生产

---

① 林丽鹏：《全国个体工商户超 1 亿户 约占市场主体总量 2/3》，《人民日报》2022 年 2 月 10 日。

很难与规模化的工业生产相抗衡。很多从事生产的个体经济往往是基于特殊手工艺技术，其产品不可复制，往往带有垄断性质。

第二节　劳动过程社会组织形式的新变化

外资经济和私营经济中劳动过程社会组织形式的根本特征是基于雇佣劳动制度的协作，智能经济条件下，劳动过程的技术组织形式发生巨大变化，由此导致雇佣劳动制度和劳动协作方式的新变化。完全的个体经济并不存在雇佣劳动，协作程度不高，其劳动过程组织形式的变化更多地集中在技术组织形式上，这在前一章已经阐述。

一　雇佣劳动制度的新变化

智能经济条件下，雇佣劳动制度的突出变化体现为雇佣时间更灵活、雇佣关系不稳定、雇佣形式更隐蔽。数字平台企业是智能算法应用的典范，因而也是反映雇佣劳动制度新变化的典型案例。

（一）雇佣劳动的新变化

首先，在智能经济条件下雇佣时间更加灵活。在传统的雇佣劳动制度中，劳动者的劳动时间是固定的，尽管资本家总是尽可能延长这一时间，但是从法律上或者名义上说，工作时间是一个相对固定的值。但在智能经济条件下，尤其是平台企业中，劳动者通过数字平台为企业提供有偿劳动，名义上可以根据自己的实际情况灵活选择工作时间，而事实上劳动者的工作时间是更长且更不自由的，后文将详细阐述。资本家根据生产的需要随时增加或者减少雇佣工人数量，也导致雇佣时间难以固定。

其次，在智能经济条件下雇佣关系不稳定。劳动场所的虚拟化以及劳动时间的灵活化使得雇佣关系变得很不稳定。平台企业倾向于"呼之即来、挥之即去"的用工制度，即一旦产生需求，可以增加雇佣人数，而一旦生产需求被满足，企业又不愿负担额外的用工成本，因而就解除雇佣关系。劳动者和平台的雇佣关系可以在短时间内频繁变动。劳动者不是被雇佣到特定的岗位，而是根据需要提供劳动，劳动时间的长短和劳动方式取决于消费者的需求以及平台企业的生产需求。

最后，在智能经济条件下雇佣形式更隐蔽。传统的雇佣形式是劳动者与资本家签订劳动合同，劳动者是企业的员工，根据劳动合同在一定时期内按照企业的安排从事劳动并服从企业的管理；企业则需要根据劳动合同按时支付工资，并承担为员工缴纳社保、医保等义务。然而在智能经济条件下，雇佣形式变得更加隐蔽。仍以平台企业为例，雇佣劳动采取劳务派遣、业务外包、兼职等多种混合用工形式。这些雇佣形式使得平台企业在获得劳动者劳动的同时规避一系列的责任和义务。2020 年，一起关于外卖员工伤认定的案件深刻反映了这种隐蔽的雇佣形式对劳动者合法权益的损害。2019 年，陈某某入职某网络科技公司，从事全职外卖送餐工作，双方未签订劳动合同。该网络科技公司与某信息服务公司签订服务协议，约定将作为自然人的送餐员注册为个体工商户，再让送餐员以个体工商户的身份在某信息服务公司的线上平台承揽该网络科技公司的外卖送餐业务。2020 年陈某某送餐途中发生交通事故，该网络科技公司却以双方不存在劳动关系为由拒绝工伤赔付，最终陈某某在工会的法律援助下才获得赔偿[①]。智能经济条件下雇佣形式的隐蔽性可能会对劳动者合法权益造成损害，并且导致劳动者维权难度增大。应加快相关法律法规的制定，保障劳动者合法权益，降低其维权成本。

（二）雇佣劳动制度变化的主要原因

雇佣劳动制度发生变化的根本原因在于生产力的发展，更直接地说是智能技术的产生和应用，具体来看主要表现在三个方面。

首先，智能技术的应用使得资本家精确掌握消费者的需求。随着越来越多的消费行为发生在数字虚拟空间，消费者的消费习惯以及需求数量就被信息设备记录下来。通过人工智能算法，企业可以从中提取出有效的信息以指导企业的生产。此外，随着工业互联网的广泛应用，企业能够对供应链上下游企业的产能和需求有更清晰的了解，从而可以灵活调整自身的生产。对市

---

① 赖志凯：《"被注册个体工商户"的外卖小哥成功认定工伤》，《工人日报》2022 年 3 月 31 日。

场需求信息的精准、实时把握,是企业采取灵活雇佣形式的前提。在传统生产中,市场通过价格机制调节生产,这种调节不能及时有效地作用于企业的生产,企业制订生产计划仍然主要依据上一个生产周期的生产规模,可能存在细微调整,但整体上发展惯性较大,因此采取相对固定的雇佣形式。智能经济条件下,市场需求信息能够及时传递到企业决策者手中,生产规模实时调整,雇佣形式也就随之变得灵活。

其次,智能技术的应用使得资本家能够将生产任务细分为若干小任务并灵活调整生产。及时掌握市场需求信息仅仅是雇佣形式灵活化的前提,智能技术的应用使得企业能够灵活调整生产才是雇佣形式灵活化的重要基础。智能技术在企业中的应用使得劳动过程数字化程度显著提高,智能工厂甚至已经不需要工人在车间中直接劳动,而只需要在智能终端进行操作。这种劳动过程的智能化发展一方面使得劳动过程得以细化为大量的小任务,另一方面使得生产过程的快速调节成为可能,这些奠定了雇佣形式灵活化的基础。

最后,智能技术的应用使得资本家能够通过数字化的监督完成对分散劳动者的管理。生产资料的所有权和生产资料的使用分离使得对劳动过程的监督成为必要。在传统雇佣形式下,工人集中在固定的空间内,资本家或资本家委托的管理层对劳动者和劳动过程的监督是简单直接的。第一,是对原料、劳动工具等生产资料的出库数量进行记录;第二,是对劳动过程中工人的劳动状态、劳动时间等直接监督;第三,是对劳动过程的结果进行统计。智能技术的应用使得远程监督、隐蔽监督等成为可能,表面上看工人对资本的从属弱化,实质上这种从属关系在智能经济条件下加强了。这种智能化、隐蔽化的监督是雇佣形式灵活化、隐蔽化的关键。

二 劳动协作方式的新变化

智能经济的发展和雇佣形式的变化也直接导致劳动协作方式的新变化,主要表现为协作的数字化、分散化和扩大化。

在智能经济条件下,劳动的协作方式向数字化发展,具体表现在:劳动资料的数字化、劳动过程的数字化和劳动成果的数字化。首先,劳动资料的数字化是数字化协作的前提。劳动资料的数字化既包括劳动工具的数字化也包括劳动场所的数字化。在传统的基于雇佣劳动的协作中，工人在同一个物理空间中集中劳动，使用多种劳动工具或者同一套机器体系，相互配合并共同完成生产。随着智能技术的发展，数字空间开始发挥越来越重要的作用，并逐渐成为重要的劳动场所。数字空间实质上是一种以信息设备和软件算法为基础的数字化信息空间，是数字信息运动的存在形式。数字空间的数字化特征也意味着数字空间不能直接作为人的活动场所，劳动者只有借助数字平台才能有效利用数字空间。形象地说，数字平台是在数字空间中开辟的一块又一块的"土地"，为人的生产生活提供了数字场所。劳动者在数字平台中的劳动需要使用数字化的劳动工具。劳动场所和劳动工具的数字化是数字化协作的重要前提。其次，劳动过程的数字化使不同劳动的数字化协作成为可能。劳动过程采取数字化的形式，因此多个劳动者同时对同一对象进行编辑或者不同劳动者依次对同一对象进行编辑就不影响劳动过程的正常进行，数字化的协作得以实现。借助智能程序，较少量的管理者也可以完成对大量劳动过程的协调。最后，劳动成果的数字化也是数字化协作的重要基础。以软件编程为例，一个软件所需要的代码往往是海量的，一个或几个程序员难以完成全部软件的开发。在智能经济条件下，可以将全部软件的代码划分成多个模块，由不同的程序员同时进行开发，不同程序员的劳动成果都以数字化形式呈现，因而可以直接进行拼接，从而完成整个软件的开发，这是数字化协作的重要形式。

协作的分散化是以协作的数字化为基础的，主要依赖劳动场所的数字化以及数字信息设备的普及。数字化劳动场所并不要求劳动者集中在固定的物理空间中进行劳动，并且劳动工具和劳动成果的数字化使得远距离、分散化的劳动依然可以完成协作生产。当然，这不仅依赖数字技术、智能技术的发展，也依赖数字信息基础设施的普及。高速的信息传递减少了传统生产中物理空间的阻碍，一个企业的生产过程可以分散在全国甚至全球不同地方，且不影响生产的即时性。例如，国内某些互联网企业将服务器、数据中心等建设在贵州、内蒙古等能源充足、气候适宜的地区，而将其他生产部门安排在东部沿海等地区，这种分散化发展并不影响协作的正常进行。

协作的数字化、分散化以及生产规模的增加促进了协作的扩大化发展。从广度上看，协作的人数更多、涉及的空间范围更广、时间跨度更大；从深度上看，协作的复杂性更高，协作的联系更紧密。协作从没有像今天这样普遍，不同国家的不同劳动者可以同时参与同一个劳动过程，数以百万计的劳动者可以通过同一数字平台共同参与同一个劳动过程。这一方面得益于协作的数字化和分散化发展，另一方面基于生产规模的扩大。首先，协作的扩大化发展表现在协作的广度上。第一，协作的人数更多。传统生产中的协作主要发生在物理空间中，工厂中所能容纳的人数毕竟是有限的，即使协作突破工厂空间的限制，但受物质和信息传输的限制，参与协作的人数依然不可能过多。但在智能经济条件下，协作的人数却较少地受到这些限制。生产规模的扩大和智能技术的发展使得参与协作的劳动者数量急剧增加，甚至可以达到百万、千万级别。第二，协作的空间范围更广。劳动场所的数字化和信息基础设施的普及使得协作突破空间的限制，劳动者可以在更广大的范围内完成协作。第三，协作的时间跨度更大。劳动成果采用数字化的形式，不仅有利于传输，也有利于储存。一些较大型的协作甚至可以持续十几年甚至几十年。1985 年微软公司就开发了 Windows 操作系统，直至今日这套系统仍然在不断更新发展，这种超大型协作的参与人数和持续时间都要超出传统协作。其次，协作的扩大化发展还表现在协作的深度上。生产规模的扩大以及劳动过程复杂性的提升都要求分工持续细化，分工的细化也就带来协作的复杂性提升。不仅如此，协作人数增加、空间范围和时间跨度的增大也使得协作的难度增加。协作复杂性的提升以及协作的扩大化必然要求加强协作中各要素的联系，否则就难以形成有效的协作体系。仅仅依靠人力来协调诸多劳动是难以完成的，在智能经济条件下这一工作更多的是依赖人工智能算法。

第三节　劳动过程中人的要素的新变化

劳动是劳动力的使用，劳动的持续进行即劳动过程。在劳动过程中，物的因素和人的因素都会经历一系列变化。前者并不在劳动过程理论的研究范围内，劳动过程中劳动者的相关变化才是应当关注的重点，主要表现在劳动者的技能、劳动强度与劳动时间、劳动者的主体性三个方面。在智能经济条件下，非公有制经济劳动过程中的这些内容又呈现出新的特点。

一 劳动者技能的新变化

既然涉及的主要是企业内部的直接劳动过程，因而劳动者在进入劳动力市场之前的技能结构和技能水平的变化就不在论述的范围内，这里主要考虑劳动者通过劳动力市场进入企业后的情况。劳动者的技能并不是一成不变的，在劳动过程中劳动者的技能结构以及技能水平可能不断发生变化，主要表现在企业的职业培训、干中学以及去技能化。

（一）劳动者技能变化的三种主要途径

首先，企业的职业培训是改变劳动者技能结构和水平的重要途径。职业培训通常发生在新员工刚进入企业之时，之所以将之纳入分析，是因为职业培训往往与劳动过程密切相关，甚至就是以劳动过程的一部分为基础。企业的职业培训是一个庞大的体系，不同企业或者同一企业的不同岗位的培训内容和方式存在差异，甚至同一企业的同一岗位的职业培训也可以分为不同种类。一般来说，企业的职业培训主要可以分为三种：规范化培训、新技能培训和技能优化培训。

第一，所谓规范化培训是指企业员工在正式进入劳动过程之前，需要对劳动过程的流程操作、管理制度等方面有充分的了解。比较常见的入职适应性培训实质上就属于规范化培训。规范化培训的根本目的在于规范劳动者的技能和心理状态，使其更容易适应劳动过程。第二，新技能培训顾名思义就是教授员工新技能的培训方式。劳动力市场中的劳动者的技能结构和水平能够完全符合企业劳动过程的需要的情况并不多见。因此，员工在进入企业后往往要重新学习相关技能。不同岗位对新技能培训的要求很不相同，培训的方式和持续时间往往也有很大差异。对于技能水平要求较低的岗位，员工可能经过短暂几天的培训即可正常劳动，如纺织工厂中对新员工纺织技能的培训。但对于技能水平较高的岗位，技能培训的内容往往更多更复杂，且持续时间更长，例如某互联网高科技企业研发岗的试用期就长达 3 个月，其间刚进入企业的新员工将分成众多小组，各小组由专人负责，以企业实际劳动过程中的部分内容为基础，逐渐学习相关专业知识和技能，到期考核合格者方能正式进入企业工作。第三，技能优化培训主要目的在于提升员工技能水平。这种培训类似所谓的"进修"，通过培训对劳动者已有的技能进行再次升级，如提高其劳动熟练程度等。这三种培训在现实中常常是无法分开的，经常是同时进行、互相联系的。

其次，干中学主要是指劳动者在劳动的过程中不断优化自身技能。所谓的熟能生巧就是干中学的典型案例。现实中，干中学主要有三种途径：老员工对新员工的教学、劳动者的自我学习、员工之间互相学习。

第一，在劳动者刚进入企业时，老员工对新员工的教学是干中学的主要形式。新员工的劳动逐渐由生疏到熟练，这期间也可能经常犯错，老员工对劳动过程更加熟悉，他的指导有利于新员工尽快提高劳动熟练度，有效减少错误。第二，劳动者的自我学习是干中学的基本形式。在劳动过程中，劳动者不断重复同样的动作，因此得以积累经验，并提高劳动熟练程度，甚至可能通过创造性思考而改进现有劳动过程，获得更高级的劳动技能。当然，劳动经验的积累和劳动熟练程度的增加往往只需要不断重复劳动过程，而优化劳动过程要求劳动者发挥其主观能动性，后文将进一步阐释。第三，劳动者之间的互相交流和学习是干中学的重要形式。个人的力量毕竟是有限的，协作不应只体现在劳动者劳动的协作上，也表现在劳动者相互学习上。这种相互学习对于劳动环境具有较高的要求，在不同所有制条件下，其所能发挥的作用也极不相同。

最后，去技能化是指劳动者在劳动过程中技能退化的现象。"对工人来说，技能这一概念在传统上是和精通一种工艺密切相关的——这就是说，既要懂得进行某一种生产工作时所需的材料和过程，在实际操作时又要做得纯熟。"[①] 布雷弗曼所说的工人的技能，实质上更偏向于传统手工业的技能。

---

① 〔美〕哈里·布雷弗曼：《劳动与垄断资本：二十世纪中劳动的退化》，方生等译，商务印书馆，1978，第 397 页。

在他看来，劳动分工的细化和协作的发展必然会破坏传统的技能概念。在资本主义生产方式中，掌握劳动过程唯有通过科学技术，但是这种知识由于概念和执行的分离又集中在管理部门和参谋机构，因此对大部分工人而言，去技能化是必然趋势。这种工人阶级整体上的趋势还要从劳动过程中具体地来看。

第一，分工的细化和协作的发展实质上破坏了劳动过程的整体性。在劳动过程中大量工人共同协作，每个工人只负责其中非常小的一部分，而不能掌握整个劳动过程。这种破坏更多的是基于生产力的发展即劳动过程的复杂程度和社会化程度增加，因此分工细化和协作发展是不可避免的。当然，也部分归因于资本主义生产方式。工人面对的是劳动过程的碎片，长时间只能从事烦琐、细小的工作，劳动技能得不到提高，原有技能甚至出现退化。第二，资本主义生产方式使得工人成为机器的附庸破坏了劳动过程的自主性。正如布雷弗曼所说的概念与执行的分离，劳动过程的相关概念已经集成在机器的结构中，这种工作是由专门的设计部门、工程师等完成的，使用机器的工人并不需要懂得机器的工作原理，也不需要了解劳动过程的具体内容，他们所要完成的只是按照机器的操作说明操纵机器，在自动化工厂中甚至连操纵机器也免去了，工人只需要完全配合机器运作即可。工人在劳动过程中丧失自主性，长期从事单调枯燥、简单重复的工作，技能退化也就不可避免。

（二）智能经济下私有制企业劳动者技能新变化

劳动者技能的变化在不同类型的企业中有不同的趋势和表现，这可能与企业规模、企业技术水平、企业所有制性质等诸多因素有关。其中，最根本的问题在于企业的所有制性质。私有制企业与公有制企业中劳动者技能变化存在较大不同，这里着重探讨私有制企业的相关内容。

第一，从企业培训角度来看。按照企业所有制性质分类，公有制企业的在职培训状况相对较好，人均培训费用高、培训人数多；私有制企业的培训投入虽然不如公有制企业，但在总体企业中处于中等水平，不过私有制企业的培训受益面窄，受培训人数比例低[1]。因此，从总量上看，私有制企业对

---

① 郑亚莉、刘冰：《企业特征与在职培训的供给》，《浙江学刊》2012 年第 6 期。

员工的培训投入不高；从结构上看，私有制企业对员工的培训两极分化严重。这一方面是因为私有制企业完全以利润最大化为生产目标，尽量减少一切不必要的开支，因此对大部分员工采取能不培训就不培训、能少培训就少培训的策略，既降低了培训成本又能够让新员工尽快进入劳动过程，从而实现赚取更多利润的目标。布雷弗曼指出概念与执行的分离导致知识和技术集中在少数部门，这些少数部门所得到的培训是比较完善的，而大部分生产部门的工人无法获得相关的技术知识，也得不到有效的培训，因此才会出现私有制企业员工培训两极分化严重的现象。

第二，从干中学角度来看。在私有制企业中，劳动者在劳动过程中提升自身技能的可能性较低。一方面是因为劳动者对劳动过程的掌控程度很低，工人在资本家的监督下从事重复性的工作，时刻处于紧张忙碌状态，通过自我学习获得提升的机会很少。技术和知识较为集中的研发等部门在这一方面相较于普通生产部门可能要好一些。另一方面是因为在私有制企业中，劳动者之间表现为竞争关系，老员工与新员工之间的教学以及员工之间相互学习几乎是不可能的事情。所谓"教会徒弟，饿死师傅"，老员工尽管拥有更多的经验和技巧，但往往不愿意与新员工分享，以免自身被替代甚至是失业。同期员工之间竞争更加激烈，相互学习的可能性更低，由此也导致劳动者通过干中学的途径提高技能的难度加大。

第三，从去技能化角度来看。前文已经提及劳动过程的整体性和自主性被破坏。在私有制企业中，分工和协作主要是基于劳动过程的技术组织形式和资本家的强制。劳动者不能自由地在劳动过程的不同环节或者不同的劳动过程之间转换，更不能掌控劳动过程，而只能被机器体系所支配，劳动技能的退化是普遍存在的。相较于外资经济和私营经济，个体经济可能对劳动者技能的破坏更小。然而个体经济的问题在于，其劳动过程往往是较为简单的或以传统手工为主的劳动，并且其几乎不涉及职业培训、干中学等内容。

智能经济条件下，私有制企业中劳动者技能又呈现出新的变化趋势。从整体上看，劳动者技能两极分化加剧。自动化机器体系的出现对人的体力劳动产生巨大的替代作用，智能技术则开始替代人的智力劳动，当然这并不影响智能机器对人的体力劳动的替代效应的进一步增强。前者导致相当一部分技能水平较高的工人也逐渐沦为机器的附庸，知识、技术和技能越发集中在少数人手中。原有技能水平较低的一些工人处境更加恶劣，面临的失业压力更大，对机器的依赖程度更高。诚然，智能经济的兴起带来一些新兴行业的发展，在这些新兴行业中劳动者的技能水平有一定的提高，也习得不少新技能，且智能经济导致知识技术的集中，也使得一部分劳动者技能水平提升，但是这只会加剧劳动者技能水平的两极分化。

从企业内部微观层面来看，又表现为企业培训和干中学的削弱以及去技能化的加强。智能技术的应用使得管理者对劳动过程的掌控更加全面而精准，普通工人越发被智能算法或智能机器控制，私有制企业培训员工的动力就更加弱化。也正是因为这样，普通员工在劳动过程中学习并提高技能的机会就大大减少。相应的，去技能化趋势也就越发明显。当然，这不排斥部分高技能劳动者技能水平的提升。不同类型的私有制企业也存在些许不同，这主要是与企业规模和技术水平有关。个体经济具有其特殊性，但也会受智能技术的影响。对于手工业劳动特征明显且难以被智能机器取代的个体经济而言，智能技术的影响较小。然而，对于利润的追逐也会促使个体工商户尽可能采用新技术以获得超额利润。因此，劳动者技能的两极分化在个体经济中就表现为传统手工业劳动和新型智能化劳动的占比增加。所谓传统手工业劳动是指诸如瓷器、丝绸等手工艺品的制作，这类劳动往往与传统文化密切联系，更适合手工而非机器生产。新型智能化劳动则是引入智能技术的劳动，除传统手工业劳动之外的劳动如果不采用新技术则很容易被市场淘汰。

二 劳动强度与劳动时间

尽一切可能提高劳动强度和延长劳动时间，是私有制企业追求利润或剩余价值的必然要求。提高劳动强度主要有两种形式，即增加劳动任务和提高劳动速度；延长劳动时间的方法则主要包括强制加班和诱导加班。

首先，从提高劳动强度和延长劳动时间的原因来看。"商品的价值量与实现在商品中的劳动的量成正比地变动,与这一劳动的生产力成反比地变动。"① 实质上,这一反比规律没有考虑劳动的主观条件的变化对价值量的影响,"如果劳动生产率变动是由劳动的主观条件变动引起的,劳动客观条件没有变动,那么,劳动生产率与价值量变动是正向变动"②,劳动强度是劳动主观条件的重要组成部分,提高劳动强度能够提高同等时间内劳动者所创造的价值,在其他条件不变的情况下可以获得更多的剩余价值。延长劳动时间更不必多说,在必要劳动时间不变的情况下,延长劳动时间会直接增加剩余劳动时间,对企业而言意味着更多的剩余价值或利润。

其次,从提高劳动强度和延长劳动时间的手段来看。提高劳动强度的两种主要手段中,设置较高的任务指标是间接地、隐性地强迫劳动者提高劳动强度,而提高劳动速度则是直接的、显性的。前者往往设置惩罚机制,对于没有完成任务的员工进行罚款等处罚,由此间接逼迫员工提高劳动强度。后者则是通过管理人员的监督和催促直接提高员工劳动的速度,或者是通过提高生产线运行速度来带动员工劳动速度加快。延长劳动时间的手段也与之类似,可以分为强制加班和诱导加班。前者自不必多说,后者的手段则隐蔽多样,如企业文化的塑造等。

最后,从提高劳动强度和延长劳动时间的结果来看。提高劳动强度和延长劳动时间短期内固然可以给企业带来更多的剩余价值,但这往往是以损害劳动者的身体健康为代价的,这种对劳动者的损害短期内可能不会显现,但长期来看必然会影响劳动生产率。因而很多私有制企业需要不断地吸纳年轻劳动力,而抛弃这些身体受到损害的老员工。在外资企业和私营企业中,要求员工加班甚至不支付加班工资的现象则普遍存在。在个体工商户中,提高劳动强度和延长劳动时间的强制性不如外资企业和私营企业,但并不是说个体劳动者就可以完全自由控制劳动强度和劳动时间。要获得生活资料,个体劳动者必须完成一定数量的劳动,因此尽管其可以自由支配自己的劳动力以

---

① 《马克思恩格斯文集》第5卷,人民出版社,2009,第53~54页。
② 程恩富:《现代马克思主义政治经济学的四大理论假设》,《中国社会科学》2007年第1期。

及劳动过程，但一般而言仍不可避免地要尽可能多地劳动以获得维持生活的收入。

在智能经济条件下，提高劳动强度和延长劳动时间的问题就更加严重了。智能经济条件下，资本家对企业生产过程的掌控度空前提高，不论是生产资料的运行还是劳动者的劳动，企业管理者都可以借助传感器等一系列信息设备实时掌握。这种全方位的监督手段为提高劳动强度提供了可能。在这种情况下，劳动者在工作期间必须时刻保持紧张状态。智能技术也给了企业管理者灵活调整生产过程的空间，企业管理者可以轻易地找到劳动者劳动速度的极限，并尽可能地提高生产速度以压榨劳动者。延长劳动时间则不仅体现在企业管理者对劳动者在岗时间或劳动时间的精准把握，而且体现在劳动时间的隐性延长。前文已经提到智能经济条件下，劳动过程的社会组织形式的新变化，其中有一点是协作的空间范围的扩大。智能技术的发展使得劳动者上班与下班的界限不再那么明晰。在传统经济条件下，劳动时间的延长毕竟还存在极限，因为工人不能永远留在工厂中。但在智能经济条件下，劳动过程可以发生在数字空间中，工人下班后在家中依然可以进行劳动。劳动时间的延长压缩了工人的生活时间。

三　劳动者的主体性问题

"从前的一切唯物主义（包括费尔巴哈的唯物主义）的主要缺点是：对对象、现实、感性，只是从客体的或者直观的形式去理解，而不是把它们当做感性的人的活动，当做实践去理解，不是从主体方面去理解。"[①] 马克思主义的主体性原则是人对世界（包括对自身）的实践改造原则，是从人的内在尺度出发来把握物的尺度的原则，是强调人的发展和人的主体地位对改造世界所具有意义的原则。它与旧唯物主义、唯心主义等的主体性原则有着本质的区别。马克思不仅认识到物质对象的客观性而且意识到人在实践中的重要作用，劳动过程即人的主体性与对象的客体性的有机统一。这种主体性在劳

---

① 《马克思恩格斯文集》第 1 卷，人民出版社，2009，第 499 页。

动过程中突出地表现为注意力，前文提到马克思认为劳动过程中不仅有智力和体力的消耗，还需要有以注意力表现出来的有目的的意志，这种有目的的意志就是劳动者主体性的集中体现。劳动过程中的主体性问题之所以备受西方学者关注，是因为这一问题关乎劳动过程的效率。在西方学者看来，劳动过程管理所面临的最大问题在于劳动力的不确定性，而这种不确定性与劳动者的主体性密切相关，因此他们从宗教、年龄、性别、教育背景等诸多角度去分析劳动者的主体性对劳动过程的影响。这些因素确实关乎劳动者的主体性，可能对劳动者的劳动效率产生影响，是劳动管理过程中不应忽视的，然而西方学者身处资本主义社会中，不自觉地以资本主义制度为前提，难以认识到对劳动者主体性影响最大的因素是资本主义私有制。

"个人把劳动的客观条件简单地看作是自己的东西，看作是使自己的主体性得到自我实现的无机自然"[①] 的时代已经过去。在资本主义私有制条件下，劳动的客观条件不再是劳动者自己的东西，而是他人的，是资本的或资本家的东西。这时生产资料和劳动者是资本的"主体性"得以实现的条件，劳动过程不再是劳动者主体性的实现过程，而成为资本的主体性的实现过程，所以主体性问题才会成为问题，才会对劳动效率造成影响。主体性能否实现取决于生产力的发展水平或劳动过程的技术条件，只有在生产力极度发达的共产主义社会，在社会生产资料公有制条件下，这种主体性才能自由实现。外资企业和私营企业在对劳动过程的管理过程中，都不可避免地会面临劳动者的主体性问题。个体工商户虽然是劳动者自己拥有生产资料，但主体性的实现程度依然受到当前生产发展水平限制。

智能经济条件下，私有制经济中劳动者主体性虚假彰显，劳动者看似更自由实则越发受到资本的控制。以外卖平台和骑手为例，在初始阶段很多骑手是利用业余时间进行兼职，因为送餐工作时间较为灵活，劳动者可以自主选择是否接单、什么时间接单等，似乎劳动者更加自由。但随着平台规模的扩大，情况已经大不一样了。通过人工智能算法，数字平台能够时刻掌握每

---

① 《马克思恩格斯全集》第 30 卷，人民出版社，1995，第 476 页。

个骑手的位置信息和送餐状态，并据此向骑手派发送餐任务。而平台算法的设计往往以最大限度压榨骑手时间为目的，平台又设置相应的处罚机制来强迫骑手按照算法进行工作，让骑手时刻保持高强度的劳动，否则就无法按时完成任务。表面上劳动者的劳动更加自由，实质上劳动者受到的资本的控制更强了，因此说主体性的彰显是虚假的。人工智能造成的主体性危机不仅体现在劳动过程中，也反映在人的其他活动中。如在观看短视频的娱乐活动中，看似是人自由地选择视频，事实上视频软件是根据人工智能算法有针对性地推送视频，隐藏在自由下的实质是主体性的丧失。当然这里只考虑劳动过程中的主体性问题，人工智能在人的其他活动中的影响不再赘述。在外资企业和私营企业中劳动者的主体性的彰显是虚假的，个体经济中同样如此。尽管个体劳动者能够控制劳动过程，但是这种自由同样是有限的。在社会主义市场经济中，私人劳动要成为社会劳动，必须要经过商品交换，个体工商户的劳动过程必然也受到"资本的主体性"的影响。智能技术加强社会需求和生产之间的联系，也强化生产者之间的联系。作为私有制经济中的一员，个体劳动者同样难逃资本主义生产关系的影响，其主体性依然无法得到真正的彰显。

第四节　劳动过程管理的新变化

劳动过程的管理主要依赖组织设定、制度规范和文化约束。智能技术提高信息收集、传递和处理能力，但当其作为一种技术权力服务于资本增殖时，私有制企业可能将之应用于强化对劳动者的管理和监督，由此产生所谓的监控资本主义。

一　劳动过程管理的组织设定新变化

企业组织形式有很多种分类，如生产的组织形式、资本的组织形式等。劳动过程管理的组织形式是指企业内部围绕生产管理所采用的组织形式。现有企业的管理组织形式基本是以科层制为基础的。智能技术提高了信息传递效率，能够实现对科层制的优化。

（一）企业科层制的产生

科层制最早由韦伯提出，用以形容大型组织的管理体制，在国内通常被翻译为官僚制，也有部分学者认为层级制更为贴切①。从名称来看，分"层"无疑是科层制的主要特征之一。要完成大规模任务就不得不面临多人劳动的协调问题，一方面要掌握任务的完成状况，另一方面又要传递劳动指令，分层的组织结构也就应运而生。从信息的角度来看，就是要保障信息获取和信息传递的顺畅。生产规模的扩大和分工的细化使得信息量增加，要求对信息进行逐级收集和处理，这是科层制产生与发展的前提。

企业作为生产的主体得到充分发展是企业科层制产生的重要基础。首先，技术进步和生产集中是企业生产的基础。生产的集中在工场手工业中已经初具规模，在机器大工业中这一趋势更加明显。大量的生产资料和劳动力集中在较小的空间中，既会因竞争、攀比等带来劳动效率的提升又能够节省固定资本。其次，企业领导者作为生产要素的所有者是生产的组织者、管理者、监督者，劳动力作为被雇佣者是直接生产者、被管理者、被监督者。由此，包含企业所有者和企业雇员的简单科层制也就产生了。随着生产集中的进一步发展和生产规模的不断扩大，企业科层制也在不断壮大。企业所有者很难再独自完成管理和监督职能，职业经理人因此出现；账目、文件日益繁多，雇佣专门的财务、行政人员也成为必要。随着企业规模迅速扩大，巨型跨国公司涌现，企业科层制也不断出现新形式，如多部门制、项目制等。

（二）私有制企业科层制的弊端

科层制的优势和历史作用是毋庸置疑的，理想状态的官僚体制在"形式上可以应用于一切任务，纯粹从技术上看可以达到最高的完善程度，在所有这些意义上是实施统治形式上最合理的形式"②。然而韦伯提出的纯粹理性的科层制在现实中难以实现，真实的科层制有其自身难以克服的弊端、面临治

① 张政、向程：《Bureaucracy：官僚制、科层制还是层级制？》，《中国翻译》2011年第6期。

② 〔德〕马克斯·韦伯：《经济与社会》（上卷），林荣远译，商务印书馆，1997，第248页。

理的现实困境。

首先，规则的过分刚性限制企业的发展。在韦伯的纯粹理性科层制理论中，形式化、规则化是科层制的优点，非人格化是管理效率的重要保障。然而在现实的科层制中，过分追求规则却成了科层制的桎梏。规则由手段变成目标，工具性价值转变成最终价值，由此就产生目标置换①。其次，科层制的保守主义限制创新的发展。对稳定和规则的追求使得科层制天然具有保守主义的色彩。最后，科层制固化组织的层级差异。专业化劳动分工和权力等级划分是科层制的基本特征。分工和权力等级的划分导致阶层差距扩大，而科层制的过分形式化、规则化和保守主义倾向又在一定程度上促进了这些差距的固化。

科层制的三种弊端对企业的管理效率造成负面影响，这也是科层制面临的最大的现实困境。除上述弊端外，企业科层组织中还存在其他一些因素，如个人感情的掺杂以及组织增加问题也会导致管理效率下降。对于后者，"科层制的发展，无论是增加人数还是增加正式组织和管理过程的层级，都会导致低效率，特别是科层制发展与其实际的任务和产出不成比例的时候"②。不论是公共管理还是企业管理中，组织增长似乎都是不可避免的现象。基于科层制具有较高效率的假设，针对现有问题而形成的科层组织一旦建立就很难被摧毁。但新问题总在不断涌现，因而组织必须不断扩充。当科层组织的复杂性上升到一定程度使得"科层制运作变得同科层制试图解决的问题同样复杂"③的时候，科层组织的效率不可避免地下降。因此，很多企业在创业初期效率较高，随着企业规模和经营业务范围的不断扩大，企业组织越来越复杂，企业管理效率出现下降趋势。

（三）企业科层制管理效率下降的根源

纯粹理性的科层制无疑是具有效率的，然而现实中真实的科层组织却常

① Merton R. K. , "Bureaucratic Structure and Personality", *Social Forces*, Vol. 18, No. 4, 1940.
② 〔美〕彼得·布劳、马歇尔·梅耶：《现代社会中的科层制》，马戎等译，学林出版社，2001，第 145 页。
③ 〔美〕彼得·布劳、马歇尔·梅耶：《现代社会中的科层制》，马戎等译，学林出版社，2001，第 148 页。

常面临效率下降的困境，其根源就在于完全理性或非人格化是难以实现的。"韦伯认为科层制消灭了所有的非理性因素，但事实上，非理性信条在组织中具有重要作用。"① 正如韦伯所指出的纯粹理性的科层制似乎从未真正实现过，理想的科层制以理性为原则，更像是一种目标，是组织希望达到的形态。现实中企业科层制的治理主体和对象都主要是人，因而非理性因素就不可避免地出现在科层制中，这是企业科层制管理面临困境的根源，其直接表现是信息传递效率下降，主要包括信息传递的层级递减和同级阻隔。科层制体系"提供高层经营者与每个雇员之间的联络渠道，目的在于获取运作的信息，传递动作指令"②，而治理效率的下降最直接的表现即为信息传递受阻。

首先，信息在科层制不同层级之间传递会产生衰减。这类似于生物学中的能量传递，在生态系统中，由上一级向下一级的能量传递效率一般而言不超过20%，因此食物链的层级不能无限延伸下去。在不完全理性的前提下，在科层组织中信息每通过一个层级就会产生损耗特别是失真，因此汇总到决策者手中的信息往往已经与真实信息产生偏差。不仅如此，信息的获取和处理需要人力和时间，指令的传达同样是这样，而科层制的层级越多，非理性化因素影响越大，信息传递所耗费的时间越长，管理的效率也就越低。其次，不仅在上下层级之间，而且在同级之间也会存在信息阻隔，从而导致效率下降。科层制自上而下的、形式化的刚性结构容易导致同级之间的信息传递受限。一方面同级之间缺少沟通导致信息搜集的重复性，另一方面同级之间信息传递受阻而必须借助同级—上级—另一同级的路径，由此导致信息传递路径延长、效率下降。

（四）智能经济下私有制企业科层制的新变化

智能技术以数字信息技术为基础，但又有本质的不同，突出表现在智能性上。数字信息技术还处于技术的量变阶段，尽管极大地改变了劳动的方式，

① 〔美〕彼得·布劳、马歇尔·梅耶：《现代社会中的科层制》，马戎等译，学林出版社，2001，第57页。

② 〔美〕彼得·布劳、马歇尔·梅耶：《现代社会中的科层制》，马戎等译，学林出版社，2001，第6页。

但仍然以辅助人的劳动以及节约劳动力耗费为主。智能技术的核心是人工智能，其对人类智力活动的替代是技术进步由量变到质变的关键。从信息角度看，智能技术已经具有自主处理数据的能力。科层制导致企业管理效率下降的根源就在于企业科层组织的非理性化因素。智能技术所特有的自主性和智能性能够极大地提高企业科层组织的理性化水平，减少企业治理中非理性化因素的负面影响。以智能技术完成部分决策行为，能够有效避免非理性决策的产生。同时，从某种程度上看，智能技术在信息处理上已经超过人的能力。随着信息技术的发展，数据越来越庞大，智能算法在处理大数据方面具有得天独厚的优势。运用智能技术完成决策能够有效减少因理性计算不完备、信息分析不完备而导致的决策失误。智能技术对科层组织的理性水平的提升能够从根本上提升企业科层制的运行效率。

智能技术能有效提高信息的采集效率，从信息采集的范围上看既包括企业内部信息，又包括企业外部信息；从信息采集的内容上看，既包括企业领导者指令的向下传达，又包括基层任务执行信息的向上反馈。随着生产规模的不断扩大，企业规模也逐渐扩大。同一企业同时生产多种产品，涉及不同生产领域，横跨多个不同国家和地区的现象越来越普遍。企业雇员数量庞大，科层组织日渐复杂，因此企业内部运作产生的信息也纷繁多样。不仅如此，随着全球化的发展，生产的国际化水平不断提升，市场规模空前扩大且市场竞争空前激烈。对企业领导者而言，企业外部的相关信息，如庞大的消费群体的需求信息、众多同业竞争者的产品信息、供应链上下游产量信息等至关重要。信息的指数增长为信息的收集造成较大的障碍，而智能技术的应用为收集企业内外部信息提供了技术基础。企业领导者指令的下达与企业雇员任务执行和完成后的反馈同样依赖信息的收集。智能传感器、智能语音识别系统等技术的发展为信息的广泛而便捷地采集提供了可能。以智能工厂为例，智能机器的广泛应用可以实时收集雇员的工作进度和状态信息以及机器设备的运行信息，为企业领导者决策提供信息基础。

智能技术优化信息的传递过程不仅表现为减少信息传递的层级损耗，也表现为畅通同级信息共享渠道。在非理性化的前提下，信息在科层组织不同层级之间的传递不仅耗时耗力，而且是有损耗的。智能技术提高企业科层组织理性化水平的同时，也优化了信息的层级间传递。一方面智能技术能够保证信息的快速传递，另一方面也能减少信息在传递过程中的失真。不仅如此，信息的数字化以及信息处理的智能化极大地缩短信息层级传递的时间。智能技术的应用对信息的同级共享也具有正向作用。信息传递的便捷高效以及信息处理的智能化发展为打破企业科层组织中的同级之间的数据鸿沟提供可能。其不仅可以避免不同部门重复采集信息所造成的人力物力的资源浪费，也能够减少信息调取和使用的成本。信息不必再经过上级的中转，而可以直接实现同级间数据共享。智能技术能够优化信息的传递过程，有效提高企业管理效率。在私有制企业中，这种效率的提升实质上服务于资本家对工人的管理。在智能经济条件下，企业管理者有能力对工人实施全面的监督和管理，管理效率的提高也即意味着工人的自主性进一步下降。

二　劳动过程管理的制度规范新变化

从形式上看，企业制度主要分为正式制度和非正式制度，前者主要是指正式规则，如以文件形式发布的规章等，后者主要是指非正式规则，如习俗、行为准则和自我约束的行为规范等。从内容上看，企业制度有很多种类，如行政制度、财务制度、组织制度、员工管理制度等。这里所涉及的主要是与劳动过程管理相关的制度，这些制度主要可以分为生产资料的管理制度和劳动者的管理制度。

（一）生产资料的管理制度

对生产资料的管理主要包括生产资料的采购、使用和报废等。首先，生产资料的采购涉及企业资金的使用，对采购的管理是企业管理中的重要内容。一般而言，采购的管理制度主要涉及采购前的管理以及采购形式和采购流程的管理。在采购之前需要明确采购权限、采购职责分工，规定相应部门衡量采购预算、批准采购单、审查供应商资质等。采购形式包括竞争性采购和非竞争性采购、特殊物品采购、紧急采购等。对采购流程的规定是采购管理制度的主要内容，采购流程表现为向供应商询价、合同制定审批和签订、支付采购款、货物的验收入库等。其次，生产资料的使用同样需要一系列制度来规范，其中较为重要的是库存支取和报销制度。对很多企业如加工企业而言，生产资料是统一采购、分散支取的。这些企业一次性购买大量生产资料并储存于仓库中，在需要用到这些原料或者劳动工具时，再由相关人员申请领取。对商品库存、支取等都要进行详细记录和管理。当然也有一些耗材不是企业统一采购的，而是由企业员工自行购买并先行支付的，这部分生产资料则与报销制度有关。报销制度与采购制度类似，只是一般而言报销的金额较小。最后，生产资料的报废主要指的是固定资产的弃用。对固定资产的管理相对于生产资料中属于可变资本的部分要更容易，日常的使用记录、维修保养记录等也较为完善。固定资产的增减变动、盘点报废等要遵循账物相符的原则，涉及财务、行政等多个部门。

当然，在生产资料的管理中除正式制度外，还存在大量的非正式制度。尽管可以制定详细的生产资料采购、使用和报废等规定，但是一方面规定总需要由人来执行，另一方面现实情况总是复杂多样的，因此只按照正式制度依然无法完全应对现实中的生产资料管理问题。这些非正式制度具有两面性。一些良好的非正式制度可以作为正式制度的补充，减少管理成本和时间。例如在生产资料支取过程中，按照制度规定需要先填写申请表格再进行领取，而在现实中这难免会影响劳动过程的效率，当劳动者并没有理由肆意浪费生产资料时，仓库管理人员可能与劳动者达成默契，支取生产资料在前而填写申请表在后，甚至是多次支取而申请表集中填写或者定期填写等。当然，也有一些不好的非正式制度可能会对企业管理造成不必要的损失。例如，在生产资料的采购过程中采购人员和审批人员可能达成共谋，在供应商的选择上或在采购价格上审批人员对采购人员采取宽容的态度，而采购人员则将部分不当获利分给审批人员。这种不良的非正式制度不利于企业管理，同时也会给企业造成损失。

（二）劳动者的管理制度

对劳动者的管理制度主要包括员工招聘和培训制度、员工工作考核制度和员工工资奖惩制度。

　　首先，员工招聘和培训是劳动过程的前奏。员工招聘和培训主要包括招聘的原则、条件、程序，入职培训与试用期管理以及转正程序等。事实上，从招聘开始劳动者就逐步接触到企业的劳动过程。招聘的原则、条件等是对劳动者技能水平的筛选。通过招聘之后，劳动者即开始逐步进入劳动过程。入职培训、试用期等一般是以企业正式劳动过程为基础的，新入职的员工在这段时间可以逐步学习今后的主要劳动内容。

　　其次，员工工作考核制度主要涉及劳动时间和劳动完成量，这是劳动者管理制度的核心。对劳动时间的规定主要是指考勤和休假制度，具体来看包括考勤、加班、休假和出差。一般而言，企业会设置打卡方式，规定每月打卡次数，对于迟到、早退、旷工的认定及相应的惩罚措施等也有详细规定。对于加班的申请、管理、审批以及加班的补贴等，通常也有一系列规章制度。关于出差的申请和审批同样对应一系列流程。因为假期的种类较多，因此休假的管理制度看起来内容也较多。与企业员工相关的假期有法定节假日、休息日、病假、事假、产假、年假等。除法定节假日、休息日按照国家相关规定执行无须履行请假手续外，其余假期都有其对应的申请流程、审批规则、假期规定等。对劳动完成量的规定则更加多样，因为并不是所有的劳动过程其结果都容易量化计算。

　　最后，员工工资奖惩制度属于劳动过程结果的分配。这种奖惩制度是对劳动成果的分配与劳动过程密不可分，员工在劳动过程中的表现直接影响这种分配。迟到、早退等缩短劳动时间的行为或偷懒、磨洋工等降低劳动强度的行为会引发惩罚，而加班等延长劳动时间或增加劳动强度的行为可能带来奖励。这种惩罚毫无疑问是对劳动力商品价值的直接扣除，但奖励往往不是超出劳动力商品价值的额外增加。私有制企业有一种较为常见的工资制度，即将工资定至低于劳动力价值的某一水平，而将这一差额作为奖励或绩效的形式。表面上看，劳动者获得超过自身工资的额外部分，实质上只是以另一种形式领取了自己的工资。

　　一般而言，非正式制度是作为正式制度的补充，在执行过程中以正式制度为主体。然而在对劳动者的管理制度中，非正式制度的重要性却大大提高，甚至有可能超过正式制度。例如加班制度，相关法律已经对劳动时间作出了明确规定，也严禁频繁、过长时间的加班。因而在以文件等形式呈现的企业正式制度中，对加班的规定是严格遵守相关法律法规的。甚至有的企业规定，员工想要加班必须提交申请并经过一系列严格的审批过程，并且加班的时间是被严格限制的。然而事实上，正式制度的作用远远弱于非正式制度。企业管理者通过一系列制度设计与企业员工达成默契，使得企业员工不得不频繁地、长时间地加班。例如某互联网公司在下班之后两个小时提供晚餐，在更晚的时候提供班车，以此诱导员工加班。同时，企业管理者也利用奖惩制度，对不加班的员工予以惩罚，对加班的员工予以奖励。一系列手段使得加班成为一种非正式的制度。

（三）智能经济条件下私有制企业制度规范新变化

私有制企业中对劳动过程的管理制度集中体现了其资本性，即对剩余价值或利润的追逐。一方面，私有制企业尽其所能减少生产资料的浪费；另一方面，私有制企业竭尽所能增加企业员工创造的剩余价值。二者实质上都是通过对劳动过程的精确追踪和管控来实现的。对劳动过程中物的因素的精确掌握，使得企业管理者可以保证生产资料"物尽其用"，减少不变资本的浪费；对劳动过程中人的因素的精确掌握，使得企业管理者对劳动者的监督更加严密，劳动时间的增加和劳动强度的提升使企业得以获得更多的剩余价值。然而，尽管这些制度在传统经济中发挥了至关重要的作用，但私有制企业并不满足于此。首先是这些制度对劳动过程的监督仍存在大量死角，制度的规定尽管已经十分详细，但是仍然难以涵盖现实的全部情况；其次是制度的灵活性较小，难以根据现实情况随时调整；最后是制度的执行成本较高，在一系列严格的审批程序中，大量的人力物力和时间被浪费了。

传统的劳动过程管理制度的弊端因智能技术的应用而有可能被克服。智能经济条件下，制度算法化，即正式制度不再单纯以文件等形式呈现，而是内化在智能算法和程序中。例如，青岛酷特智能股份有限公司通过建立智能仓储系统，将仓储管理制度算法化，由算法对物料的入库、支取等实施全程跟踪管理，大大降低了仓储管理成本和物料损失①。制度算法化完善了企业对劳动过程的管理制度，具体表现在以下三个方面。

首先，制度的覆盖面更广。前文提到智能技术使得企业管理者对劳动过程的掌控更加精确，因此对劳动过程的监督存在死角的情况就大大减少。同时，制度的算法化使得制度的修改和完善更加容易，制度对劳动过程的覆盖就更加全面。其次，制度的灵活性增加。智能算法拥有较高的数据信息处理能力，随着人工智能技术的发展，这种能力还可能进一步提升。正因如此，算法化的制度能够迅速对现实中出现的新现象、新行为、新状况做出正确的反应。在传统制度下，信息首先需要经过层层传递到达决策层，然后才能对制度进行调整，调整之后还要再层层传递下达。算法化的制度避免了这些程序和时间上的浪费，具有更高的灵活性。最后，制度的执行成本降低。算法化的制度不仅可以避免制度调整过程中的成本和时间的浪费，也可以有效降低制度执行过程中的成本。在科层制中，制度的执行依赖层层命令的下达和监督。而算法化的制度较少地受到科层制层级的限制，一方面信息可以在不同层级之间顺畅流动，另一方面智能技术的应用也减少了科层制的层级数。算法化的制度可以迅速下达命令，同时又能够有效监督命令的执行。算法构建了类似于科层制的分级管理的技术网络，将劳动者纳入其中，由此在私有制企业中产生一种超级控制技术，即所谓的算法治理术②。

三　劳动过程管理的文化约束新变化

文化的内涵非常丰富，不同学者对其的界定也有所不同。广义上的文化是人类社会所创造物质财富和精神财富的总和，而狭义上的文化是指社会意识形态，以及与之相适应的制度和组织机构③。相应的，狭义的企业文化即

---

① 中国电子技术标准化研究院主编《智能制造大规模个性化定制案例集》，电子工业出版社，2020，第25页。

② 高斯扬、程恩富：《监控资本主义视阈下的技术权力探析》，《内蒙古社会科学》2020年第4期。

③ 程恩富：《论创立"大文化"经济学》，《江西社会科学》1993年第12期。

指企业意识形态及其制度和组织。前文已经讨论过劳动过程管理的组织形式和制度形式，这里所说的劳动过程管理的文化形式实质上主要是指企业的意识形态。

（一）企业文化的种类、作用与塑造

按照不同的标准，企业文化也可以划分为不同的种类。按照文化的创造主体来看，企业文化可以分为企业家的文化和职工文化。所谓企业家的文化是指以企业家及企业管理者为主要创造者的文化，很多时候企业家的文化也被称作企业文化，这种文化在企业中相当于主流文化，因为其是由掌握生产资料的资本所有者和掌握管理权限的企业管理者创造并向企业全体职工推行的文化。职工文化则是指在职工内部自发形成的文化。当然，职工文化不可避免地会受到企业家的文化的影响。按照文化的内容来看，企业文化又可以分为物质文化、精神文化和行为文化等。

企业文化对于提高企业核心竞争力和生产效率具有重要作用，还能激发员工潜能，提高企业凝聚力，有助于企业的持续发展。具体来看，企业文化的作用主要可以分为引导作用、规范作用、协调作用和激励作用。企业文化的首要作用是引导企业全体员工向着既定的目标前进，并且，也能够对企业员工的行为起到一定的规范作用。在对企业劳动过程的管理中，制度的规范作用是主要的。然而前文也提到制度的覆盖面毕竟有限，并且现实情况纷繁复杂，因此利用企业文化从心理层面约束企业员工的行为是对制度规范的有力补充。同时，正如机器在运转过程中需要润滑油一样，企业文化能够有效减少企业员工之间的摩擦，起到调节人际关系的作用，对于提升企业凝聚力具有重要意义。另外，文化因素对于人的主观能动性的发挥具有促进作用，良好的企业文化能够激发员工的潜力，提高企业的生产效率。

企业文化的塑造也有多种方式，主要是通过环境的影响和员工培训、集中学习。通过环境影响塑造文化是一种潜移默化的方式。环境主要包括物质环境和非物质环境。前者是指企业通过工作环境的装修风格、工厂设施的合理安排等方式来影响企业员工的心理状态和行为习惯。后者则主要是通过制度环境、文化环境等非物质环境对企业员工的价值观念进行塑造。环境的影响大多是缓慢而隐性的，而通过员工培训和集中学习的方式塑造文化，其主动性和目的性更强也更明显。这种方式主要是通过集中培训，要求企业员工观看以企业发展历史、文化传统、经营理念等为主要内容的视频、文章或其他形式的材料，来达到推行企业文化的目的。

（二）智能经济下私有制企业文化约束新变化

私有制企业的文化是为其生产目的即利润最大化服务的，是打着自由、个性的幌子，强化对企业员工的管理。一方面，这种对自由、个性的宣传打破了劳动者之间的联系，将企业员工由一个有组织的集体拆散成一个个独立的个体，因而员工对企业的反抗能力就减弱了，企业管理者对员工的控制得以加强。只有这样企业管理者才有可能肆意延长劳动时间、提高劳动强度，进而获得更多剩余价值。另一方面，这种所谓的自由、个性实质上是财富的自由、金钱的个性，因为私有制企业塑造的文化并不是让企业员工去追求真正的自由个性，而是去追求财富或金钱，是一种隐藏在自由个性之下的拜金主义。因此，企业员工不断追求所谓"自由"的过程就是企业管理者不断提高对员工的压榨程度的过程。企业员工越是沉浸在这种自由中，就越是对金钱狂热，就越发按照企业管理者设置的路径前进。

在智能经济条件下，私有制企业对劳动过程的文化管理越发强化。随着智能技术的应用，企业文化的内容、形式、传播手段都呈现出新的特点。私有制企业以利润最大化为目标，因而企业文化以拜金主义为内核，这是一以贯之的。但是在传统的生产方式下，企业追求标准化、规模化、批量化的机器生产，工人成为机器的附庸，企业文化也就采用适合传统生产的外壳来伪装自己。智能化与自动化机器的重要区别在于自动化机器只是将一些既定的程序固定在机器上，由机器来完成对应的动作，而智能化机器是可以自主适应并调整的，其灵活性更高，因此柔性定制等生产方式才成为可能。在传统的生产方式下，因为工人成为机器的附庸，而机器通常是固定的、机械的，这就要求工人严格按照机器运作的要求参与劳动过程，这在企业文化中一个突出的表现就是所谓的准时文化，即要求员工严格按照既定时间安排来工作。但在智能经济条件下，生产可以随时调整，因而弹性工作制、不定时工作制等逐渐兴起。相应的，传统的准时文化逐渐被"随时"文化所代替，所谓的"随时"文化是指企业员工的工作时间由固定的时间段转变为全天候，工作与休息时间界限变得模糊。准时文化的消失并不意味着劳动时间的减少，相反，工人的劳动时间更长了。

同时，企业文化的形式和传播手段也发生着变化。在智能经济条件下，企业文化的载体多种多样，既包括纸书、文件等，也包括视频、音乐甚至是游戏等。企业文化的传播手段也开始多样化、隐蔽化。智能技术对劳动场所和劳动过程的掌控越发全面，可以通过工作环境的改变、劳动流程的优化等影响员工心理，也能够实时掌控员工的手机、电脑等运行状态，全天候、全方位对员工施加影响。智能技术可以被私有制企业当作强化员工文化管理的手段，也可以作为公有制企业彰显劳动者主人翁身份的工具，后者将在下一章具体阐述。

四　智能技术与监控资本主义的发展

智能技术作为一种技术权力服务于资本增殖时，私有制企业可能将之应用于强化对劳动者的管理和监督，由此产生所谓的监控资本主义。监控资本主义最早由祖波夫（Zuboff）提出，国内也有学者将之翻译成监视资本主义。祖波夫认为监控资本主义是一种新形式的资本积累逻辑，由隐蔽的数据收集以及数据商品化和相应的控制机制构成[①]。监视或者监控在资本主义生产方式中并不是新出现的概念，自资本主义生产方式确立以来，资本对劳动的监督、监控就一直存在，并且不断强化。但这种从资本中衍生出来的监督或监控职能并没有给资本主义生产方式带来深刻的改变，直到智能经济的兴起，一种新的资本积累方式才得以充分发展。"不断增多的机器智能和越来越多的行为剩余成为一个前所未有的积累逻辑的基础。"[②] 实质上，监控资本主义

[①]　Zuboff S., "Big Other: Surveillance Capitalism and the Prospects of an Information Civilization", *Journal of Information Technology*, Vol. 30, No. 1, 2015.

[②]　Zuboff S., *The Age of Surveillance Capitalism: The Fight for Human Future at New Frontier of Power*, New York: Public Affairs, 2019, p. 72.

的基础就是大数据及相关数据处理技术。随着数字技术的发展，数据爆发式增长。生产生活的各个方面和环节的数据无时无刻不被搜集着，并且智能技术的发展又提供了处理海量数据的工具，监控资本主义由此发展起来。

首先，监控资本主义下数据的收集是隐性的、不被监控和不受约束的。人在数字空间中的行为无时无刻不在产生着数据，这部分数据被数字平台记录并搜集，并且大多数情况下是在行为主体并不知情的情况下进行的。当然，也存在平台企业通过一些提高效率的功能或较强的娱乐性内容引诱用户放弃隐私的情况。但总体来说，这种数据的记录和搜集无形中为资本创造了一种不对等的权力。其次，数据商品化是监控资本主义下资本积累的重要内容。对剩余价值的追逐是资本主义生产的根本目的，一种技术要被资本家采用，首先是要能够带来剩余价值，其次是新的技术能够比原有技术创造更多的剩余价值，只有在满足这两种条件的情况下，新的技术才会被采用。因此如果数据不能为资本增殖服务，那么所谓的监控资本主义就不会产生。数据商品的使用价值在于为企业提供咨询服务，主要包括优化商品生产和加快商品价值实现，故而其才有可能成为资本积累的重要手段。最后，智能技术被应用于一种新型的控制机制。"垄断智能系统通过控制了个体信息文本，一方面按照资本增殖逻辑规训个体的认知、行为和情感，另一方面把个体的自由转换为工具主义的必然。"[①] 资本通过运用数据和智能算法等手段，对个体行为进行实时监视和管控，从行为、文化、心理等多个层面规训个体使之符合资本逻辑。

监控资本主义的产生加深劳动者的异化和工具化，加剧资本与劳动者之间的不平等。监控资本主义理论揭示了在智能经济条件下资本通过数据对包括生产过程中的劳动者在内的行为主体进行监控的现象。监控资本主义是否成为资本主义的一个新的阶段，限于研究主题这里不进行深入讨论。而这一理论也提醒我们：非公有制企业可能利用智能技术加强对劳动者的管理和监

---

① 高斯扬、程恩富：《监控资本主义视阈下的技术权力探析》，《内蒙古社会科学》2020年第4期。

督，因此必须引导非公有制企业合理使用智能技术。

第五节　劳动过程中生产关系的新变化

在私有制企业中，劳动过程所涉及的生产关系中最根本的是企业所有者与企业员工的雇佣关系，除此之外还包括三种：资本所有者与企业管理者之间的关系、企业管理者与劳动者之间的关系、劳动者相互之间的关系。当然，企业的种类繁多，不同的企业所涉及的具体生产关系也略有不同。在智能经济条件下，企业内部与劳动过程相关的生产关系也呈现出新的特征。

一　资本所有者与企业管理者之间的关系

随着资本的积累，企业规模不断扩大，以往由资本家来担负的企业管理职能现在由职业经理人来完成。职业经理人作为企业的管理者，与企业所有者属于委托代理关系。而一般的企业管理者实质上也属于雇佣工人，只不过其劳动属于管理劳动，其他普通员工的劳动则属于直接生产劳动。

（一）委托代理关系与雇佣关系

从现有研究来看，很多学者尤其是西方学者习惯于用委托代理关系来形容资本所有者与企业管理者之间的关系，这其实是不准确的，因为二者之间可能只是雇佣与被雇佣的关系。在企业所有权和控制权或经营权分离的背景下，委托代理理论要解决的问题主要是企业所有者与企业管理者之间的委托代理关系。所谓委托代理关系是一种契约关系，即委托人授权代理人从事相关活动，代理人从中获得报酬。企业所有者委托企业管理者对企业进行管理，企业管理者作为代理者以管理企业为代价而获得报酬。有观点认为，委托代理关系和雇佣关系的区别主要在于雇佣关系要求被雇佣者严格按照雇主的要求完成劳动或服务，而委托代理关系则给予代理人较大的自主权。这种观点很显然站不住脚，被雇佣者同样可能拥有较大的自主权，代理人则有可能只有较小的自主权。有学者将委托代理关系泛化，使之等同于或涵盖雇佣关系，如将企业所有员工都视作代理人，认为委托关系和代理关系是在企业内部层层传递的。从经济学角度来看，委托代理关系与雇佣关系既存在相同点也有不同点。相同点在于两者都可以看作一种契约关系并且都是以追求剩余价值或剩余劳动为目的。委托代理关系存在于委托者和代理人之间，而雇佣关系存在于雇主和被雇佣者之间。二者的根本不同在于委托代理关系的核心不在于获得代理人本人创造的剩余价值或剩余劳动，只要契约的结果使得委托者获得了预期的剩余价值或剩余劳动即可，而雇佣关系的核心在于获得被雇佣者本人创造的剩余价值或剩余劳动。

（二）企业所有者与企业管理者的委托代理关系

企业管理者是指企业中主要从事管理劳动的员工。企业管理者有很多类型，如按照在企业组织中的层级可以分为基层管理者、中层管理者、高层管理者等；按照职能划分为战略层管理者、经营层管理者、执行层管理者等。与企业所有者具有委托代理关系的企业管理者主要是指高层管理者，他们能够主导或参与企业重大决策，对企业发展负有重要责任。这类管理者即使在高层管理者中也属于少数，其与企业所有者一般会签订某种协议，企业所有者授权企业管理者负责企业的经营管理，在后者完成相应任务后给予其特定的报酬。这种任务一般与企业的整体发展状况有关，如利润率达到某一水平或企业规模扩大到某一水平等，而这种特定的报酬一般与剩余价值有关，如给予企业管理者企业的股票、分红等。这里企业所有者关心的并不是企业管理者自身创造的剩余价值，而是整个企业所获得的剩余价值。

尽管与雇佣关系不同，但企业所有者同样需要对企业管理者进行监督和激励。委托代理理论以利益不一致和信息不对称为假设前提。企业所有者要求企业剩余价值最大化，而企业管理者追求的是个人利益的最大化。二者的利益不一致，因此要求企业所有者对企业管理者进行监督和激励。企业所有者又不直接参与到企业管理活动中，难以有效观测到企业管理者的具体行为，而只能通过一些外在指标，如企业的财务指标等，来对企业管理者进行监督，因此也就存在信息不对称的问题。一些情况下，企业管理者可以利用企业所有者不能完全掌握信息的问题采取欺骗策略以获得最大收益。

在智能经济条件下，委托代理关系最为显著的新变化在于监督成本的下降和信息不对称问题的弱化。前文已经提到，智能技术的应用使得企业管理者对劳动过程的掌握更加全面和精确。不仅一线生产工人的劳动过程是如此，企业的管理劳动同样如此。制度呈现出算法化的趋势，企业管理也向数字化治理发展。智能技术的应用不仅使得信息在企业科层制的不同层级间的传输和处理效率更高，而且使得信息的传递和处理更加透明并且可视化。信息在企业内部的流动轨迹、处理记录以及信息的全部内容，都以数字化的形式存储。因而企业管理者有能力对企业的管理活动进行全面的深入了解，这极大地避免了信息不对称问题。同时，管理活动的可记录、可查找也降低了监督的成本。在传统经济中，企业所有者无法对企业管理者的具体劳动进行监督，即使进行监督也要耗费大量人力物力。但通过数字化记录来监督企业管理者的具体劳动，监督的成本就变得很低。不仅如此，算法的制度化或者通过算法进行智能监督都使得监督的便捷性和可操作性极大地提升。

（三）企业所有者与企业管理者的雇佣关系

除少部分企业高层管理者与企业所有者是委托代理关系外，大部分企业管理者与其他员工一样属于雇佣工人，与企业所有者之间是雇佣关系。雇佣关系的核心就在于获取被雇佣者的剩余价值。"倘若生产性私营企业的主要投资者或所有者，同时又是该企业的实际经营管理者，那么，这种管理活动具有两重性：一是从社会劳动协作的必要管理中产生的劳动职能，客观上会创造商品的新价值；二是从财产所有权获利的必要管理中产生的剥削职能，客观上又会无偿占有他人的剩余劳动。"① 私营业主的管理活动具有双重性质，一方面是协作生产所必需的，另一方面是生产资料私有制所衍生的剥削职能的体现。事实上更一般地讲，管理活动具有两重性质，一方面是组织协调，另一方面是监督。这种监督在生产资料私有制条件下就是带有剥削性质的，而在公有制条件下则是不带剥削色彩的计算性质，即在按劳分配制度下计算劳动者的劳动量以作为分配的依据。关于公有制企业的情况留待下一章详细阐述，这里主要分析私有制企业的情况。如企业主的管理劳动一样，企

① 程恩富：《现代马克思主义政治经济学的四大理论假设》，《中国社会科学》2007 年第 1 期。

业内部一般管理者的劳动同样是具有两重性的。然而与前者不同的是，这部分企业管理者的监督虽然也带有剥削性质，但企业管理者本人并不获得剩余价值。不仅如此，因为这部分企业管理者与企业所有者之间是雇佣关系，因而其管理劳动所创造的剩余价值全部被企业所有者获得。对企业所有者而言，这部分企业管理者与企业中从事一线生产的普通员工一样都只是剩余价值的提供者，因此企业所有者与企业管理者的关系和与其他普通员工的雇佣关系并没有本质的区别。前文在对劳动过程的社会组织形式的分析中，已经提到这种雇佣关系在智能经济条件下的新变化突出地表现为雇佣时间更灵活、雇佣关系不稳定、雇佣形式更隐蔽。

二　劳动者与企业管理者之间的关系

企业管理者对劳动者的管理既包括生产的组织协调，也包括对劳动者的劳动监督。在智能经济条件下，这种管理关系呈现出一些新的变化，表现为组织协调更高效、劳动监督更严格。

（一）组织协调更高效

劳动过程的复杂性不断增加，分工也随之细化，如何有效组织和协调劳动者一直是劳动过程管理的重要问题。在以手工劳动为主的工场手工业中，劳动的组织与协调是低效率的，之所以还能够维持下去，是因为当时的生产规模还较小，协作劳动的劳动者数量还不多；之所以是低效率的，是因为手工业劳动不确定性很大，难以进行有效规范。同时，管理者的命令往往是口口相传，信息传递速率较低且信息容易失真。在机器大工业时期，机器生产成为劳动过程的重要技术基础，工人成为机器的附庸，与手工业劳动相比劳动过程的规范性提高，管理者对劳动过程的组织协调是以机器为基础，因而标准化程度更高。但命令的下达、传递直至最后的命令的执行，依然依赖传统的信息传递方式，所以整体上仍处于低效率状态。

随着数字化技术和信息设备的应用，企业内部信息传递效率显著提高。但数字化手段只是单纯优化信息传递效率，只有在智能经济条件下，人工智能算法的应用才明显提高信息处理效率。在这种情况下，一方面企业管理者能够通过智能设备实时了解生产一线的具体情况，并且能在智能算法的帮助下及时掌握劳动者的全部动态，从而有可能针对劳动过程的具体情况及时制定相应的措施来调整生产。在少数情况下，智能算法甚至可以自主决策并下达命令，而企业管理者只负责监督智能算法。另一方面，企业内部智能化水平的整体提高为信息的高速传输奠定基础，劳动者可以快速获取企业管理者下达的指令。并且基于机器体系的智能化，企业管理者的这种指令可以实现劳动者和智能机器的同步调整。在这样的情况下，劳动过程中的组织协调活动效率自然也就提高了。

（二）劳动监督更严格

组织协作生产从来不是私有制企业的根本目的，其最终目的是获取剩余价值，因而其更关注智能技术如何提高劳动监督水平。这种监督从量上看要延长有效劳动时间，从质上看要提高劳动强度。在传统的企业管理中，对劳动时间的约束以打卡、考勤为主，这样虽然能够保证劳动时间的总量，但无法监督劳动者的有效劳动时间，往往劳动时间的延长带来的并不是劳动产品的增加而是"磨洋工""摸鱼"等偷懒行为。但在智能经济条件下，企业管理者对劳动者的监督更加严格，不仅可以通过实时监控劳动者的电脑、手机等信息设备以防止劳动者利用工作时间进行其他活动，还可以通过各种智能感知设备对劳动者的劳动状态进行监控，并由智能算法自动判断劳动者是否处于偷懒状态。这样在不改变工作时长的情况下，劳动者的有效劳动时间大大延长。不仅如此，企业管理者对劳动的监督还要求提高劳动者的劳动强度。智能技术不仅使得管理劳动过程更加透明，也使得企业内部其他劳动过程变得可视化。企业管理者可以直观地看到劳动者在劳动过程中的紧张程度，再加上对生产过程调整的灵活性增加，企业管理者可以轻而易举地通过不断调整劳动过程来找到劳动者劳动强度的阈值，从而强迫劳动者始终进行高强度的劳动。

当然，在个体经济中，个人就是自己的管理者，情况与上面有些许不同。资本主义生产关系会对个体经济造成影响，在资本主义生产通过智能技术强化劳动监督的情况下，个体劳动者虽然不会面临其他管理者的监督，但是迫于竞争和生活的压力，也不得不延长自己的劳动时间、提高自己的劳动强度。表面上看似乎是个体劳动者主动利用智能技术辅助劳动，但这种表面上的主体性背后是资本主义生产关系的强制在发挥作用。

三　劳动者之间的竞争关系

工人之间的关系既包括合作关系也包括对抗关系。在私有制企业中，合作关系主要表现为雇佣劳动基础上的协作生产，对抗关系则主要表现为劳动者之间的竞争。这种协作关系在劳动过程的社会组织形式部分已经详细分析过，这里主要从竞争的内涵、原因、机制、后果等方面来阐述私有制企业中劳动者之间的关系。而个体经济因其规模较小、不存在雇佣工人，因此其竞争主要表现为与其他个体工商户或企业的竞争，这里不再单独论述。

（一）竞争的内涵与原因

"竞争就是追逐利润的竞赛"①，蒲鲁东维护竞争的永恒必然性，认为工业竞赛必然是追逐利润的。然而事实上，这种现象只是在特定的社会形态即资本主义社会下才成立，或者更确切地说是在以私有制为基础的商品经济中竞赛才表现为竞争。在资本主义生产方式下，工业竞赛是为商业服务的，资本主义生产的目的是获取剩余价值，因而竞赛就采取竞争的形式。这种竞争不仅表现为资本与资本之间的竞争，也表现为劳动者与劳动者之间的竞争。资本之间通过竞争来争夺市场，劳动者之间通过竞争来争夺工作，前者是为了获取剩余价值，后者是为了获得劳动力价值。

私有制企业中劳动者处于紧张的竞争关系中的根源在于资本主义私有制，具体来看主要包括资本竞争和资本积累。私有制企业中的私人劳动要被社会承认就必须通过商品交换，资本要争夺市场就必须激烈竞争。这种竞争同样会传递到劳动者之间。私营企业主为在竞争中获得优势必须千方百计降低生产成本，尽可能减少可变资本投入，一方面表现为工作岗位的减少，另一方面表现为工资的降低，因此资本竞争的压力就部分地转移到劳动者身

---

① 《马克思恩格斯文集》第 1 卷，人民出版社，2009，第 631 页。

上。不仅如此，随着资本的不断积累，资本有机构成不断提高，相对过剩人口的产生也加剧了劳动者之间的竞争。采纳新技术的动力最初来自对超额剩余价值的追逐，但资本之间的竞争又推动新技术的扩散，直至生产率较高的技术取代原有技术成为新的社会正常生产条件。资本有机构成提高，失业劳动者之间、失业劳动者与在职劳动者之间以及在职劳动者之间的竞争因为产业后备军的存在而越发激烈了。

（二）竞争的机制与手段

除了相对过剩人口对在职劳动者的压力迫使其相互竞争外，私营企业主还通过制定一系列奖励惩罚制度和塑造企业文化来促进企业内劳动者的竞争。社会主义竞赛也需要奖惩制度，只不过与私有制企业带竞争性质的奖惩制度存在根本不同。前者的主要特征在于共同进步，而后者主要表现为优胜劣汰。这种优胜劣汰体现了一种赤裸裸的社会达尔文主义，私有制企业毫不关心企业员工的个人发展，而只在乎利润或剩余价值，其制定奖惩制度的根本目的就在于筛选出能够为其带来最多剩余价值的员工，而淘汰掉不能提供足够剩余价值的员工。业绩突出的员工有机会晋升，而业绩较差的员工则面临解聘危险，这是私有制企业中较为常见的奖惩制度。这种奖惩制度在促进劳动者竞争的层面效果显著，以至于不少公有制企事业单位也开始效仿。例如，近年来国内越来越多的高校实行"非升即走"的雇佣制度，即在规定期限内没有达到职位晋升的条件就解聘，由此导致高校青年教师之间竞争激烈，也引发了教育领域一系列内卷现象。除此之外，私营企业主也通过企业文化的塑造，如所谓的"狼性文化""加班文化"等加剧劳动者之间的竞争。这些企业文化将竞争的思想灌输给劳动者，通过在企业内营造紧张的氛围迫使劳动者加入到激烈的竞争之中。

（三）竞争的后果与影响

正如资本主义生产关系在促进生产力发展方面发挥过至关重要的作用一样，竞争关系也具有一定的积极作用，这主要表现在竞争的动力作用和调节作用上。首先，竞争关系是以生产资料私有制和个人利益最大化为基础的，在竞争中获得优势地位即意味着能够获取较高的利益，从而对竞争者产生激励作用。不仅如此，这种动力作用也包括竞争失败所导致的压力。"要是工人不把自己的全部力量用于劳动，他就对付不了自己的竞争者。总之，卷入竞争斗争的人，如果不全力以赴，不放弃一切真正人的目的，就经不住这种斗争。"[1] 这种压力迫使劳动者在竞争中竭尽全力。其次，竞争的调节作用体现在劳动力流动和对劳动者的奖惩上。竞争机制是市场机制的重要组成部分，对调节生产规模和生产结构以及生产要素的配置具有重要作用，其中也包括对劳动力流动的影响；在企业内部则主要涉及对劳动者的奖惩，促进企业内部劳动生产效率的提高。

但竞争同样具有其弊端，主要包括导致两极分化、社会矛盾激化以及损害劳动者身心健康。资本主义自由竞争的结果是垄断，是少数大资本家剥夺大多数小资本家。从劳动者来看，私有制企业中的竞争制度表面上看是实现了优胜劣汰，但实质上这种少数人的胜出是以绝大多数人被淘汰为代价的。小部分人的才能得以发挥的同时，大部分劳动者的创新性却受到了遏制。竞争不仅在资本之间也在劳动者之间造成了两极分化，这种两极分化以及竞争的加剧直接导致了社会矛盾的激化。社会处于一种激烈对抗的状态中，人与人之间的联系被阻断，整个社会的戾气加重，道德水平滑坡，功利主义盛行。不仅如此，激烈的竞争迫使劳动者始终处于紧张、焦虑的状态，且在劳动过程中劳动者不得不持续提高劳动强度和延长劳动时间以期在竞争中取得优势地位，其心理和身体健康都受到严重损害。对资本家而言，劳动者之间的竞争有利于降低成本、提高利润；但对于劳动者而言，竞争却成为其发展的阻碍。

（四）智能经济下竞争关系的新变化

智能经济条件下，竞争关系进一步激化。智能机器开始对人的智力劳动进行代替，资本有机构成进一步提高，相对过剩人口增多，这是竞争加剧的主要原因。当然，一种新技术的出现对就业既会产生替代效应也有促进效应。新技术推动新的行业的产生、相关生产部门劳动需求的增加等，都会带

---

[1]　《马克思恩格斯文集》第 1 卷，人民出版社，2009，第 77 页。

动就业数量的增加。智能经济的发展对就业的最终影响取决于两种效应的相对大小。不同学者的研究结论也不尽相同。但从目前劳动力市场就业情况来看，智能机器对劳动力的替代效应无疑是主要的，从长期来看更是如此。产业后备军的增加导致劳动者之间竞争加剧是资本主义生产所乐意见到的。因为这种竞争不仅带来可变资本的节约，也会使得没有失业的在职员工被迫提高劳动强度。

智能技术的发展使得劳动控制强化也是竞争加剧的重要推手。以平台经济为例，劳动时间和地点相对自由，表面上看工人对资本组织上的从属弱化了，但事实上智能技术在劳动控制中的运用使控制更隐蔽，实质上工人对资本的数据从属强化了。随着智能技术的发展，劳动控制也更全面、更隐蔽、更深入。首先，劳动的全过程逐渐被纳入劳动控制中，工人对劳动过程的掌控力不断降低。数字技术为劳动控制提供手段。其次，劳动控制手段更加隐蔽。企业不再依赖监工、巡查员等的人力监督，而转向虚拟软件、信息流等新型手段，在不被劳动者察觉的情况下对劳动全过程进行监管。对劳动过程的全面控制，让企业管理者对完成工作任务的时间有更精确的估计，若要获得更高的收入，劳动者就必须被迫超额，由此加剧了竞争。劳动对资本从属的形式上的弱化，给了劳动者能够掌控劳动过程的错觉，因而劳动者主体性就虚假地彰显了，表现为劳动者主动参与到竞争之中。

同时，智能技术对劳动者的全面掌控也包括心理层面，主要表现为竞争文化塑造与焦虑的传播。私有制企业管理者运用智能技术对劳动者的生产生活进行潜移默化的干预，通过物理环境、制度环境、文化环境的多重影响，将竞争文化和焦虑植入劳动者的内心。劳动者不仅在企业中会面临这种心理上的控制，在休息时间同样会受到影响。例如，短视频平台通过智能算法将竞争文化、焦虑等包装成文化娱乐产品推送给劳动者。智能技术在个人心理、企业文化和社会氛围三个层面塑造竞争文化。私有制企业对智能技术的运用使得劳动者之间的竞争越来越激烈且相互之间的联系越发被阻断。

第五章　智能经济条件下社会主义市场经济中公有制经济劳动过程新变化

所有制关系的根本不同也决定公有制经济中劳动过程区别于非公经济，在劳动过程的社会组织形式、要素变化（主要指人的要素）、管理方式以及贯穿于其中的生产关系等方面，公有制经济都呈现出与非公经济不同的特点。智能经济的发展使得劳动过程发生重大变革，也改变了公有制经济中的劳动过程，只是这种改变带有深刻的公有制烙印。

第一节　公有经济所有制形式与价值形成过程

在社会主义初级阶段，生产力发展水平决定社会主义市场经济中存在多种所有制经济。但公有制经济的主体地位是不容撼动的，这是社会主义本质的重要体现。"公有制经济不仅包括国有经济和集体经济，还包括混合所有制经济中的国有成分和集体成分。"①

一　国有经济

国有经济是社会主义公有制在社会主义初级阶段的具体实现形式之一，

---

① 江泽民：《高举邓小平理论伟大旗帜 把建设有中国特色社会主义事业全面推向二十一世纪》，人民出版社，1997，第23页。

其与资本主义的国有经济在性质、地位和作用等方面存在根本区别。

（一）所有制形式

社会主义公有制是指全社会成员共同占有生产资料。但在社会主义初级阶段，国家还没有消亡，支配公有生产资料的活动只能由国家来完成。不论是个人还是集体都无法代表全体社会成员的根本利益，而唯有无产阶级政党领导下的国家才具备这样的性质，也拥有支配这些生产资料的能力。社会主义下的国有经济与资本主义下的国有经济有根本的不同。首先，资本主义的国有经济归根结底代表的是资产阶级的利益，是服务于资产阶级尤其是大资产阶级的。社会主义的国有经济则是代表最广大人民群众的根本利益。其次，这种性质上的根本不同也直接导致社会主义国有经济和资本主义国有经济地位和作用的不同。在社会主义初级阶段国民经济就必须坚持公有制为主体、国有经济为主导。反观资本主义社会的国有经济，则主要集中在公共产品等领域，其完成私人资本不愿意从事的生产，也包括出于国家安全考虑而国有化的一些关键领域的产业。这些不同在后文分析国有经济价值形成和分配过程时将表现得更加明显。

（二）国有经济规模

国有经济不仅是中国共产党执政的经济基础，也是国民经济的压舱石，担负着稳定和繁荣国民经济的重任。国企改革始终是改革的重要内容，时至今日，国有企业的效益已经有了很大的提升。

表5-1　2020年规模以上工业企业（国有经济）主要经济指标

	企业单位数（个）	资产总计（亿元）	营业收入（亿元）	利润总额（亿元）	平均用工人数（万人）
按登记注册类型分					
内资企业	356349	1055072.40	840469.82	50297.61	6084.11
国有企业	2494	43423.56	25169.89	639.08	157.37
中央企业	643	32116.82	19263.19	405.40	103.66
地方企业	1851	11306.73	5906.70	233.68	53.71

	企业单位数（个）	资产总计（亿元）	营业收入（亿元）	利润总额（亿元）	平均用工人数（万人）
联营企业	98	232.36	152.90	8.48	1.60
国有联营企业	39	88.18	69.47	4.06	0.66
国有与集体联营	15	18.05	13.80	1.55	0.17
其他联营企业	29	110.95	54.81	1.06	0.48
有限责任公司	57005	478896.19	299936.61	17697.50	1726.50
国有独资公司	4169	130523.39	64094.74	3078.76	303.99
其他有限责任公司	52836	348372.80	235841.87	14618.75	1422.52

数据来源：《中国工业统计年鉴（2021）》。

从表 5-1 中可以看到，2020 年规模以上工业企业中国有企业单位数较少，只占内资企业单位总数的 0.7%，并且以地方国企为主。国有经济另一个重要组成部分是国有独资公司，当然也有少部分联营企业等。如果将国有企业和国有独资公司一起考虑，二者企业单位数、资产总计、营业收入、利润总额、平均用工人数分别占内资企业总数的 1.87%、16.49%、10.62%、7.39%、7.58%。如果考虑国有控股工业企业，相关数据会有明显变化，如表 5-2 所示。

表 5-2　2015~2020 年国有控股工业企业主要指标

年份	企业单位数（个）	资产总计（亿元）
2015	19273	397403.7
2016	19022	417704.2
2017	19022	439622.9
2018	19250	456504.2
2019	20683	469679.9
2020	22072	500461.0

数据来源：《中国统计年鉴（2021）》。

从表 5-2 中可以看到，2020 年中国国有控股工业企业单位数为 22072 个，资产总计 500461 亿元，2015~2020 年国有控股工业企业单位数有短暂波动，但总体上呈上升趋势，总资产则逐年增加，年均增长 4.7%。据中国国家统计局报道，2020 年规模以上工业企业中，国有控股企业营业收入共计 27.61 万亿元，实现利润总额 1.49 万亿元，分别占全部企业的 26% 和 23%[1]。2021 年国有企业（国有及国有控股企业）"利润总额 45164.8 亿元，同比增长 30.1%，两年平均增长 12.1%。其中中央企业 28610.0 亿元，同比增长 27.0%，两年平均增长 12.4%；地方国有企业 16554.7 亿元，同比增长 35.9%，两年平均增长 11.5%"[2]。坚持公有制为主体既有质的要求，又有量的要求，不仅要求提高国有经济在关系国家安全和国民经济命脉的重要行业和关键领域的控制力，也要求提高国有经济在全部经济中的占比，激发竞争性领域中国有企业的经济活力。

（三）价值形成与分配

改革开放初期，国内学者围绕社会主义市场经济是否存在剩余价值的问题争论不休。在改革开放之前乃至改革开放初期，相当一部分学者，如胡培兆、赵连城、张秋舫、俞明仁、郑兴昕等认为剩余价值范畴是资本主义特有的，不能用于社会主义[3]。随着改革开放的推进，越来越多的学者认为社会主义商品经济也可以使用剩余价值范畴。部分学者认为社会主义虽然存在剩余价值，但是需要换个名称，如卓炯的"公共必要价值"[4]、陈承明的"公共价值"[5]、陈永忠的"社会剩余价值"[6]、李炳炎的"公共需要价值"[7] 等。洪远朋、马艳

[1] 《2020 年全国规模以上工业企业利润增长 4.1%》，中国政府网，http://www.gov.cn/shuju/2021-01/27/content_5582880.htm。
[2] 曲哲涵：《2021 年国有企业利润总额同比增长 30.1%》，《人民日报》2022 年 1 月 28 日。
[3] 胡培兆、赵连成：《不能把资本、剩余价值范畴搬到社会主义经济中来》，《教学与研究》1982 年第 1 期；张秋舫：《剩余价值是资本主义特有的经济范畴》，《经济科学》1983 年第 5 期；俞明仁：《马克思的剩余价值理论在社会主义经济研究中的运用》，《上海社会科学院学术季刊》1985 年第 4 期；郑兴昕：《社会主义存在剩余劳动和剩余价值吗？——与卓炯同志商榷》，《学术研究》1981 年第 2 期。
[4] 卓炯：《对剩余价值论的再认识》，《学术研究》1980 年第 5 期。
[5] 陈承明：《论劳动价值、剩余价值和公共价值的演变与发展》，《学术月刊》2002 年第 3 期。
[6] 陈永忠：《论社会主义市场经济条件下的资本和剩余价值》，《经济体制改革》2002 年第 2 期。
[7] 李炳炎：《论社会主义市场经济中的剩余价值范畴及其新的社会形式》，《江苏行政学院学报》2003 年第 1 期。

指出社会主义可以采用剩余价值范畴，并且参与剩余价值分配的并不都是剥削[1]。陈光金、高淑娟、时培真、刘炳英、刘琦等认为社会主义的剩余价值范畴在来源、分配等方面与资本主义的剩余价值范畴不同[2]。事实上，社会主义初级阶段仍然存在商品经济关系，也就存在剩余价值生产，这不仅是在非公有制经济中，在公有制经济中同样如此，只是剩余价值的分配和使用不同。

国有企业可以分为公益性国企和竞争性国企。公益性国企并不以获得剩余价值或利润为生产目的，其主要为社会提供公共产品或服务。但竞争性国企却不同，其主要以利润最大化为生产目标。社会主义的生产以使用价值为目的，但在社会主义初级阶段仍然采取商品生产的形式，并且国有企业需要与非公有制企业竞争，因此竞争性国企仍然主要以获得剩余价值或利润为生产目标。不过在剩余价值的分配方面，竞争性国企和非公有制企业具有根本区别，后者的剩余价值由资产所有者占有，而前者实行按劳分配且部分剩余价值由社会占有。在社会主义市场经济条件下，国有经济实行市场型按劳分配，劳动者获得一部分剩余价值。而由社会占有的剩余价值表现为国有经济利润的上缴，全民所有制经济的利润部分返还于国家，这部分剩余价值或者说利润由国家统一支配，可以用于基础设施建设、教育医疗投入等，由此会对企业生产成本、劳动力再生产过程等产生一系列影响。事实上，二者的区别不仅在于剩余价值的分配，也在于价值形成过程。对这一部分的分析会穿插于后文对劳动过程的分析之中。

二　集体经济

集体经济是公有制经济的重要实现形式，其社会化程度虽然没有全民所

---

[1]　洪远朋、马艳：《关于劳动和劳动价值理论的十点认识》，《复旦学报》（社会科学版）2002年第2期。

[2]　陈光金：《论社会主义社会剩余价值的存在与属性》，《求索》2002年第6期；高淑娟：《关于剩余价值一般与特殊的思考》，《清华大学学报》（哲学社会科学版）2002年第3期；时培真：《剩余价值不是资本主义特有的经济范畴》，《学术研究》1981年第4期；刘炳英：《剩余价值在社会主义经济中依然存在》，《理论前沿》2003年第7期；刘琦：《试论中国特色社会主义市场经济体制下的剩余价值》，《理论月刊》2012年第8期。

有制高，但相较于生产资料私有制仍有较大进步，具有一定的联合劳动和按劳分配的性质。随着社会主义市场经济的发展，集体经济的规模还将进一步扩大。

（一）所有制形式

集体经济与国有经济的所有制形式的共同点在于二者都是生产资料归全部成员所有，不同点则是集体经济的公有范围远远小于国有经济。不少学者将集体经济与合作经济等同起来，这实质上是不正确的。二者所涉及的层次是有区别的，"集体经济是从所有制层面上而言的经济组织形式，合作经济是从经济运行体制层面上而言的经济组织形式。二者的本质区别在于，是否承认私人产权"①。合作经济可以分为资本合作、劳动合作或者二者相结合的合作。首先，只有资本合作的企业实质上就是股份制企业，股份制企业的性质取决于参股的各资本的所有制性质。如果资本归属于同一个或不同的集体企业，那么这样的股份企业确实是集体经济性质的。其次，只有劳动合作的企业，如果生产资料是全部劳动者集体所有，则这种合作经济属于集体经济。最后，如果是资本合作和劳动合作相结合的情况，这种企业就是所谓的股份合作制企业。在股份合作制企业中全体劳动者按照各自出资获得红利，按照各自劳动获得工资。很多学者把这种企业看作集体企业，更确切地说应该是集体经济的过渡形态。

"根据资本结构、分配制度和治理结构，可以将改革开放以来集体经济和合作经济发展模式大致分为四类：完全的集体经济、完全的合作经济、过渡形态（集体经济和合作经济的不同组合形态）、典型的私人股份制。"② 完全的集体经济是集体所有、统一经营、按劳分配，因此按股分配红利绝不是完全的集体经济的特征。集体经济的核心在于集体范围内的生产资料的公有，这种公有绝不可以分割。在一个集体内，各成员各自出资，并享有按照

---

① 程恩富、龚云：《大力发展多样化模式的集体经济和合作经济》，《中国集体经济》2012 年第 31 期。

② 程恩富、龚云：《大力发展多样化模式的集体经济和合作经济》，《中国集体经济》2012 年第 31 期。

出资额获得红利的权利，这样得到的总资本是以承认各成员对各自出资的私有权为前提的，只是诸多私有产权的结合，并不是真正的集体所有，因此只能是集体经济和合作经济相结合的过渡形态，如统分结合的双层经营体制、家庭承包经营基础上的农民专业合作社、土地股份合作制的合作农场等。完全的合作经济以及典型的私人股份制这里不再赘述。

（二）集体经济规模

集体经济包括城镇集体经济和农村集体经济，是公有制经济的重要组成部分，以公有制为主体的基本经济制度必然要求大力发展集体经济，并且发展集体经济也是农村改革发展"第二个飞跃"的要求。但在现阶段，城镇集体经济现有规模还比较小，农村集体经济尽管发展潜力巨大但还没有得到充分彰显。

表 5-3　2020 年规模以上工业企业（集体经济）主要指标

	企业单位数（个）	资产总计（亿元）	营业收入（亿元）	利润总额（亿元）	用工人数（万人）
内资企业	356349	1055072.40	840469.82	50297.61	6084.11
集体企业	1001	1726.91	1338.26	67.69	17.47
股份合作企业	761	669.57	686.15	34.75	8.05
联营企业	98	232.36	152.90	8.48	1.60
集体联营企业	15	15.17	14.82	1.80	0.29
国有与集体联营企业	15	18.05	13.80	1.55	0.17
其他联营企业	29	110.95	54.81	1.06	0.48

数据来源：《中国工业统计年鉴（2021）》。

从表 5-3 中可以看到，集体企业和股份合作企业二者总的企业单位数、资产总计、营业收入、利润总额以及用工人数分别占全部内资企业的 0.5%、0.2%、0.2%、0.2%、0.4%。农村集体经济是集体经济的主体，根据农业农村部 2019 年底完成的全国农村集体资产清产核资结果，截至 2019 年底，全国共有集体土地总面积 65.5 亿亩，账面资产 6.5 万亿元，其中经营性资产 3.1 万亿元，非经营性资产 3.4 万亿元。集体所属全资企业超过 1.1 万家，资产总额1.1万亿元①。充分挖掘农村集体经济发展潜力，大力支持集体经济发展对于实现乡村振兴具有重大意义，同时也能切实促进共同富裕的实现。

（三）价值形成与分配

完全的集体经济和过渡形态的集体经济在价值形成和分配上存在差异。在完全的集体经济中，生产资料集体所有，并不以股权等形式量化到个人。由集体成员民主选举的委员会，如村民委员会、居民委员会等，代表集体履行所有者职能，进行统一经营。完全集体经济下的生产过程实质上是集体成员的联合劳动，因此在价值形成过程中的组织管理等方面与私有制经济存在较大差异，留待后文详述。在社会主义初级阶段，集体经济也要生产商品并追求剩余价值。不同的是，集体经济内部实行按劳分配，这既能提高成员的劳动积极性又可以避免贫富分化。在过渡形态的集体经济中情况又有所不同，其中最重要的区别在于产权量化到个人以及按股分配。以农村的过渡形态的集体经济为例，村集体内部成员以其土地经营权入股村集体企业，企业将土地量化为股权，并按照股份进行分红。除土地入股外，也有集体成员自有资金入股或者村集体经济财产折算成股份量化到个人等多种情况。不论采用哪一种形式，其共性就在于产权量化和按股分配，但因其又具有集体所有或者劳动联合的特征，因此也具有集体经济的性质，故除按股分配外还存在按劳分配。集体经济所获得的利润在扣除企业再生产或者扩大再生产所需要的资本之后，其余部分根据按股分配和按劳分配相结合的方式进行分配。

三　混合所有制经济

公有制经济除国有经济和集体经济外，也包括混合所有制经济中的国有成分和集体成分。国企改革一直是改革的重要内容，股份制和现代企业制度的发展也为国有企业混合所有制改革创造了条件。混合所有制改革就是在坚

---

① 《扎实开展全国农村集体资产清产核资工作——农业农村部有关负责人答记者问》，中华人民共和国农业农村部，http://www.moa.gov.cn/xw/zwdt/202007/t20200710_6348455.htm？eqid = e1a4bde60002239c00000006642b94a6。

持公有制为主体的前提下，各种所有制资本在同一企业中共存，即除公有资本外还有国外资本、国内私有资本等。然而在实际操作中，混合所有制改革却存在诸多问题。现阶段混合所有制改革并没有遵守市场规律，很多国有企业被强制要求混改。盈利水平较差的国有企业不能够吸引其他资本进入，盈利高的国有企业并不需要也不愿意进行混改。在强制要求下，原本为促进国有企业发展而进行的混合所有制改革却变成私有资本攫取国有企业利润的工具，真正面临困难的国有企业却得不到资本注入。不仅如此，混合所有制改革应当是"交互"进行的，但现实却并非如此。在公有资本向私有企业注入时，更多的是优秀的国有企业要向发展较差的私有企业注资，来为私有经济兜底，而高盈利的私有企业却不愿意公有资本进入，这无疑违背了混合所有制改革的初衷，也造成国有资产的损失。混合所有制改革不应当采取直接行政命令的形式，而应该在坚持国家主导的前提下发挥市场的基础性作用，即由国有企业、集体企业、非公有制企业根据市场情况自主决定是否进行混改。不能强制盈利能力较强的国企接受私有资本，也同样不能禁止实力较强的国有资本入资优质私有企业。

混合所有制企业的性质同其资本结构密切相关。由国有资本或集体资本控股的混合所有制企业主要表现出公有制的特征，由外国资本或国内私人资本控股的混合所有制企业主要表现出私有制的特征。企业的性质也决定企业的经营管理制度以及剩余价值的分配方式。一般而言，公有资本的占比越高，企业的公有制特征越明显，反之则私有制特征越明显。混合所有制企业的价值形成过程和剩余价值的分配同样是公有制特征和私有制特征的不同程度的组合。这些内容在前文中已经分别论述，不再赘述。后文对劳动过程的变化分析中也把混合所有制中的国有成分和集体成分这部分内容统一于对国有经济形式和集体经济形式的分析中，不再单独阐发。

第二节　劳动过程社会组织形式的新变化

在共产主义或社会主义社会中，劳动无疑要采取自由联合的形式。但在社会主义初级阶段的公有制经济中，劳动过程的社会组织形式还不是基于计划型自由联合劳动制度而是基于市场型自由联合劳动制度，二者的区别主要在于后者的不完全的自由性和有限的联合性。

一 计划型自由联合劳动制度

自由联合劳动是社会主义劳动过程的社会组织形式，具有自由性和联合性两个主要特征。所谓劳动的自由性，主要包括职业的选择、劳动过程本身以及劳动产品的分配的自由。而联合性不仅包括劳动的协作性也包括劳动的社会性。实行自由联合劳动需要一定的条件，主要包括生产力的发展、生产资料公有制、生产社会化程度提高、劳动者的自由全面发展。此时社会生产不再处于盲目状态，而是全社会计划性生产，因此也可以称之为计划型自由联合劳动，以下简称自由联合劳动。

（一）自由联合劳动制度的内涵

学界关于联合劳动的研究其实并不多，且对这一范畴的阐释存在较大争议。李炳炎认为"联合劳动就是社会化劳动，就是协作劳动"[1]，并进一步提出与雇佣劳动相对应的是自主联合劳动。但也有学者认为联合劳动并不是协作劳动，二者是一般与特殊的关系，即联合劳动是与雇佣劳动相对应的劳动方式，是社会主义所特有的，而协作劳动对应于个人劳动，是人类社会中普遍存在的[2]。将联合劳动作为社会主义的劳动方式而与雇佣劳动相对立是大部分学者的观点。这一观点大多来自马克思在《国际工人协会成立宣言》中所说的一段话，即"雇佣劳动，也像奴隶劳动和农奴劳动一样，只是一种暂时的和低级的形式，它注定要让位于带着兴奋愉快心情自愿进行的联合劳动"[3]。这句话中联合劳动前面的定语不能忽视，既然有自愿进行的联合劳动也就存在非自愿进行的联合劳动，因为联合劳动并非都是令人愉悦和自愿的。马克思多次将联合劳动当作协作劳动使用，如"简单协作是完成同一工

---

[1] 李炳炎：《人的全面发展与"自主联合劳动"范畴》，《中共中央党校学报》2003年第3期。

[2] 赵传海：《重建联合劳动论要》，《经济经纬》2007年第1期。

[3] 《马克思恩格斯选集》第2卷，人民出版社，1995，第605~606页。

作的许多工人的联合劳动"①。协作劳动或者联合劳动当然并不必然是愉悦的、自愿的，只有自由联合劳动才是如此。联合劳动与自由联合劳动的关系正如联合体和自由人的联合体一样，是一般与特殊的关系。联合体在不同的社会中都存在过，然而只有自由人的联合体才是真正的未来的联合体形式。联合劳动也并不是社会主义所特有的，只有自由的联合劳动才是取代雇佣劳动的社会主义劳动形式。

（二）自由联合劳动的主要特征

自由联合劳动具有自由性和联合性两个主要特征。所谓劳动的自由性，主要包括职业选择、劳动过程本身以及劳动产品分配的自由。首先，在完全的自由联合劳动中，劳动者对职业的选择应当是自由的。以往社会的分工都是强制性的，劳动者所从事的工作不是自己主观意志的选择。在资本主义社会，劳动者看似可以自由择业，然而一方面这种自由受制于生存的压力，另一方面这种自由不过是选择被什么资本家剥削的自由。只有在自由人的联合体中，在社会主义或者共产主义社会，劳动者才真正拥有选择职业的自由。其次，劳动过程本身应当是自由的。以往的劳动过程是在奴隶主的鞭子下、封建地主的奴役下、资本家的监督下完成的。在前资本主义社会，劳动者还有可能对劳动过程有所掌控。而随着机器体系的发展，工人越来越成为机器的附庸，简单重复的机械式劳动严重阻碍劳动者技能的发展，也遏制劳动者创造性的发挥。在自由联合劳动中，劳动者真正成为劳动过程的主人，劳动不再是被迫的、被限制的，而是自由的、富有创造性的。劳动者的才能得以充分发挥，劳动的积极性空前高涨。同时，劳动过程的自由还表现为协作的自愿结合。随着分工的细化，协作劳动或者说联合劳动已经成为普遍现象，但以往的联合劳动并不是由劳动者的意志所决定的，而是由企业或其他生产联合体的劳动过程的技术组织和社会组织形式所决定的，受生产计划、规模等影响。在自由联合劳动中，劳动者的协作尽管也依赖生产的技术条件，但除此之外则主要取决于劳动者本身的意志，由劳动者自行决定协作的方式、

---

① 《马克思恩格斯全集》第47卷，人民出版社，1979，第301页。

对象、内容等。最后，劳动产品的分配也具有自由性。严格意义上来说，只有在共产主义阶段实行按需分配时，劳动产品的分配才真正具有自由性。在社会主义初级阶段，分配采取按劳分配的形式，相较于资本主义下的分配制度无疑也具有更大的自由性。

联合性不仅包括劳动的协作性也包括劳动的社会性。自由联合劳动也属于联合劳动，因而劳动具有协作的特征，事实上以往社会中的联合劳动在协作性方面并没有本质的区别，只是程度和范围不同。资本主义社会中，生产规模扩大，劳动分工细化，协作劳动充分发展。在智能经济条件下，协作的人数、空间和时间、程度等空前增加。到社会主义或共产主义的自由联合劳动时期，在生产资料公有制的条件下，劳动者"用公共的生产资料进行劳动，并且按照商定的计划，把他们许多个人劳动力当作一个社会劳动力来使用"①，协作的规模和程度空前发展。不仅如此，自由联合劳动的联合性还体现在劳动的社会性上。所谓劳动的社会性是相对于劳动的私人性而言的。在生产资料私有制的条件下，私人劳动需要被社会承认，在商品经济下即意味着商品的交换，马克思称之为商品的惊险的跳跃。一旦私人劳动无法转化为社会劳动，那么这种劳动就相当于浪费掉了。但在计划型自由联合劳动下这种情况不复存在，因为劳动直接就是社会劳动，而不需要经历从私人劳动向社会劳动的转化。这种劳动的社会性，是建立在生产资料的公有制以及社会生产的计划性之上的。

（三）自由联合劳动的产生条件

劳动采用自由联合劳动的形式并非是无条件的，"说劳动在俄国按共产主义原则联合起来了，第一，是指废除了生产资料私有制；第二，是指由无产阶级国家政权在全国范围内在国有土地上和国营企业中组织大生产，把劳动力分配给不同的经济部门和企业，把属于国家的大量消费品分配给劳动者"②，列宁指出实行自由联合劳动的两个主要条件，即生产资料公有制与生产社会化

---

① 《马克思恩格斯全集》第 49 卷，人民出版社，1982，第 194 页。
② 《列宁选集》第 4 卷，人民出版社，2012，第 61 页。

程度提高。事实上，除此之外还有生产力的发展和劳动者的自由全面发展。

首先，生产力的发展是自由联合劳动产生的基础。劳动方式的转变归根结底受制于生产力的发展水平。在劳动者依然面临生存问题、劳动分工还带有强制性的色彩时，自由联合劳动就不可能真正地产生。其次，生产资料公有制是自由联合劳动产生的前提。资本主义生产方式在一定历史时期曾经促进生产力的发展，人的依附时代转变为物的依附时代。然而只要这种依附关系仍然存在，自由联合劳动就不可能真正实现。资本主义社会中人与人的关系表现为人对物的依赖关系，要打破这种基于雇佣劳动生产方式的依附关系必须从根本上废除资本主义私有制。再次，生产社会化程度的提高是自由联合劳动产生的客观条件。生产社会化程度的提高与生产力的发展具有密切联系。在社会主义和共产主义时期，生产社会化已经发展到社会生产的一体化，即社会生产成为一个紧密联系、有计划有秩序的整体。只有当协作发展到这种地步，联合劳动才得以自由地进行。在生产力水平和生产的社会化程度达到这样的要求时，社会生产的计划性也极大地提高，商品经济将让位于产品经济。最后，劳动者的自由全面发展是自由联合劳动产生的主观条件。自由联合劳动对劳动者也提出一定的要求，如果没有劳动者的自由全面发展，那么自由联合劳动只能是理论上的建构而永远无法在现实中实现。

二　市场型自由联合劳动制度

在社会主义初级阶段，商品生产、市场交换仍然普遍存在，无法真正实现自由联合劳动。初级阶段的基本国情不仅表现在社会生产中还存在劳动的多种社会组织形式，如雇佣劳动和个体劳动，而且体现为自由联合劳动的非完全形态，即在公有制经济中劳动采取市场型自由联合劳动的形式。

（一）社会主义初级阶段的基本国情

从自由联合劳动产生条件的角度来看，社会主义初级阶段我国的基本国情主要有生产力水平还不高、多种所有制并存、生产的社会化程度较低、劳动者素质参差不齐。

首先，解放和发展生产力始终是社会主义初级阶段的主要任务。从相对水平来看，尽管新中国成立以来，我国国民经济发展迅速，技术水平不断提升，但是生产力水平从整体上看仍然与西方发达资本主义国家有一定差距。从绝对水平上看，我国已经全面建成小康社会，生产力水平在稳步提高，但是还没有全面实现社会主义现代化，中华民族伟大复兴仍然处于进行时。其次，以公有制为主体、多种所有制经济共同发展是社会主义初级阶段的基本经济制度所规定的。在初级阶段，不仅公有制经济的实现形式是多种多样的，而且还存在多种形式的私有制经济。再次，生产主体仍然以企业为主，社会化程度、计划性仍然不高。在社会主义市场经济下，企业是生产的主体，即使是公有制经济也采取国有企业、集体企业的形式。在社会生产的调节中，市场发挥基础性作用，还无法实现全社会性的有计划的产品生产。最后，我国劳动者数量多、素质参差不齐，劳动者自由全面发展的条件还不具备。尽管在计划生育和优生优育的政策下，人口数量得到一定程度的控制，人口素质得到一定程度的提高，但从当前中国严峻的就业形势来看，劳动力供大于求且劳动素质有待提升的问题仍然是中国劳动力市场面临的主要问题。同时，教育、医疗等关系劳动者身心健康以及全面发展的重要行业仍然有很大缺口。全体劳动者自由全面发展的物质条件还不具备。

（二）市场型自由联合劳动

社会主义初级阶段的基本国情决定我国现阶段还无法实行完全的自由联合劳动，而只能在市场经济下的公有经济中实行市场型自由联合劳动，即实行以市场为基础并受市场限制的自由联合劳动。从劳动过程的角度看，其与自由型联合劳动的区别主要在于不完全的自由性和有限的联合性。

市场型自由联合劳动不完全的自由性表现为劳动者的职业选择通过劳动力市场完成、劳动过程受企业直接控制以及劳动产品分配采用市场型按劳分配。首先，劳动者的就业必须通过劳动力市场来完成。劳动力在社会主义市场经济下是否成为商品这一问题曾在学界引起争议。从现实角度看，劳动力成为商品是普遍存在的现实，不论是公有制企业还是私有制企业都是通过劳动力市场来招聘工人。社会主义市场经济存在多种所有制形式，市场在资源配置中发挥基础性作用，劳动力作为重要的生产要素，其配置同样离不开市场的作用，而完成这一配置的具体市场就是劳动力市场。公有制企业与非公有制企业虽然都是通过劳动力市场获得劳动力商品，但前者是录用关系而后者是雇佣关系，二者对劳动过程的管理和剩余价值的分配也存在差异。既然公有制经济中劳动力依然以商品形式存在并通过劳动力市场进行配置，那么在此情况下劳动者自然无法真正自由地选择自己的职业。

其次，在公有制企业中劳动者无法自由地掌控劳动过程，而要受到企业的直接控制，只是相对于私有制企业其自由度更高而已。一方面劳动者的劳动过程受到企业生产计划的直接影响，另一方面公有制企业中也存在对劳动过程的监督和管理。然而，又因为在公有制企业中生产资料实行公有制，在国家所有制或全民所有制中劳动者是生产资料的"虚拟"所有者，在集体所有制中集体成员是生产资料的直接所有者，所以劳动者在一定程度上可以真正掌控劳动过程。在公有制企业中劳动过程的自主性更加明显，劳动者的创造力和积极性更能发挥。

最后，公有制企业在社会主义市场经济中实行市场型按劳分配。按劳分配即指按照劳动量来分配，所谓市场型按劳分配是指在市场经济下，分配并不是直接按照劳动量来进行，而是先将企业内部的劳动作为整体通过市场交换实现其价值，再按照劳动量完成企业内部的价值分配。通过商品交换的迂回而实现的价值实质上与企业内部劳动创造的价值往往是不相等的，这是价值规律在生产价格阶段的正常表现。在公有制企业内部按照劳动量进行的分配并不是简单地将劳动者创造的价值全部分配给劳动者。真实情况是，企业通过商品交换实现价值，在补偿不变资本和发放工资后，实现一般利润，这一利润大致可以分为三部分：上缴的利润、必要的扣除、员工的共享。工资是劳动力商品的价值，也是劳动者必要劳动创造的价值，这在公有制企业中和在私有制企业中并无太大区别，但劳动者的剩余劳动所创造的剩余价值的分配则大不相同。上缴的利润在国有企业中表现为向国家上缴的利润，既可能以直接利润上缴的形式也可能是以税收的形式（利改税），在集体企业中表现为向集体或集体成员分配利润，后者往往与员工的共享有重叠或交叉。必要的扣除则包括企业扩大再生产、更新生产设备、对外投资等企业开展生产经营行为所必需的资金。员工的共享则是以员工分红、发放福利等方式将剩余价值的一部分分配给企业员工。总的来看，市场型自由联合劳动的自由性是不完全的。

市场型自由联合劳动有限的联合性表现为劳动的协作性和社会性分化为社会和企业内部两个层面。首先，公有制企业内部劳动的协作性较高，但从社会层面看，劳动的协作性还有待提升。在国有企业内部生产资料归国家所有或全民所有，企业员工都是生产资料的"虚拟"所有者，其身份是平等的，在企业的统一管理下为同一个生产目标而劳动，因而劳动过程的协作性较高。在集体企业中就更是如此，集体的成员是生产资料的直接拥有者，集体企业的生产目的就是集体成员的共同目的，劳动协作的主动性和程度显著提高。在私有制企业中，协作则是基于生产的技术组织形式和资本家或企业管理者的强制要求，较少涉及劳动者的主观意愿，这是一种被动的协作。在同等技术条件下，公有制企业内部劳动的协作性要高于私有制企业。但从社会层面看，市场型自由联合劳动的协作性依然有待提高。"初级阶段经济制度＝多种公有制主体（私有制辅体）＋市场型按劳分配主体（按资分配辅体）＋国家（计划）主导型市场经济。"① 改革开放之前，我国实行传统的计划经济体制，在当时的生产力水平下，这样的经济体制对促进国民经济发展起到了至关重要的作用。但随着生产力水平的进一步提高，传统的计划经济体制不再适应国民经济的发展。传统的计划经济体制"功成身退"，社会主义市场经济体制"继往开来"。社会主义初级阶段的经济体制实质上是国家主导型的市场经济体制。当然，随着生产力的进一步提高，在社会主义更高阶段，还会出现新型的计划经济体制，这里不再赘述。传统计划经济体制下社会生产的计划性较高，社会层面的协作性较强。但在国家主导的市场经济体制下，市场发挥基础性作用，国家对社会生产的干预减少，社会层面的协作性有待提高。当然，这里所说的有待提高是相对于更高层次的生产力水平下

---

① 程恩富：《改革开放以来新马克思经济学综合学派的若干理论创新》，《政治经济学评论》2018 年第 6 期。

的社会生产而言的，如实行单一全民所有制、产品型按劳分配和完全计划经济的社会主义高级阶段①。

其次，企业内部的共同劳动不能直接成为社会劳动，而必须通过商品交换迂回实现。尽管在公有制企业中，劳动的私人性降低而集体性提高，但是从社会层面来看，各企业内部的共同劳动或集体劳动仍然属于私人劳动，需要通过商品交换来完成向社会劳动的转换。市场型自由联合劳动的社会性相较于私人劳动有所提高，但较真正的自由联合劳动仍有差距。总的来看，市场型自由联合劳动的联合性是有限的。

三　基于劳动合同的录用关系

自改革开放以来，传统的"统包统配"的用工制度已经逐渐被劳动合同制所取代，公有制企业与劳动者之间的劳动关系主要表现为基于劳动合同的录用关系。劳动合同制在用工的灵活性、规范性等方面具有独特的优势，当然也可能导致用工不稳定、工人利益受损等问题，这里不再赘述，而是主要探讨在公有制企业中基于这种制度的劳动关系的表现形式。

在资本主义社会中，雇佣劳动也采取劳动合同制的形式，资本家与劳动者签订合同约定工资、工作等内容，二者之间是雇佣与被雇佣的关系。但劳动表现为雇佣劳动或者劳动关系表现为雇佣关系，与用工采取劳动合同制并没有必然的联系，其核心在于生产资料所有制。雇佣关系是由资本主义社会的生产资料私有制所决定的。货币转化成资本的前提是劳动力成为商品，正因为劳动者不能掌握生产资料，其才不得不被资本所雇佣，而这也决定了雇佣劳动的根本特征，这种特征既表现在劳动过程上又表现在价值增殖过程上。雇佣劳动制度的劳动过程的突出特点在于劳动者的劳动无条件地受资本家支配，这种支配无视劳动者的主体性，强迫劳动者成为机器的附庸。在资本家的眼中劳动者与钢铁制造的机器并无区别。不仅如此，雇佣劳动制度还

---

① 程恩富：《改革开放以来新马克思经济学综合学派的若干理论创新》，《政治经济学评论》2018年第6期。

表现为劳动者的剩余价值被资本家无偿占有。劳动者的工资仅仅是劳动力的价值，而生产过程中超过这一数量的剩余价值则不属于他自己。因此可以说雇佣关系的核心在于生产资料私有制，主要表现是资本支配劳动过程和资本家占有剩余价值。

尽管同样是基于劳动合同制度，公有制企业的劳动关系却与雇佣关系存在根本不同。就生产资料来看，公有制企业的生产资料属于全体人民或集体全部成员。生产资料的公有也就决定公有制企业的劳动过程与价值分配与私有制企业存在较大差异。一方面，在劳动过程中工人不是麻木的机器而是具有主体性的劳动者。工人不仅作为劳动者而且还作为企业的所有者进入到劳动过程中。对劳动过程的管理不再是自上而下的单方面控制，而是自上而下和自下而上的管理相结合，这在后文中还将详细论述。劳动者也不再仅仅是完成生产的工具，公有制企业的根本目的在于人的全面发展，因此在劳动过程中劳动者享有一定的自主性。另一方面，公有制企业实行市场型按劳分配，劳动者创造的剩余价值在进行各种必要的扣除之后会按照劳动的多少重新分配给劳动者。因此，理论上公有制企业不存在私人占有剩余价值的现象。基于上述分析可以看到，公有制企业的劳动关系不可能是雇佣关系，而是基于劳动合同的录用关系。这种录用关系与雇佣关系的主要区别也正在于上述三个方面。

在智能经济下，私有制企业雇佣劳动制度的突出变化体现在雇佣时间更灵活、雇佣关系不稳定、雇佣形式更隐蔽。这主要是因为智能技术的使用服从于资本逻辑，以剩余价值最大化为根本目的。但在公有制企业中，智能技术的使用并不完全遵从利润最大化的原则，因而公有制企业可以在用工时间更灵活、形式更多样的情况下维持明确且稳定的劳动关系。智能算法的应用可以使得企业实时掌握生产过程的各个环节以及劳动者的劳动状态，从而将二者智能匹配起来。但这种灵活性的增加可能会引起劳动者的摩擦成本增加，即在不同工作之间切换会浪费大量时间。不仅如此，在频繁改变工作的情况下，签订合同、转移劳动关系相关手续等也要花费大量成本。然而，社会主义市场经济是以国家调节为主导、以市场调节为基础的市场经济，在公有制为主体的条件下，通过运用智能技术，可以大大减少劳动者的时间成本。最重要的一点在于智能技术可以在这种就业的高度灵活性中实现较强的稳定性。从整体看，劳动者的就业是不断变动的，因而是具有灵活性的；从每一阶段看，劳动者在每一段就业中都会与企业签订劳动合同，合法权益都可以得到保障，因而具有稳定性。

第三节　劳动过程中人的要素的新变化

智能技术在私有制企业中的应用加剧劳动者技能的两极分化、提高劳动强度、延长劳动时间以及虚假地彰显劳动者的主体性。但在公有制企业中，智能技术理论上可以促进劳动者的技能发展、降低劳动强度、减少劳动时间以及促进劳动者主体性的彰显。

一　劳动者技能的新变化

前文已经提到，公有制企业对员工的培训水平相较于私有制企业处于较高水平，不仅人均培训费用高而且培训人数多。这种优越性主要来源于公有的所有制性质。在私有制企业中劳动者只是作为资本所有者的可变资本存在，因此企业培训也紧紧围绕如何更快更多地创造剩余价值这一最终目标，为了节约成本而采取能不培训就不培训、能少培训就少培训的策略。但公有制企业则不同。公益性国有企业只是向社会提供公共产品，不以营利为目的，竞争性国有企业以及集体企业虽然一般以利润最大化为生产目标，但也并非只考虑利润。归根结底，公有制企业的生产是为了人的发展，即使是以利润为生产目的的国企也依然要承担一定的社会责任。这种社会责任不仅仅体现在国有企业利润的上缴上，也体现在国企吸纳就业和培养员工上。集体企业同样要考虑集体成员的发展。基于这样的原因，公有制企业更加注重对员工的培训，又因为生产资料的公有性质，所以企业培训必须惠及大多数员工。

在国有企业中，员工之间虽然也存在竞争，但同时又都作为企业生产资料的所有者，所以劳动者在劳动过程中拥有更高的自主性，其自我学习的空间就更大。员工之间竞争性相对较弱，老员工对新员工的教学以及员工之间互相学习就比私有制企业更加普遍。在集体企业中也是如此。完全的集体企业以联合劳动为基础，集体成员是企业生产资料的直接拥有者，这一特点比国有企业更加明显。因为在国有企业中，虽然名义上企业员工也是生产资料的所有者，但因为全民所有制采用国家所有制的形式，因此每个员工实质上很难行使所有者的权力。但在集体企业中则不同，集体所有制的范围比国家所有制小，集体成员的所有者身份更明显，所有者权力可以量化到个人。集体成员之间是合作和联合劳动的关系，因而劳动者技能能够通过干中学途径得到有效的提高。

去技能化的问题在公有制企业中也同样存在。在进入共产主义社会之前，分工还带有强制性，且在不断细化。劳动者长期从事单一的工作，技能出现退化趋势，在私有制企业中劳动者成为机器的附庸加剧了这一趋势。分工的细化实质上是生产力发展以及生产社会化程度提高的要求，公有制企业同样无法避免这一现象。与私有制企业不同的是，公有制企业能够通过企业内部的岗位轮换制度减轻强制性分工的不利影响。尽管劳动过程已经分解成诸多细小环节，劳动者依然可以通过不断转换岗位实现对整个劳动过程的掌握。当然，私有制企业中也存在晋升、换岗等，然而劳动者只是作为创造剩余价值的工具而存在，因此企业没有动力考虑通过这些手段来避免劳动者技能的退化。公有制企业中劳动者的劳动是市场型自由联合劳动，公有制生产的根本目的仍然是促进人的发展，因此从理论上看公有制企业可以通过企业内部劳动力的流动达到避免劳动者因分工细化和固化而出现技能退化的效果。同样的，让员工成为机器的主人而不是附庸，对于防止劳动者技能的退化也具有重要意义。但是从现实中看，公有制企业没有普遍使用这些手段，并未有效发挥防止劳动者技能退化的功能。

在智能经济条件下，从理论上看公有制企业可以更好地促进劳动者技能水平的优化和提高。智能技术的应用在私有制企业中会导致劳动者整体技能水平的降低和技能的两极分化，低技能水平的劳动者被智能机器大量替代。技术进步对于私有制经济而言是失业问题的凸显；对公有制经济则是生产力发展的优势彰显，智能机器代替工人的工作使工人转换岗位、提高劳动技能成为可能。对于私有制企业而言，这部分被代替的员工失去了生产剩余价值的能力，辞退是减少企业成本的最佳选择。事实上，劳动者技能水平和结构不是一成不变的，但私有制企业不可能为劳动者提高劳动技能买单。要继续获得工作，劳动者只能自己花费资金和时间进行自我提升。但公有制企业的生产是为了人的发展，可以将被智能机器替代的工人组织起来，转移到新的岗位或者进行培训，这些是公有制企业的优势所在。这些技能得到优化的劳动者可以继续从事生产工作，创造更多价值。

二　劳动强度与劳动时间

劳动强度和劳动时间对公有制企业的生产而言同样是至关重要的。公益性国有企业主要以使用价值作为生产目标，提高劳动强度和增加劳动时间能提高生产能力，竞争性国企和集体企业以剩余价值为生产目标同样希望提高劳动强度和增加劳动时间。但与私有制企业不同的是，公有制企业内部劳动者的劳动是市场型自由联合劳动，公有制企业不能像私有企业一样肆意提高劳动强度和延长劳动时间。从提高劳动强度和延长劳动时间的原因、方式和结果上看，公有制企业与私有制企业存在差异。竞争性公有制企业提高劳动强度、延长劳动时间的直接原因在于获取更多剩余价值，根本目的在于促进人的自由全面发展；其方式相较于私有制企业更正规和合理，公有制企业加班制度完善，加班的时间、报酬等都按照既定规章制度执行；其结果并不会对劳动者的身心健康造成损害，因为这种劳动强度的提高和劳动时间的延长是在合理的范围内的，且一般是临时性的而非持续性的。但是从现实来看，不少公有制企业的管理措施并不符合公有制的性质，很多地方与私有制企业并无区别，仍需要在改革中继续完善。

私有制企业利用智能技术提高劳动强度和延长劳动时间，公有制企业则相反，在公有制企业内部智能技术的应用可以降低劳动者的劳动强度、缩短劳动者的劳动时间。私有制企业利用智能技术对生产过程进行更严密的监督，想方设法提高劳动者劳动强度和延长劳动时间。公有制企业同样可以利用智能技术，减少生产过程中不必要的物质资料和时间的浪费，从而在不降低产量甚至是提高产量的前提下，降低劳动者的劳动强度和缩减劳动时间。私有制企业只有在使用机器的收益大于使用雇佣工人的收益的情况下才会采用新机器，公有制企业则可以不受短期收益的限制，优先采用有利于降低劳动强度和减少劳动时间的新技术、新机器，而通过培训提高节省出来的这部分劳动力的技能水平，将之转移到其他劳动过程中创造出更高的价值。不仅如此，智能技术的应用可以让工人成为劳动过程的主人而非机器的附庸。技术虽然是中性的，但技术的应用却并非是中性的。前文已经提到外卖平台利用智能算法尽可能压榨骑手的案例，如果数字平台归属于公有制企业，那么情况可能大不相同。公有制的数字平台可以将智能算法设置成以劳动者为主体的形式，如骑手可以自行选择是否接受订单、什么时间段从事配送服务等。但目前来看，公有制企业对智能技术的应用还不够，应用方式还有待改进。

三　劳动者的主体性问题

主体性问题在公有制企业中同样存在。部分学者认为在生产资料公有制的情况下，无须考虑工人的主体性问题，然而事实并非如此。至少在社会主义市场经济中，尽管实现程度比私有制企业高，但公有制企业中工人主体性的实现依然是不完全的，并且这种较高的实现程度也并非是无条件的。工人主体性的实现要求其成为劳动过程的主人而非机器的附庸。如果盲目采用私有制企业的管理制度，公有制企业中劳动者同样会成为执行企业意志的工具，尽管这种意志与私有制企业不同，后者实质上是资本的意志。在这一点上集体企业更具有优势，因为其生产资料公有的范围较小，所有者的身份较为清晰，集体成员能够参与到集体企业的经营管理中，在企业实现其生产目标的同时，工人能够在一定程度上实现其主体性。关于公有制企业对劳动过程的管理将在下一部分详细阐述。除企业管理制度外，对技术、机器的应用也会影响工人主体性的实现。在传统生产中，比较发达的机器是自动化机器，工人被动地跟随机器运转，只起到辅助作用。在这种技术条件下，公有制企业使用自动化机器依然很难避免使工人成为附庸，主体性的实现当然也就受到阻碍。这一问题在智能经济时代有可能得到有效解决。

　　智能机器与传统的自动化机器的重要区别之一在于前者具备一定人工智能，能够自行做出一些判断、决策，从而部分地替代人的智力劳动。私有制企业使用智能机器来控制工人，公有制企业则可以利用智能机器来支配资本。具体来看，私有制企业利用智能技术加强对工人的监督，利用智能技术对生产过程予以掌控，提高工人的劳动强度等，总而言之，是利用智能技术强化工人对资本的从属，强化资本的主体性，工人越发成为工具人。而公有制企业基于市场型自由联合劳动制度，可以取得与私有制企业完全相反的效果。私有制企业的结构自上而下依次是资本—智能机器—工人，在公有制企业中则是工人—智能机器—资本。智能机器尽管具有一定的智能，但归根结底只是机器的一种，既可以用来加重剥削，又可以用来促进工人主体性的实现，这取决于谁来运用以及如何运用它。公有制企业以人为本，智能机器自然可以成为工人控制资本的手段，工人使用智能机器再次成为劳动过程的主人，更自由地支配生产资料，其主体性得到实现，生产积极性和劳动效率也将得到巨大提升，这是公有制企业的独特优势。但目前来看，公有制企业并未发挥出其应有的优势，这仍与企业劳动过程的管理体系密切相关。

第四节　劳动过程管理的新变化

　　从劳动过程中劳动者技能变化、劳动强度和劳动时间、主体性问题来看，目前公有制企业没有发挥出其应有的职能。智能技术的应用既可能加重也可能有效缓解这些问题，在公有制条件下，运用智能技术更好地促进生产力的进步和劳动者的发展依赖现代化的企业劳动过程管理体系。盲目学习西方企业制度会导致公有制企业在一定程度上丧失其应有的职能，建立中国式现代企业劳动过程管理体系才能更好地发挥公有制企业的优势。

一　劳动过程管理的组织设定新变化

　　公有制企业劳动过程管理的组织基础依然是科层制。但不同于私有制企

195

业的单向管理，公有制企业的监督管理是自上而下和自下而上相结合的，这部分将在后文劳动者与管理者的关系部分详细论述。由于历史原因，我国公有制企业存在不少弊端，但在智能经济条件下，公有制企业的科层制组织形式在理论上可以实现更高的管理效率。

（一）公有制企业科层制的弊端

前文已经提到，科层制的弊端主要包括规则的过分刚性、保守主义和权力层级差异。由于历史文化等原因，我国公有制企业也存在类似的问题，整体上看呈现出科层制僵化的特点，具体表现为权力等级森严、信息传递效率低、企业员工积极性差、自下而上的民主监督难以实现等。

公有制企业出现这些问题的原因，主要包括中国封建等级文化的影响与传统计划经济体制的影响。由于中国资本主义发展时间短，新中国成立后又迅速完成社会主义改造，因此资本主义生产方式对公有制企业科层制的影响相对较小。中国封建社会历史悠久，在很早之前就已经形成大一统的国家，中央集权制度、行政官僚制度相对完善，官僚主义问题长期存在，官场、职场文化盛行，这些因素对公有制企业的影响是深远的。同时，传统计划经济体制也是导致公有制企业科层制僵化的重要因素。传统计划经济体制对新中国成立后国民经济的恢复以及国家工业体系的建立起到了至关重要的作用，促进了生产力的迅速发展。但在改革开放前夕，传统计划经济体制逐渐难以适应生产力的发展，以行政命令调节经济的手段在经济体量逐渐增加之后开始显现出其弊端。这种高度计划性的、过分刚性的经济运行机制是公有制企业科层制僵化的原因之一。

公有制企业科层制僵化主要表现为以下四点。第一，权力等级森严。科层制中不同层级的权力本身就存在高低之分，但在完全理性的前提下，这种权力是基于职位而非个人，是职责之内的权力。然而受历史文化等因素影响，公有制企业权力等级划分更加鲜明，且权力集中的趋势明显，因此常常导致官僚主义泛滥。第二，科层制的僵化直接导致信息传递效率低下，上级的命令难以迅速传递到下级，下级的真实信息又无法传递到上级，信息传递受阻，行政效率低下、形式主义盛行。第三，科层制僵化严重影响企业员工的积极性。僵化的组织形式一方面使得企业氛围整体处于压抑、严肃、沉闷的状态；另一方面官僚主义、形式主义使得员工的才能得不到发挥、贡献得不到肯定，其积极性必然下降。第四，自下而上的管理和监督难以贯彻。等级森严、僵化的科层制阻碍下级的信息向上传递，权力的集中也扼杀了员工民主监督的可能性。

（二）智能经济条件下公有制企业科层制新变化

智能技术能够提高信息的采集效率、优化信息的传递过程、提升决策的理性水平，这对于解决公有制企业科层制僵化的问题具有重要意义。信息采集效率的提高和传递过程的优化能够突破科层制对信息传递的限制，使得信息在上下级以及同级之间自由传递。而智能算法代替人对信息进行处理和做出决策，一方面有效避免"人治"导致的非理性问题，另一方面又为分权型组织提供了可能。传统科层制中，每一个岗位实质上对应于一个信息节点，处于该岗位上的员工就负责信息的收集、传递和处理，信息的获取和处理权限逐级增加，因此越处于科层制上层其权力越大。而智能算法的应用改变了这种信息传递和处理的模式。首先，信息节点与科层制的层级减少。科层制本身是为了满足大型活动组织的需要，受信息收集和处理能力的限制，人们不得不设置多个层级来传递和处理信息。但智能算法的应用使得信息收集、传递和处理能力得到巨大提升，分权型的扁平形科层组织成为可能。其次，既然信息处理可以主要由智能算法完成，那么科层制中各层级岗位的权力也就失去赖以存在的基础，层级之间的差距减小，在公有制企业中实行自上而下的监督管理和自下而上的监督管理相结合的管理模式因此成为可能，公有制企业市场型自由联合劳动的特性也因此得到彰显。

二　劳动过程管理的制度规范新变化

在公有制条件下，依然需要对生产资料的采购、使用以及劳动者的劳动时间和劳动完成量等进行监督，而这种监督同样有必要以制度的形式固定下来，只是公有制企业中劳动过程管理制度的目的和手段与私有制企业存在差异。

首先，在目的上，在社会主义初级阶段，尽管竞争性公有制企业也以利润或剩余价值为生产目标，但对劳动过程的管理归根结底是为了无产阶级的整体和长远利益，是为了发展生产力并彻底战胜资本主义。其次，劳动过程管理的目的上的不同决定手段上的差异，但又因为社会主义初级阶段公有制企业也部分地以利润为生产目标，因而对劳动过程的管理又与私有制企业存在相似之处。

第一，这种相似之处在于，二者都尽可能减少生产资料的浪费和使企业员工尽可能地进行有效劳动。在生产资料的采购、支取、使用等方面必须有完善的制度规定，对私有制企业而言这可以减少企业成本并避免企业所有者面临资产损失，对公有制企业而言同样如此，只是这种损失不是个人的损失而是国有财产或集体财产的损失。同样公有制企业也要督促企业员工尽可能多地劳动，只是这种劳动量的增加不以损害劳动者的身体和心理健康为代价。

第二，公有制企业与私有制企业在劳动过程管理制度上的区别在于前者是平等的、相互的、和谐的，而后者是压迫的、单向的、对立的。这种平等是基于生产资料公有制的性质，公有制企业实行市场型自由联合劳动，企业员工作为企业的"所有者"处于同等地位。因此尽管公有制企业对劳动过程的管理的组织形式依然是科层制，但不同层级之间只有分工的不同而没有等级上的差异。管理者并不因为处于管理岗位而高普通员工一等。事实上，在公有制企业中管理是相互的。管理者需要统一组织员工的劳动过程并监督其劳动，同时员工有权利和义务监督管理者的工作。国有企业归属于全体劳动者，集体企业归属于集体全部成员，因此全体劳动者或集体成员都可以而且应该对国有企业或集体企业履行监督和管理职责。在企业内部劳动者进行自下而上的监督是其履行"所有者"职责的重要形式。在管理的内容方面，自上而下的管理和自下而上的管理存在一些差异，前者可能侧重于对劳动过程的组织和监督，后者侧重于对劳动过程中一些问题的反馈、对企业资产管理的监督等。在私有制企业中这种管理是单向的，是资本所有者直接或间接通过雇佣企业管理层对劳动者进行管理，并且劳动者之间处于激烈的竞争状态。因此，私有制企业中劳动过程管理制度实质上是对抗性的，在公有制企业中则是和谐的，一方面是因为企业员工的平等性和管理的相互性，另一方面是因为劳动者之间是竞赛关系而非竞争关系。

从现实来看，公有制企业并没有完全发挥出其劳动过程管理的制度优势，反而呈现出与私有制企业趋同的态势。建立现代企业制度，并不是全面接受西方企业制度，而是要建立中国式现代企业制度。后者必然要求公有制企业建立区别于私有制企业的劳动过程管理制度。智能经济条件下制度呈现出算法化的趋势，私有制企业以此来强化对员工及其劳动过程的控制、获得更多剩余价值，而公有制企业可以以此来解决科层制僵化的问题、切实发挥公有制的制度优势。同时，现实中公有制企业在管理过程中，分工不同而导致不同工作岗位的权威性存在差异，这种单纯因工作而产生的权威很容易向工作生活的所有方面蔓延，由此公有制企业管理也呈现出与私有制企业类似的特征，即压迫的、单向的、对立的。一旦将管理制度内化在智能算法中，就可以避免这种权威的滥用。算法的应用同样是带有所有制性质的，既可以用来发挥公有制企业的制度优势，也可能被私有制企业用于强化对员工的压迫。按照公有制企业管理的原则设计，那些能够体现公有制特征的管理制度，通过智能算法避免在执行过程中出现权威的滥用，才能真正体现公有制企业对劳动过程管理的制度优势。

三　劳动过程管理的文化约束新变化

公有制企业文化是建立在企业全部员工平等基础之上的，企业生产的根本目的在于人的发展，因此公有制企业文化的核心也在于促进人的自由全面发展。公有制企业与私有制企业文化的区别主要在于文化的内核以及主要内容的不同，并且企业文化的存在形式以及传播手段等方面也有所不同。这种以平等为前提的企业文化既不存在基于科层制的等级压迫，也不存在基于生产资料私有制的阶级剥削。企业文化实质上是由不同的文化共同组成的，其中最主要的是企业家的文化和职工文化。在私有制企业中，职工文化虽然受到企业家的文化的影响，但是二者往往是对立的。企业家的文化代表的是资本所有者和企业管理者的意志，而职工文化主要是职工内部形成的文化。在生产资料私有制条件下，企业所有者和管理者为追求利润而尽可能压榨企业员工，因而两种文化从根本上看是冲突对立的。在公有制企业中企业管理者与其他员工处于平等地位，都是生产资料的所有者，因而两种文化的对立就不复存在，公有制企业可以形成统一的企业文化。私有制企业存在文化对立的问题，因此在文化的传播过程中，企业管理者要向员工推行企业家的文化就不得不主要依赖强制性的集中培训和学习。而在公有制企业中，企业文化的传播则是集中培训和自发学习并重。公有制企业文化的作用同样主要包括引导作用、规范作用、协调作用和激励作用，但相较于私有制企业，彼此仍然有不少差异。首先，公有制企业文化引导企业员工朝自由全面发展的方向努力，而非诱使员工滑向拜金主义。其次，公有制企业文化对员工的规范的目的在于加强劳动纪律、提高劳动效率，而非尽可能地压榨员工。不仅如此，公有制企业文化强调集体主义、奉献和团结协作，而非个人主义。最后，公有制企业文化的激励作用显著，因为公有制企业文化真正代表全体员工的根本利益，更能激发劳动者的主观能动性，这种激励不同于私有制企业中以物质激励为主的激励文化，后者的激励作用是微弱的、短暂的且不可持续的。

然而，现实中公有制经济的企业文化却并未达到应有的水平。在社会主义初级阶段，公有制企业需要与私有制企业进行竞争，且大多数公有制企业也以利润最大化为直接目标，因而公有制企业文化不可避免地出现与私有制同化的趋势。事实上，这种同化并不是公有制企业文化面临的最大问题，最关键的问题在于官僚主义和形式主义文化对企业文化的侵蚀。这种基于科层制僵化和管理制度不合理的官僚主义和形式主义文化一旦形成，会对企业劳动过程管理造成严重的负面影响。公有制企业文化本应以集体主义、奉献、团结为特征，然而这些价值目标却变成官僚主义和形式主义的伪装，并成为强化对企业员工的管理的手段。官僚主义表现为官本位思想盛行，即以职位高低作为价值判断标准，公权私用、官官相护等，并且还会滋生形式主义、贪污腐败，造成企业僵化、员工积极性不高、生产效率下降等一系列问题。当然，并非所有的公有制企业都存在这样的问题。

前文已经提到，智能技术既能被私有制企业用来强化对员工的压榨，也能被公有制企业用于彰显员工的主人翁地位。智能化的生产方式为减少劳动时间和改善劳动环境提供了可能。私有制企业利用不定时工作制来隐性地延长劳动时间。公有制企业则可以在智能生产的基础上形成真正的弹性工作文化，充分考虑到企业员工的工作和生活需求。这种文化一旦形成会极大地提高员工的劳动积极性和劳动效率。劳动过程不仅是劳动者体力、智力的耗费还有以注意力表现出来的意志力的耗费，长时间高强度劳动不仅会损害劳动者的身体和精神健康，也会导致体力、智力、意志力的下降，进而影响劳动效率。充足的休息更有利于劳动者充分发挥其劳动力。一旦企业抛弃片面追求延长劳动时间和过度内卷的企业文化，真正的创新文化才有可能形成。在智能技术减少科层制层级、减少上级对下级的权威滥用以及制度算法化的基础上，公有制企业可以建立真正的民主文化。这种民主文化不仅是企业员工作为生产资料所有者地位的彰显，而且对于遏制官僚主义和形式主义等不良文化也会起到至关重要的作用。关于跳出历史周期率，毛泽东同志给出第一个答案即人民监督，习近平同志给出第二个答案即自我革命。类似的，在公有制企业中需要员工对企业管理者进行监督，也需要企业管理者自我革命，这些都与企业文化密切相关。

第五节　劳动过程中生产关系的新变化

公有制企业中劳动过程的社会组织形式采取市场型自由联合劳动的形式，劳动关系表现为基于劳动合同的录用关系。这种录用关系与私有制企业的雇佣关系有着根本不同。除此之外，劳动过程所涉及的生产关系同私有制企业一样主要包括资本所有者与企业管理者之间的关系、企业管理者与劳动者之间的关系、劳动者相互之间的关系，只是这些生产关系与私有制企业中的生产关系存在显著差异。在智能经济条件下，公有制企业劳动过程中生产关系的新变化同样有别于私有制企业。

一 企业所有者与企业管理者之间的关系

公有制企业以生产资料公有制为基础，既包括全民所有制又包括集体所有制。对于全民所有制企业，全体人民共同参与企业管理难以实现，即使是规模相对较小的集体企业，全部集体成员参与企业管理的难度也很大。因此公有制企业也需要委托特定的企业管理者来代替企业所有者管理企业，也就存在委托代理关系。与私有制企业类似，公有制企业的企业管理者也并非都是代理人，大部分企业管理者与企业一般员工没有本质区别。

（一）企业所有者与企业管理者的委托代理关系

与私有制企业相比，公有制企业委托代理关系最突出的问题在于层级过多。以生产资料全民所有制的国有企业为例，委托代理关系多达六层，涉及七个主体，依次是全国人民、全国人民代表大会、国务院、各级政府、国有资产管理委员会、国有资产运营机构、国有企业经营者[①]。在私有制企业中，当股权分散度很高时也会出现类似的问题，只是由于全民所有制的分散程度远比私有制企业高，所以国有企业的委托代理层级多的问题才尤为突出，而集体企业相较于国有企业则不那么明显。委托代理层级过多会导致一系列问题，如约束不强、激励不足、代理人行为短期化等。

全民所有制企业建立在生产资料公有制的基础上，严格来讲并不能说这种公有制的所有权过于分散，因为这种所有权并不会量化到个人，而是统一的整体。私有股份制企业是由众多独立的私人资本组成的，其规模越大、涵盖的私人资本越多，股权一般也就越分散。但公有制企业并不单纯是股份制的量变，也即公有制企业并不是单个人的私人资本的集合体。在这里量变引起了质变，不是独立的人的结合，而是作为一个整体而存在，每个人都是所有者，但这种所有者的权益并不能转让，它被赋予单个人只是因为单个人是这个共同体的一部分。在集体企业中同样如此，只是共同体不是全社会性的

---

① 张淑敏、刘军：《委托代理理论与中国国有企业改革模式构建》，《财经问题研究》2006 年第 7 期。

而是集体性的。尽管公有制企业的所有权并不能称为分散，但所有者数量过多而无法保证全部人都参与到企业管理中来这一问题确实是存在的。正因如此，国有企业的管理才不得不通过全国人大、国务院、各级政府等一系列主体层层委托代理的方式。规模较大的集体企业的管理同样需要通过集体代表大会等一系列"代理人"来完成，而无法由全部集体成员直接参与。

信息传递存在层级损耗，每经过一个层级，信息就面临减弱、失真的风险。一旦委托代理层级过多，信息不对称的问题就相当严重。不仅如此，根据委托代理理论，委托人和代理人的目标函数是不同的，在委托代理层级过多的情况下，目标函数的扭曲将会带来不可挽回的损失，自改革开放以来国有资产流失一直是国有企业管理面临的严峻问题。各级代理人以自己收益最大化为目标，作为初始委托人的全体人民的利益难以得到有效保障。同时，代理人的监督和激励问题也变得复杂起来，如何有效监督代理人的管理行为以及如何根据代理人所付出的劳动而给予其相应的激励等问题都亟待解决。有学者试图从根本上解决国有企业委托代理层级过多的问题，如实行人民代表股东会制度、社会化董事制度①等，这些举措有其合理性，但从现实来看可操作性不强，同时也会导致其他一系列问题。

智能技术提供了另一种解决办法，即并非直接减少委托代理层级，而是减少信息传递的损耗和失真。在智能经济条件下，公有制企业委托代理关系层级过多所导致的信息不对称问题以及代理人的监督和激励问题可以得到有效解决。智能技术使得代理人的经营管理活动以及企业的生产活动透明化、可视化，极大地减少委托人和代理人之间的信息不对称问题，也可以强化委托人对代理人的监督。精确掌握代理人所付出的努力，可以更有针对性地制定激励措施。在信息传递效率和准确性都很高的情况下，监督和激励能够起到良好的效果，委托代理层级多并不会给公有制企业的管理带来负面影响，或者即使有影响也并不明显。智能经济条件下，公有制企业的委托代理关系

---

① 蒋建湘：《委托代理视角下国企公司治理的改进》，《法律科学（西北政法大学学报）》2014年第6期。

的另一个明显变化是初始委托人即全体人民或集体成员对企业的外部监督更加便捷、高效。透明化、可视化的数据使得企业外部的所有者可以更好地履行所有者的责任，当然企业内部员工同样有监督的责任，这将在下一部分劳动者与企业管理者的关系中详细阐述。

（二）企业所有者与企业管理者的录用关系

公有制企业中大部分管理者实质上与企业所有者也只是录用关系，而非委托代理关系。公有制企业中，企业所有者与企业管理者之间的录用关系和企业所有者与企业其他员工的录用关系并无区别。

前文已经提到，私有制企业的雇佣关系在智能经济条件下的新变化突出地表现为雇佣时间更灵活、雇佣关系不稳定、雇佣形式更隐蔽。私有制企业对智能技术的应用实质上是为其利润最大化而服务的，是为了避免履行相关责任，如为企业员工缴纳社保、向员工支付工伤赔偿等。私有制企业利用智能技术掩盖雇佣关系，将损失和风险转嫁到劳动者身上。竞争性的公有制企业尽管也以利润最大化为直接目标，但是企业生产的根本目的在于人的发展，因而利用智能技术的方式与私有制企业有根本不同。雇佣时间更灵活、形式更多样是智能经济下劳动过程发生变化的结果，私有制企业对劳动者"呼之即来、挥之即去"导致雇佣关系不稳定，又利用智能技术掩盖雇佣关系、避免承担相关责任。

但劳动时间灵活性和劳动形式多样性的增加并不必然导致劳动关系的不稳定和隐蔽化。相反，在公有制企业中智能技术可以被用来稳定和明确录用关系。在传统的企业管理中，企业管理者实质上是无法有效应对灵活的劳动关系的。但制度算法化以及信息在企业科层制中传递、处理效率的极大提高使得公有制企业能够应对劳动关系的多变，因而即使在较短的时间内也可以保持录用关系的稳定。以外卖平台为例，外卖骑手可以随时选择开始或结束劳动。私有制平台企业隐藏在数字平台之后，不承认与骑手的雇佣关系。而在公有制平台中，可以利用智能技术随时掌握骑手的工作状态，一旦骑手开始或终止劳动，即建立或中断录用关系。尽管录用时间灵活多变，但在录用期间公有制企业保障劳动者的各项合法权益，录用关系是稳定的。在录用关系发生变动的同时，公有制企业依靠智能算法和强大的信息处理能力，可以及时与骑手签订契约。因此，在智能经济下公有制企业可以在录用时间更灵活、录用形式更多样的情况下维持稳定、明确的录用关系。

二　劳动者与企业管理者之间的关系

智能技术使得企业管理者对劳动过程的组织协调更高效、劳动监督更严格，公有制企业与私有制企业在协作生产方面并没有根本区别，不同点在于公有制企业更严格的劳动监督是建立在市场型自由联合劳动基础上的，这种自上而下的监督是计算性质的而非剥削性质的，同时公有制企业中还存在自下而上的监督关系。

（一）自上而下的管理与监督

社会主义劳动同样需要组织管理，这是毋庸置疑的。不仅如此，生产资料公有制基础上的联合劳动同样需要监督。"社会主义的前提是在不要资本家帮助的情况下进行工作，是在劳动者的有组织的先锋队即先进部分施行最严格的计算、监督和监察的情况下进行社会劳动……这种规定所以必要，是因为资本主义社会给我们留下了许多遗迹和习惯，如分散的劳动、对公共经济的不信任以及小业主的各种旧习惯等等。"[①] 在社会主义初级阶段，公有制企业实行市场型自由联合劳动制度，同样需要这种管理和监督。

从形式上看，这种管理和监督与私有制企业中的情形并无区别；从内容上看，则与私有制企业存在性质上的根本不同。从形式上看，命令由科层制中的高级向低级传输，由企业管理层组织和管理企业内部的劳动过程，同时实施层层监督，低级向高级负责，后者监督前者。在私有制企业中，这种管理和监督带有资本的性质，生产资料所有者作为对立的存在对劳动者进行监督。但是在公有制企业中，这种管理和监督是劳动者的自我监督和调节。私有制企业中管理和监督的目的是资本家获取剩余价值，公有制企业中则是为了劳动者整体、长远的利益。不仅如此，在私有制企业中企业管理层与资本

---

① 《列宁选集》第 4 卷，人民出版社，1972，第 141 页。

家是委托代理关系，与劳动者则是对立关系。科层制的层级往往意味着剩余价值的索取权，层级高的职位能获得更多的剩余价值。即使低层级的管理者不存在剩余价值的获取问题，但其仍然存在高低贵贱之分，这是基于管理者与被管理者的对立之上的。公有制企业则不然，从理论上看公有制企业的科层制只是分工不同、职责不同，并没有身份上的高低之分，管理者和劳动者同样都是劳动者，都是市场型自由联合劳动中的一部分。不过从现实来看，很多公有制企业并没有做到这一点。

（二）自下而上的管理与监督

一方面，公有制企业以生产资料公有制为前提，劳动者之间并不存在根本对立，劳动过程是自由联合的；另一方面，尽管公有制企业的生产在社会主义初级阶段短暂地以剩余价值或利润为目标，但公有制企业的生产从根本上来说是为了劳动者整体的利益。基于这样的原因，全体劳动者都拥有对全民所有制或国家所有制企业生产的监督权。集体成员同样需要对集体企业进行监督。在这里我们考虑的是企业内部管理的组织形式，这集中体现在企业内部员工自下而上对企业的管理和监督上。这种自下而上的管理和监督的主体是在企业科层制中处于较低层级的企业员工。这种监督管理的内容是丰富多样的，既包括对一线劳动者的监督管理，也包括对企业管理者的监督管理；既包括对劳动过程的监督管理，也包括对企业生产计划等各类事项的监督管理。其实现形式也是多种多样的，既可以通过工会、职工代表大会等，也可以通过直接向上级反映情况，当然企业管理者也应当主动征求一线劳动者的意见、自觉改正自身工作。

（三）劳动监督关系的新变化

智能经济下，公有制企业中自上而下的劳动监督更加精准，而自下而上的劳动监督更高效。在自上而下的劳动监督方面，公有制企业与私有制企业的区别主要在于最终目的不同，在形式上区别并不明显。因此正如前面所说，智能技术对劳动者和劳动过程的掌控程度提高，劳动监督更加严格，只是私有制企业将之用于延长劳动时间和提高劳动强度，而公有制企业将之应用于减少不必要的物质资料和劳动力的耗费，以及更精确地根据劳动量来进行劳动成果的分配。智能技术对劳动监督的影响在公有制企业中突出地表现在自下而上的监督方面。在传统企业管理中，公有制企业中企业员工对企业自下而上的监督实质上是难以实现的，不仅受到科层制僵化的制约，也受到信息传递效率和处理能力的限制。随着智能技术的应用，自下而上的监督成为可能。当然这只是从技术角度提供可能，要实现这种监督还需要相应的制度设计。科层制的形成往往伴随着上级对下级的管控，尽管在公有制企业中，理论上企业员工的地位是平等的，但在现实中制度的执行往往是借助科层制自上而下的，这种平等难以实现，因此必须建立相应的制度和文化。在崇尚平等的企业文化中，以算法化的制度为依据，避免上级权威对自下而上的监督的阻碍，借助可视化、透明化的企业数据，以信息传递效率和处理能力的提高为基础，企业员工可以对公有制企业的管理者进行高效的自下而上的监督。

三　劳动者之间的竞赛关系

在公有制企业中，工人之间不再以竞争为主，取而代之的是社会主义劳动竞赛。西方学者污蔑社会主义国家不存在竞赛，但事实上"社会主义不仅不窒息竞赛，反而第一次造成真正广泛地、真正大规模地运用竞赛的可能，把真正大多数劳动者吸引到这样一个工作舞台上来，在这个舞台上，他们能够大显身手，施展自己的本领，发现有才能的人"[①]。竞争实质上是竞赛在资本主义社会中的特殊表现，其与社会主义劳动竞赛在目的、手段、范围、影响等方面存在诸多不同。在公有制企业中，通过劳动竞赛来提高劳动者的积极性才能切实发挥社会主义的优势。

（一）竞赛的目的

在社会主义阶段，生产力还没有发展到足够高的水平，劳动还不能成为人的第一需要，也无法实行按需分配，因此仍需要不断提高劳动生产效率，组织社会主义劳动竞赛的核心目的就在于此。"看哪里为提高劳动生产率做

---

① 《列宁专题文集 论社会主义》，人民出版社，2009，第 53~54 页。

的事情最多……正是在这些问题上，各个公社、村社、消费生产合作社和协作社以及各工兵农代表苏维埃应当展开竞赛。正是应当通过这些工作让有组织才能的人在实践中脱颖而出，并且把他们提拔上来，参加全国的管理工作。"① 列宁这句话的最后实际上提到了社会主义劳动竞赛的另一个目的，即让有才能的人得到发挥的空间，这类似于竞争中的"优胜"。但社会主义劳动竞赛与竞争在"劣汰"方面却存在根本不同，对于工作不好的劳动者，社会主义劳动竞赛是要帮助他们一起进步，而非将他们淘汰。斯大林指出，"竞争的原则是：一些人的失败和死亡，另一些人的胜利和统治。社会主义竞赛的原则是：先进者给予落后者以同志的帮助，从而达到普遍的提高。竞争是：打败落后者以确立自己的统治。社会主义竞赛是：一些人工作得不好，另一些人工作得好，再有一些人工作得更好，——赶上更好的以达到普遍的提高"②。资本主义社会的竞争是"你死我活"的斗争，劳动者之间剑拔弩张，竞争是为了使自身的利益最大化，而社会主义劳动竞赛则是为了全体劳动者的共同发展以及劳动效率的普遍提高。

（二）竞赛的机制与手段

提及社会主义劳动竞赛，有两种主要的误解需要注意：一是劳动竞赛不涉及物质利益，二是劳动竞赛不具有淘汰落后的功能。要解释这两个问题需要从劳动竞赛的机制和手段来看，具体来说就是竞赛的奖惩制度和竞赛文化的塑造。

首先是劳动竞赛的奖励制度。一方面，既然社会主义劳动竞赛的目的之一是选取有才能的人，那么晋升理所当然就成为竞赛的奖励之一；另一方面，单纯的晋升对劳动者的激励还不够，还需要物质和精神方面的奖励。精神方面的奖励是社会主义劳动竞赛与资本主义的竞争最为明显的区别之一。竞争的核心目的在于物质利益的获取，因而荣誉等非物质性质的奖励是可有可无的。但在社会主义中情况就大不相同了。劳动竞赛建立在生产资料公有

---

① 《列宁专题文集 论社会主义》，人民出版社，2009，第 62 页。
② 《斯大林选集》下卷，人民出版社，1979，第 195 页。

制基础上，劳动采取自由联合的形式，物质激励的重要性就大大下降而精神激励的重要性提升。在提及竞赛时，精神激励常常是论述的主要内容，以至于不少人错误地以为劳动竞赛不涉及物质奖励。实际上，社会主义劳动竞赛是物质奖励和精神奖励并重的，尤其是在社会主义初级阶段，物质奖励更是不可缺少的。

其次是劳动竞赛的惩罚制度。竞争对失败者的惩罚是严苛的，在竞争中失败的劳动者往往面临失业的风险或遭受重大经济损失。但社会主义竞赛是为了帮助落后的劳动者进步，因此竞赛的惩罚制度是更温和、宽容的。有学者认为相较于竞争，这种惩罚制度给劳动者的压力远远不够。实际上，尽管在竞赛中落后带给劳动者的物质利益的损失不如竞争失败的损失那么大，因而给劳动者的压力不如后者，但一方面劳动竞赛的精神奖励的激励作用是一种很好的补充，另一方面劳动竞赛文化的塑造使得落后的劳动者"知耻而后勇"，真正发挥主观能动性，而不是迫于物质利益损失的压力而努力。

最后是劳动竞赛文化的塑造。通过塑造和谐、合作、勇于创新、积极向上的竞赛文化，劳动者能够在竞赛的良性氛围中互相激励、互相帮助、共同进步。也正如上面所说，落后的劳动者会主动发挥其能动性，尽快实现赶超或追上其他劳动者。

（三）竞赛的范围与影响

竞赛与竞争在范围和影响上也存在很大不同。从时间范围来看，前文已经提到，竞争是竞赛在资本主义社会中的特殊表现，更确切地说竞争存在于以私有制为基础的商品经济社会，而竞赛广泛存在于人类社会中，并不因社会形态或生产方式的改变而消失。竞赛是出于人的胜负欲、比赛欲，因而在社会主义阶段甚至是共产主义阶段，劳动竞赛依然存在，只是其内容和形式可能会略有差异。从空间范围来看，竞赛的范围要比竞争的范围大。不少学者认为劳动竞赛是社会主义国家有计划地组织的运动，因而其范围要比竞争小。但事实上劳动竞赛并不是一种强制的、被迫的运动，而是公有制条件下劳动者的自觉行为。劳动竞赛由局部向普遍发展、由零散向有组织发展，是劳动者在生产资料公有制和人民民主制度下真正成为生产和国家的主人后自发的生产运动。相较于迫于生存压力的竞争，这种主动的竞赛不仅在持续时间上而且在作用范围上都远远超过前者。在竞争越发激烈的社会中，劳动者选择"躺平"以逃避竞争，例如日本进入低欲望社会阶段。而社会主义劳动竞赛却可以在全国范围内实现全民的共同参与。

对于国有企业或集体企业而言，劳动竞赛不仅可以提高劳动生产效率，而且能够提高劳动者的劳动积极性，充分发挥劳动者的各种才能。迫于压力的劳动和出于自觉的劳动二者所能激发的劳动者的积极性不可同日而语。在私有制企业中两极分化严重，少数人才能的发挥是以大多数人才能的埋没为基础的。在公有制企业的劳动竞赛中，个人的主观能动性和才能得以充分发挥。对于不同类型的人才，给予其相应的舞台，这对于提高企业生产效率有极大的帮助。在市场型自由联合劳动的基础上，劳动竞赛能够激发劳动者的创新性，对于优化劳动过程、改良甚至发明劳动工具都具有重要意义，能够促进生产力的快速发展。

（四）智能经济下竞赛关系的新变化

改革开放以来，随着社会主义市场经济的建立，劳动竞赛逐渐淡化了。其原因一方面在于劳动采用市场型自由联合劳动的方式，公有制企业中科层制僵化以及自下而上的监督没有真正贯彻执行；另一方面在于竞争关系的侵蚀。首先，在传统的公有制企业中，劳动者的"所有者"身份容易彰显，而随着公有制企业中的自由联合劳动采取市场的形式以及公有制企业规模的增大，企业管理中的科层制僵化问题等严重阻碍劳动者自下而上的监督的执行，因此劳动者主动发起劳动竞赛的热情就不再高涨。同时，企业管理者对于组织劳动竞赛也并不热衷，即使部分企业重新组织劳动竞赛，竞赛的内容、形式、宣传、表彰等方面也存在一系列问题，最终导致竞赛流于形式。其次，随着非公有制经济的比例不断提高，资本主义生产关系越来越影响人民的生活，竞争关系逐渐扩散到全体劳动者中。即使是公有制企业的劳动者，依然会受到竞争关系的影响。非公有制经济在住房、教育、医疗等多个关乎人民生存发展的领域的占比越来越高，拜金主义、消费主义等资本主义意识形态盛行。社会普遍处于焦虑状态，竞争越发激烈。劳动者迫于生活的竞争压力不再有精力和意愿自发、主动地开展劳动竞赛。

在智能经济条件下，公有制企业科层制僵化的问题得到明显改善，自下而上的监督更加便捷和高效，因而劳动者的"主人翁"意识逐渐恢复，劳动积极性提高，自觉发动劳动竞赛的意愿明显增强。同时，智能技术提高信息传递和处理效率，增强企业管理者对企业的管理能力，使得大范围的、长时间的劳动竞赛的组织成为可能。不仅如此，智能技术对劳动过程的精准掌握也为准确计量劳动者的努力程度从而公正地执行竞赛的奖惩制度奠定基础。同时，利用智能技术重塑公有制企业文化对于抵制竞争文化的侵蚀同样具有重要意义。只有摆脱内卷焦虑、拜金主义等的影响，劳动者的劳动积极性才能得到真正提升。当然，要防止竞争对劳动者的压迫，最重要的还是不断做强做优做大公有制经济。智能技术的发展使得信息传递和处理效率得到质的提升，这是国家经济调控能力提升的重要基础，经济计划性的提高对于遏制盲目竞争具有重要作用。可以预见，在智能经济下社会主义劳动竞赛必然再次迎来蓬勃发展，劳动者之间的竞争关系最终会被竞赛关系替代。

第六章　智能经济条件下劳动过程
新变化的应对策略分析

智能技术在不同所有制经济中的应用有所不同，对劳动过程的影响也存在差异，主要原因在于智能技术代表更先进更高级的生产力，以私有制为基础的生产关系和以公有制为基础的生产关系对其的反作用不同。社会主义作为更高级的社会形态理论上能够更有效地利用智能技术，并促进智能技术更快发展。理论转化为现实需要一系列条件，要切实促进中国特色社会主义市场经济的发展，就必须引导非公有制经济合理利用智能技术，运用智能技术发挥公有制经济优势。

第一节　智能技术在不同所有制下不同表现的原因

智能技术在劳动过程的社会组织形式、管理体系以及相关的生产关系等方面，表现出鲜明的所有制特征。智能技术的应用在非公有制经济和公有制经济中存在差异，原因是多方面的，其中社会主义初级阶段的基本国情是重要的原因之一，前文论述中已经提及。当然，最基本的原因仍然是生产力和生产关系的辩证关系。

一　生产力与生产关系的多样性辩证关系

生产力决定生产关系、生产关系反作用于生产力是历史唯物主义的基本原理。但一方面，生产力和生产关系都是复杂的系统；另一方面，生产力的决定作用和生产关系的反作用不是简单的相互作用关系。这也就导致生产力和生产关系的多样性辩证关系，即同种生产力状况下可以有多种经济制度，而同种经济制度下可以有多种生产力状况。

首先，从劳动过程理论视角来看，生产力和生产关系均是多种要素组合的复杂系统。劳动过程包括劳动资料、劳动对象和劳动者三个主要因素，其中劳动资料是生产力的重要组成部分。劳动资料从根本上决定了劳动对象的种类、劳动者与劳动资料的结合方式以及劳动过程的生产效率。劳动资料如此重要，以至于成为社会形态划分的依据。但劳动对象的变化也不容忽视。石器时代、青铜器时代以及铁器时代等时代划分显示出劳动资料的变革，同样也表明劳动对象的发展。从自然界获得天然劳动资料的时代早已远去，如今的劳动资料基本是劳动加工后的产品。因此，劳动资料的变革必然对应着劳动对象的变化。石器时代、青铜器时代以及铁器时代分别以石头、青铜以及铁为劳动对象。劳动资料的变革也使得劳动者与劳动资料的结合方式发生变化。在机器大工业确立以前，劳动资料还属于传统的简单工具，劳动者支配劳动资料，而且在同一种劳动过程中，劳动者往往要在不同劳动资料之间频繁转换；在机器大工业确立之后，机器取代传统工具成为最重要的劳动资料，劳动者逐渐沦为机器的附庸，并且由于机器对工具的集成和分工的细化，劳动者只需要一台机器即可完成劳动过程。科学技术是第一生产力，这不仅体现在劳动资料上，也体现在劳动者素质的提升上。劳动资料是科学技术的结晶和具体体现，但劳动资料需要与劳动者结合，因此就需要提高劳动者素质。生产力的发展不仅表现在劳动过程的组成要素及相互之间的结合方式上，而且体现在劳动生产率的提升上。资本主义在短短几百年间创造了比以往社会更多的财富，这主要得益于生产力的提升。机器大工业的确立极大地提高了劳动生产率。

劳动过程中的生产关系同样是复杂多样的。在劳动过程中，最基本的生产关系是生产资料所有制关系，这是其他一切生产关系的基础。正如前文所论述的，除表现为雇佣关系或录用关系的所有制关系外，劳动过程中的生产关系主要包括协作关系、委托代理关系、管理关系以及竞争或竞赛关系。这些生产关系以劳动者在劳动过程中的分工为基础，随着分工的细化和协作的深化，生产关系的种类也在不断变化。以管理关系为例，随着科层制的发展，财务部门、人事部门等逐渐独立出来，由此就产生财务管理关系、人事管理关系等多种管理关系。两个主体之间可能存在不同的生产关系，例如劳动者之间同时存在协作和竞争关系。

其次，生产力的决定作用和生产关系的反作用是通过劳动过程中的一系列作用机制实现的。在劳动过程中，生产力的决定作用主要体现在劳动过程的要素构成和技术组织形式上。生产力的发展导致新的劳动资料和劳动对象涌现，由此带来劳动过程技术组织形式的新变化。以机器大工业的确立为例，在此之前劳动过程以手工劳动为主，劳动者能够自主掌控劳动过程，较少涉及与其他劳动者的协作和竞争。但随着机器生产逐渐取代手工生产，工人逐渐沦为机器的附庸，劳动分工的细化加深了劳动者之间的协作关系。大规模、批量化生产提高了劳动者的劳动强度，也加剧了劳动者之间的竞争。生产关系的反作用同样需要通过劳动过程的传导。前文已经提到，私有制企业只在能够获得更多剩余价值的情况下才会采用新技术和新机器，公有制企业则不仅考虑利润，还可以在所得利润不变甚至减少的情况下，优先采用能够降低劳动者劳动强度和减少劳动时间的新机器。不仅如此，在劳动过程中，私有制企业里劳动者之间的竞争关系以及上级对下级的单向的管理关系不利于劳动者创新能力的发挥以及通过干中学等手段提高劳动技能，也降低了劳动资料改进的可能性，而公有制企业中劳动者平等的竞赛关系以及自上而下和自下而上相结合的管理关系理论上可以促进劳动者创新能力的发挥和劳动过程的改良。这些是生产资料所有制关系对生产力的反作用。

最后，从劳动过程可以看出生产力和生产关系的多样性辩证关系。在同种生产力状况下，可以存在多种经济制度。这种情况不仅出现在生产关系的重大变革时期，例如资本主义生产关系刚从封建生产关系中"脱生"出来，也可以出现在生产关系的发展时期，例如社会主义初级阶段多种所有制经济共存。在资本主义生产关系刚刚脱离封建生产关系的阶段，生产资料所有制关系发生根本转变，即由封建所有制转变为资本主义私有制，但是生产力水平并没有出现质的飞跃，因此马克思指出这一阶段劳动对资本的隶属还停留在形式上。只有在机器大工业时期，资本主义有了独特的生产方式，劳动对资本的隶属才转变为实质上的隶属。因此，在某一时间段，封建生产关系和资本主义生产关系是同时存在的。社会主义初级阶段的市场经济中也存在类似的情况，在生产力水平相同或接近的情况下，既存在公有制经济又存在私有制经济，二者常常处于竞争状态。不仅如此，在同种经济制度下，也可能存在不同的生产力状况。这不仅在社会主义初级阶段的市场经济中存在，在资本主义国家内部也时有发生。先进科学技术代表更高的生产力，其传播和扩散需要一定的时间。知识产权和专利制度的设置在一定程度上也限制了新技术的应用。因此，尽管资本家有发明或采用新技术以获得超额剩余价值的动力，但现实往往不能如愿，生产力水平呈现出不同梯度的发展。马克思在《资本论》中也曾提到企业的不同的资本有机构成或者是较好、正常、较差的生产条件，实质上也是指生产力的多样性。

生产力和生产关系的多样性辩证关系与"两个决不会""两个必然"是不矛盾的。生产力和生产关系正因为都是复杂系统，因而都具有一定的弹性。所以在资本主义生产关系产生的最初阶段，封建的生产关系还存在着。尽管此时生产力已经孕育出更高的生产关系，即资本主义生产关系，但是封建的生产关系仍然能凭借其系统弹性容纳生产力的发展，从而与资本主义生产关系在一定时期内共存。换一个角度看，资本主义生产关系可以在封建生产关系还存在的情况下孕育出来。"两个决不会"绝不是简单地意味着生产力发展到较低的生产关系完全容纳不了的时候，才会催生新的更高的生产关系，前者的后期和后者的前期可以存在重叠或交叉。当然，这与"两个必然"并不冲突。较低的生产关系虽然可以暂时容纳生产力的发展，但是一方面这种容纳是暂时的，另一方面此时生产关系对生产力发展的促进作用逐渐减少甚至阻碍其发展，因此必然被更高的生产关系所取代，后者对生产力的促进作用要大于前者。

二 社会主义生产关系的优越性

智能技术的应用在不同所有制经济中具有不同的表现，其原因在于智能技术代表更高级的生产力，不同所有制的生产关系对其的反作用存在差异。不少学者将智能经济或智能生产作为社会主义或共产主义社会的生产方式，就目前而言，智能经济既存在于资本主义社会又存在于社会主义社会。从理论上看，资本主义生产关系尽管也能够暂时容纳智能技术的发展，但是对这一最新生产力发展的促进作用弱于社会主义生产关系。

根据前文的论述，智能经济条件下生产的规模不断扩大，劳动协作不断深化，企业内部和企业之间信息传输更便捷，生产社会化程度进一步提高。以资本主义私有制为基础的生产关系以分化和控制为主要特征，开始显示出对生产力的束缚作用。生产社会化程度的提升理应使得人与人之间关系更加紧密，但是在私有制经济中，劳动者技能两极分化，并且劳动者之间竞争加剧。这种劳动者之间的分化实质上服从于企业主对劳动过程的管理与控制。生产资料私有制和生产社会化之间的矛盾是资本主义的基本矛盾。在这样的前提下，面对更高级的生产力，资本主义生产关系必须运用更强的管理和控制手段，以确保对劳动过程的掌控以及剩余价值的获取。以社会主义公有制为基础的生产关系则不同，它以平等和相互管理为特征，可以更高效地利用智能技术。因此，也就不难理解为何智能技术在私有制经济中导致劳动者两极分化和竞争加剧以及监控资本主义的兴起，而在公有制经济中可以促进劳动者的全面发展并形成完善的劳动过程管理体系。当然，现实与理论往往存在差距。私有制经济对智能技术发展的促进作用理论上弱于公有制经济并不一定意味着其现实发展速度较低，公有制经济要发挥出其应有的制度优势还需要一系列条件。

第二节　智能技术助力中国特色社会主义市场经济发展

人工智能技术在资本主义国家蓬勃发展，甚至领先于社会主义国家，并不是因为资本主义生产关系领先于社会主义，而是因为一方面资本主义国家利用积累起来的技术优势取得了发展先机，另一方面我国处于社会主义初级阶段，赶超资本主义国家还需要一定时间。要发挥中国特色社会主义市场经济的优势，就必须引导非公有制经济合理利用智能技术，运用智能技术发挥公有制经济优势。

一　引导非公有制经济在劳动过程管理中合理利用智能技术

智能经济条件下，非公有制经济劳动过程的社会组织形式新变化表现为雇佣时间更灵活、雇佣时间不稳定和雇佣形式更隐蔽。雇佣关系的这种变化一方面损害了劳动者的合法权益，另一方面也不利于劳动生产率的提升。部分非公有制企业利用智能技术逃避法律责任，不履行相关义务，损害劳动者合法权益。社会主义初级阶段的市场经济以法制为基础，这种违背劳动法的行为理应被相关政府部门严厉查处并严格防范。在劳动者权益得不到有力保障的情况下，劳动者的劳动积极性也必然下降，从而会对劳动生产率造成不利影响。实质上，算法的智能化使得在雇佣关系灵活变动的前提下保障劳动者合法权益成为可能。前文提到公有制企业可以在录用时间更灵活、形式更多样的情况下维持稳定的录用关系。因此，有必要引导非公有制企业合理使用智能技术，在保证劳动过程灵活性的基础上给予劳动者应有的保障。智能技术的发展使得建立全国统一劳动力市场成为可能，由国家建立全国劳动者数据库和就业信息平台，对从求职到就业以及参与企业内部劳动过程等相关信息进行数字化存储和管理，有效解决雇佣关系不稳定的问题。

在人的要素的运动方面，非公有制企业中劳动者技能两极分化加剧，智能技术被用于提高劳动强度和延长劳动时间，劳动者主体性虚假彰显。部分劳动者技能退化或者不适应劳动过程的要求的现象是长期存在的。在非公有制企业中，出于减少资本投入和获取更多剩余价值的目的，员工培训极不平等，大部分低技能劳动者缺少渠道提高自身技能。对于后者，私有制企业通常不愿意为此承担责任，往往以裁员为主要解决手段，通过在劳动力市场中重新招聘获得新劳动力。因此，一方面要鼓励私有制企业加强员工培训，提高劳动者技能；另一方面也要制定相关法律法规，防止私有制企业随意解聘员工。在市场经济下，企业倾向于提高劳动强度和延长劳动时间，但这既需要以法律为界限，也需要以保障劳动者生理和心理健康为界限。社会主义初级阶段允许非公有制企业存在。如果劳动强度的提高和劳动时间的延长超出了劳动法规定的界限，甚至是对劳动者身体和心理健康造成损害，那么这样的劳动过程不符合社会主义的本质要求。现阶段，必须保证私有制企业严格遵守劳动法，同时鼓励私有制企业改善员工劳动环境。在生产资料不为劳动者所有的前提下，劳动者的主体性难以得到真正的彰显。非公有制企业利用智能技术表面上给予劳动者更多的劳动自由，实质上强化了对劳动者的单方面管理和控制。除对非公有制企业劳动过程直接进行引导外，还可以通过工会等渠道保障劳动者主体性的实现。

智能技术作为一种技术权力服务于资本增殖，深刻改变非公有制企业的劳动过程管理体系，"监控资本主义"逐渐兴起。引导非公有制经济发展，必须优化非公有制企业劳动过程管理体系。首先，劳动过程管理体系中的组织设定即企业科层制因信息搜集、传递和处理能力的提高而得到优化，而制度算法化也提升了管理效率，非公有制企业的问题在于这种管理能力的增强被应用在强化对劳动者和劳动过程的单方面的管理和控制上。如果这种管理和控制限于节约生产资料和优化劳动力的使用等合理的范围，那么智能技术对于提高非公有制企业生产力和管理效率而言具有积极意义。而如果这种管理和控制的强化超出合理的界限并对劳动者造成损害，那么就需要引导非公有制企业合理使用智能技术。其次，智能经济条件下企业文化的内容和塑造方式等都发生了变化。相较于之前，企业文化的塑造更便捷更高效，但如果企业文化仍然以拜金主义等为内核，那么这种文化塑造效率上的提升反而增大了企业文化的不良影响。在全社会营造和谐创新的文化氛围，防止焦虑、内卷文化的泛滥，对于引导非公有制企业文化发展具有重要意义。

智能经济条件下，非公有制企业中劳动者之间的竞争关系加剧，其原因主要包括资本有机构成提高导致相对过剩人口增加，智能技术对劳动过程的掌控程度更高以及企业和社会内卷、焦虑文化的传播。智能技术作为生产力的最新发展成果，显著地提高资本的有机构成，智能工厂所需要的工人数量急剧减少，由此导致相对过剩人口增加。一方面失业人口的增加导致劳动者为找到工作而相互竞争，另一方面失业人口对就业人口也产生巨大威胁，就业人口为防止被失业人口代替而不得不更加激烈地竞争。智能技术对劳动者劳动状态的实时掌控使得让劳动者长期保持紧张劳动状态成为可能，焦虑文化的蔓延也从心理上促进了竞争。要营造劳动者之间和谐的关系首先要妥善解决就业问题，缩小贫富差距。保证充分就业，切实推进共同富裕才能从根本上缓解竞争加剧的问题。其次，监督企业合理管理劳动过程，防止劳动者长期处于高强度劳动状态，对于应对竞争加剧的问题也具有重要作用。良好的企业文化的塑造，则可以从心理层面引导劳动者减少恶性竞争。

二 运用智能技术发挥公有制经济优势

运用智能技术发挥公有制经济优势需要提高劳动过程的自由性和社会性，促进劳动者自由全面发展，构建中国式劳动过程管理体系以及营造高效和谐的生产关系。只有这样才能促进公有制经济发展，提高公有制企业生产效率。

（一）提高劳动过程的自由性和社会性

社会主义初级阶段的公有制经济中劳动过程的社会组织形式表现为市场型自由联合劳动，相较于完全的自由联合劳动，前者的自由性不完全且联合性有限。要完善市场型自由联合劳动制度，就要从提高劳动过程社会组织形式的自由性和社会性着手。首先，劳动者职业选择的自由需要依靠更灵活、更统一的全国劳动力市场。前文已经提到建立劳动者数据库和就业信息平台，在应用智能算法的情况下可以实现劳动者和工作的快速匹配。可视化的、可查找的就业信息也能够扩大劳动者的就业选择，从而增加职业选择的自由性。其次，公有制企业应当提高劳动者对劳动过程本身的掌控度。在公有制企业中，劳动者一方面作为被录用的劳动力，另一方面也是生产资料的所有者之一。这种双重身份可使劳动者在劳动过程中拥有部分自由。这种自由不仅是指劳动者不是作为劳动资料或者机器的附庸而是作为具有主体性的劳动者参与劳动过程，而且是指劳动者不是机械地服从企业的强制分工而是拥有选择劳动种类的部分自由。最后，要保证劳动产品分配的自由就要严格实行市场型按劳分配制度。在生产力没有发展到可以实行按需分配的阶段，在尊重劳动者生理、技能等方面差异的基础上实行按劳分配能够最大限度地提高劳动产品分配的自由性。

要提高劳动过程的联合性，不仅要进一步促进劳动协作的发展，还要切实发挥国家主导规律对经济运行的调节作用，提高劳动过程的社会性。企业内部劳动者之间的协作无疑需要继续加强，公有制企业的优势还在于企业之间劳动协作水平较高。尽管相较于传统的计划经济体制，社会主义初级阶段市场经济的计划性降低，企业之间的合作性削弱，但是公有制企业的生产资料的归属以及企业的主管部门等都具有高度相似性，统一管理和组织协作更加便捷。继续加强公有制企业之间的协作、实现公有制企业的统一管理是有必要的。只有这样才能够实现全社会供给和需求的匹配，私人劳动转化成社会劳动的"商品的惊险的跳跃"的风险才能降低，劳动过程的社会性才能提高。

（二）促进劳动者自由全面发展

虽然公有制企业理论上可以促进劳动者技能发展、减轻劳动强度和减少劳动时间、彰显劳动者主体性，但理论转变为现实并非易事。要发挥公有制企业的优势就必须首先保证劳动生产率的提高，只有在这种情况下，公有制企业才有可能额外投入资金进行大范围的员工技能培训并降低劳动强度和减少劳动时间。劳动者主体性的彰显同样如此，只有在劳动产量总体增长或者至少不降低的前提下，劳动者才有可能在不同劳动过程之间自由转换，并自由支配部分劳动过程。因此，必须加大科技研发投入，转变低效增长模式，完善国有资产管理体制，提高国有资本收益，实现公有制企业高质量发展。在此基础上，制定具有社会主义特征的企业制度才能够真正促进劳动者的自由全面发展。

（三）构建中国式劳动过程管理体系

企业的核心在于生产过程，而生产过程又离不开劳动过程，因此构建中国式劳动过程管理体系对于提高公有制企业生产效率以及做强做优做大公有制企业具有重要意义。

一般而言，公有制企业体量超过非公有制企业，同时又受到传统计划经济体制的影响，因此科层制僵化问题相对而言更加严重。智能技术理论上可以提高信息采集、传输和处理效率，但智能技术的应用并非是无条件的。要发挥出智能技术的这种优势，必须建立相应的管理体系。在组织设定方面，就需要构建数字化、智能化的企业科层制。智能化的企业科层制不仅要求设备的智能化，也要求人员的智能化。设备的智能化主要包括数据采集、传输、存储和处理相关物理设备的智能化。数据的采集依赖智能信息设备，如自动感应装置、网络信息智能采集程序等。数据的传输则依赖数字信息设备。而数据的存储部分着重要求建立统一的数据平台。智能技术缩小科层制不同层级之间以及相同层级之间的数字鸿沟离不开统一的数据存储和管理。建立统一数据共享平台，对于加快信息传输具有至关重要的作用，同时也是数据智能化处理的基础和前提。数据的智能化处理既可以实行分布式计算，也可以实行集中运算。前者倾向于在科层制不同信息节点处设立计算点来负责本节点数据运算和处理，后者则是在数据统一管理的基础上以集中运算的形式进行数据处理。在现阶段的智能经济条件下，二者有机结合可能更符合现实发展要求。科层制的智能化不仅是设备的智能化，也是人员的智能化。科层制中的成员一方面需要熟练操作相关智能设备，另一方面要熟悉智能化科层制的运行机制。因此加快建立公有制企业智能化科层制，既需要推进信息设备智能化升级，又需要大力培养智能化治理人才。

劳动过程管理的制度规范是劳动过程管理体系的关键内容。对生产资料的管理是防止国有资产流失的重要手段，对劳动者的管理是提升劳动生产效率，进而扩大国有资产规模的有效途径。单就生产资料而言，公有制企业管理的目的和手段与非公有制企业并无太大区别。对于劳动者的管理而言，公有制企业并不以控制和压迫为主要手段，而突出高效的协调和管理。人工算法技术本身并没有所有制特征，但是在不同所有制下，制度制定的原则不同，因而算法化的制度也就带有所有制色彩。以劳动者为核心的公有制企业的劳动过程管理制度与以剩余价值为核心的非公有制企业的劳动过程管理制度存在根本不同。并且结合不同企业各自的特殊情况，公有制企业制度之间又存在差别。这需要在国有资产管理部门统一管理的基础上，由各企业自行完善本企业的管理制度。由于科层制僵化的影响，公有制企业管理过程中容易出现权威的滥用，利用算法化的制度提高企业管理的理性水平，对于提高管理效率具有积极作用。

使用智能技术塑造平等、民主、创新的企业文化。公有制企业文化建立在企业员工平等基础之上，企业生产的根本目的在于促进人的发展，因此公有制企业文化的核心也在于促进人的自由全面发展。这种以平等为前提的企业文化既不存在基于科层制的等级压迫，也不存在基于生产资料私有制的阶级剥削。公有制企业文化引导企业员工朝自由全面发展的方向努力，而非诱使员工滑向拜金主义。其目的在于加强劳动纪律、提高劳动效率，而非尽可能地压榨员工。借助智能技术，公有制企业可以更好地塑造真正代表大多数员工根本利益的企业文化，其主要特征应包括平等、民主和创新。

首先，公有制企业员工之间应当是平等的，而非压迫的或剥削的。智能技术既能被私有制企业用来强化对员工的压榨，也能被公有制企业用于彰显员工的主人翁地位。私有制企业利用不定时工作制来隐性地延长劳动时间。公有制企业则可以在智能生产的基础上形成真正的弹性工作文化，充分考虑企业员工的工作和生活需求。这种以人为本的企业文化正是公有制企业文化平等性的体现。其次，在智能技术减少科层制层级、削弱上级对下级的权威滥用以及制度算法化的基础上，公有制企业可以建立真正的民主文化，其突出的表现就在于自下而上的劳动监督的贯彻执行。这种民主文化不仅是企业员工作为生产资料所有者的地位的彰显，而且对于遏制官僚主义和形式主义等不良文化也会起到至关重要的作用。最后，只有企业抛弃片面追求延长劳动时间和过度内卷的企业文化，真正的创新文化才有可能形成。激烈的竞争关系会遏制创新的发展，私有制企业中少数人创新能力的发挥建立在大多数人创新能力被压制的基础上。借助智能技术，塑造创新型企业文化，才能激发广大劳动者的创新积极性。

（四）营造高效和谐的生产关系

首先，升级国有资产管理手段，推动智能技术降低委托代理关系的监督成本。智能技术使得信息可视化，从理论上可以解决公有制企业尤其是国有企业委托代理层级过多所导致的信息不对称问题。这要求国有资产管理部门与时俱进，建立起数字化、智能化的管理体制，通过运用智能化的管理手段对国有企业的委托代理关系实行高效的监督，从而减少国有资产流失并不断扩大国有资产规模。其次，完善自上而下的管理关系，畅通自下而上的管理渠道。公有制企业中员工劳动者和所有者的双重身份决定了管理关系的相互性。自上而下的管理关系还需继续完善，防止科层制僵化以及权威滥用等问题对管理效率的消极影响。当然，不能忽视的是要尽快建立起自下而上的管理机制。这种相互管理关系的完善不仅能够为公有制企业提供和谐的工作环境，而且能够激发员工劳动积极性，并且能够减少贪污腐败等现象的发生。最后，促进竞赛关系蓬勃发展。智能技术的发展为劳动竞赛再次蓬勃发展奠定了基础。智能技术促进劳动者主体性的发挥，提高劳动者积极性，更精准高效的管理手段为科学合理开展劳动竞赛提供可能。但劳动竞赛的广泛开展还需要发挥企业管理者的主观能动性。技术手段的进步并不必然使劳动竞赛兴起，关键还在于企业管理者如何运用它。企业员工和管理者共同运用智能技术促进劳动竞赛的发展，营造和谐的竞赛关系，对于促进公有制经济发展，提高公有制企业生产效率具有重要意义。

结　语

劳动是人类生存发展的基础，在从猿到人的转变中，劳动发挥了至关重要的作用，极大地促进人脑的发育以及语言的产生，使人类得以从根本上与动物区分开来。自在自然向人化自然的转化离不开劳动，这种转化为人类生存提供空间环境；物质生产、生活资料的获取同样离不开劳动，这种获取是人类生存发展的根本保障。基于历史唯物主义的分析，马克思明确劳动过程的重要性。一切社会形态都离不开劳动，区别只是在于劳动的具体形式不同。这种具体形式一方面是生产力水平的体现，另一方面是社会制度的表征，实质上体现了劳动的技术组织形式与社会组织形式的差异。马克思运用辩证唯物主义的方法按照一般到特殊的顺序论述一般劳动过程和资本主义劳动过程，其理论框架可以概述为：要素组织、过程管理以及生产关系。

当代劳动过程的技术组织形式最突出的变化是人工智能的应用。智能技术从要素构成、组织形式、要素变化、过程管理以及生产关系等各个方面深刻地改变劳动过程。生产关系对生产力具有反作用，因此不同所有制企业对智能技术的应用又存在不少差异。在资本主义生产关系中智能技术作为一种技术权力服务于资本增殖，监控资本主义逐渐发展起来，私有制企业可能将智能技术应用于强化对劳动者的管理和监督。我国社会主义市场经济中的非公有制企业也可能呈现类似趋势。公有制企业则可能发挥出智能技术对劳动者的解放作用，将之应用于提高生产效率和优化劳动过程而非强化对劳动者的控制，这是社会主义的优势所在。

　　但社会主义优越性的发挥并不是无条件的。资本主义必然灭亡，并不意味着资本主义会自然消亡；社会主义必然胜利，并不意味着社会主义会自然胜利。社会主义同资本主义的斗争归根结底还是取决于哪种制度更能促进生产力的发展。在社会主义初级阶段，公有制企业并不必然显示出比私有制企业更高的优越性，这种优越性的发挥同样依赖合理的管理制度。有学者认为智能经济是共产主义社会的生产方式，这有一定的合理性，但不能就此认为智能经济下公有制企业天然效率更高或者公有制企业中的劳动者必然积极性更高。事实上，部分资本主义私有制企业也表现出较高的生产效率。要找到真正发挥公有制企业优越性的道路就必须对劳动过程理论进行更深入的研究，不断优化对劳动过程的组织和管理。

　　中国式现代化道路是社会主义优越性的重要体现，涉及政治、经济、文化、社会、生态等诸多方面，其中经济的现代化无疑是基础，而经济的核心又在于生产，生产过程归根结底就是劳动过程。要走中国式现代化道路，就离不开中国式的劳动管理体系。未来，仍需深化对社会主义市场经济劳动过程的研究，完善兼具中国特色和社会主义优越性的劳动组织形式和管理体系，为实现中华民族伟大复兴和全面建设社会主义现代化国家而不懈奋斗！

参考文献

一　重要文献

［1］《马克思恩格斯文集》（1-10卷），人民出版社，2009。

［2］《马克思恩格斯选集》（1-4卷），人民出版社，2012。

［3］《列宁专题文集》（共5册），人民出版社，2009。

［4］《列宁选集》（1-4卷），人民出版社，2012。

［5］《斯大林选集》上、下卷，人民出版社，1979。

［6］《毛泽东选集》（1-4卷），人民出版社，1991。

［7］《毛泽东文集》（1-2卷），人民出版社，1993。

［8］《毛泽东文集》（3-5卷），人民出版社，1996。

［9］《毛泽东文集》（6-8卷），人民出版社，1999。

［10］《邓小平文选》（1-2卷），人民出版社，1994。

［11］《邓小平文选》（第3卷），人民出版社，1993。

［12］《江泽民文选》（1-3卷），人民出版社，2006。

［13］江泽民：《高举邓小平理论伟大旗帜把建设有中国特色社会主义事业全面推向二十一世纪》，人民出版社，1997。

［14］《胡锦涛文选》（1-3卷），人民出版社，2016。

［15］胡锦涛：《在2010年全国劳动模范和先进工作者表彰大会上的讲话》，人民出版社，2010。

［16］《习近平谈治国理政》（第1卷），外文出版社，2018。

［17］《习近平谈治国理政》（第 3 卷），外文出版社，2020。

［18］《习近平谈治国理政》（第 4 卷），外文出版社，2022。

［19］习近平：《在全国劳动模范和先进工作者表彰大会上的讲话》，人民出版社，2020。

［20］《习近平书信选集》第 1 卷，中央文献出版社，2022。

［21］习近平：《论党的青年工作》，中央文献出版社，2022。

［22］《习近平著作选读》第 1 卷，人民出版社，2023。

二 著作

［1］程恩富、冯金华、马艳主编《现代政治经济学新编》，上海财经大学出版社，2011。

［2］程恩富：《中国特色社会主义政治经济学的重大原则》，济南出版社，2017。

［3］李彦宏：《智能经济》，中信出版集团股份有限公司，2020。

［4］刘凤芹编《新制度经济学》，中国人民大学出版社，2015。

［5］〔美〕詹姆斯·R.卡利瓦斯、〔美〕迈克尔·R.奥弗利：《大数据商业应用风险规避与法律指南》，陈婷译，人民邮电出版社，2016。

［6］尼克：《人工智能简史》，人民邮电出版社，2021。

［7］杨正洪、郭良越、刘玮：《人工智能与大数据技术导论》，清华大学出版社，2019。

［8］中国电子技术标准化研究院主编《智能制造大规模个性化定制案例集》，电子工业出版社，2020。

［9］中国汽车工程学会组编《汽车智能制造典型案例选编（2018）》，北京理工大学出版社，2018。

［10］朱海平：《数字化与智能化车间》，清华大学出版社，2021。

［11］中共中央马克思恩格斯列宁斯大林著作编译局编《回忆马克思》，人民出版社，2005。

［12］〔德〕马克斯·韦伯：《经济与社会》（上、下卷），林荣远译，商务印书馆，1997。

[13]〔美〕彼得·布劳、马歇尔·梅耶：《现代社会中的科层制》，马戎等译，学林出版社，2001。

[14]〔美〕迈克尔·布若威：《制造同意——垄断资本主义劳动过程的变迁》，李荣荣译，商务印书馆，2008。

[15]〔美〕哈里·布雷弗曼：《劳动与垄断资本：二十世纪中劳动的退化》，方生等译，商务印书馆，1978。

[16]〔美〕康芒斯：《制度经济学》（上、下册），商务印书馆出版社，1962。

[17]〔美〕马丁·J. 坎农：《管理学概论》，张宁等译，中国社会科学出版社，1989。

[18]〔日〕伊本贵士：《人工智能全书：一本书读懂 AI 基础知识、商业应用与技术发展》，郑明智译，人民邮电出版社，2022。

[19]〔英〕约翰·伊特韦尔编《新帕尔格雷夫经济学大辞典》（第 3 卷），陈岱孙主编译，经济科学出版社，1996。

三 论文

[1] 白永秀、刘盼：《人工智能背景下马克思劳动价值论的再认识》，《经济学家》2020 年第 6 期。

[2] 蔡跃洲、陈楠：《新技术革命下人工智能与高质量增长、高质量就业》，《数量经济技术经济研究》2019 年第 5 期。

[3] 曹守新、徐晓雯：《人工智能对劳动力就业的影响及其应对》，《山东社会科学》2020 年第 12 期。

[4] 钞小静、周文慧：《人工智能对劳动收入份额的影响研究——基于技能偏向性视角的理论阐释与实证检验》，《经济与管理研究》2021 年第 2 期。

[5] 陈承明：《论劳动价值、剩余价值和公共价值的演变与发展》，《学术月刊》2002 年第 3 期。

[6] 陈光金：《论社会主义社会剩余价值的存在与属性》，《求索》2002 年第 6 期。

[7] 陈利锋、钟玉婷：《人工智能、劳动收入份额与社会福利》，《华中科技

大学学报》（社会科学版）2020 年第 4 期。

［8］ 陈龙：《"数字控制"下的劳动秩序——外卖骑手的劳动控制研究》，《社会学研究》2020 年第 6 期。

［9］ 陈明生：《人工智能发展、劳动分类与结构性失业研究》，《经济学家》2019 年第 10 期。

［10］ 陈文捷、解彩霞：《人工智能对人主体性影响的思考》，《学术论坛》2019 年第 3 期。

［11］ 陈永忠：《论社会主义市场经济条件下的资本和剩余价值》，《经济体制改革》2002 年第 2 期。

［12］ 程恩富：《中国特色社会主义政治经济学研究十大要义》，《理论月刊》2021 年第 1 期。

［13］ 程恩富：《中国经济学现代化的创新原则与发展态势》，《政治经济学评论》2010 年第 1 期。

［14］ 程恩富：《改革开放以来新马克思经济学综合学派的若干理论创新》，《政治经济学评论》2018 年第 6 期。

［15］ 程恩富：《现代马克思主义政治经济学的四大理论假设》，《中国社会科学》2007 年第 1 期。

［16］ 程恩富：《论创立"大文化"经济学》，《江西社会科学》1993 年第 12 期。

［17］ 程恩富，段学慧：《〈资本论〉中关于共产主义经济形态的思想阐释（上）》，《经济纵横》2017 年第 4 期。

［18］ 程恩富、龚云：《大力发展多样化模式的集体经济和合作经济》，《中国集体经济》2012 年第 31 期。

［19］ 段学慧、程恩富：《马克思政治经济学逻辑起点方法论考证和启示》，《甘肃社会科学》2021 年第 6 期。

［20］ 道格拉斯·诺斯、路平、何玮：《新制度经济学及其发展》，《经济社会体制比较》2002 年第 5 期。

［21］ 冯向楠、詹婧：《人工智能时代互联网平台劳动过程研究——以平台外

卖骑手为例》，《社会发展研究》2019 年第 3 期。

[22] 高春明、于潇、陈世坤：《人工智能对中国未来劳动力就业的影响——基于劳动力供给视角的分析》，《社会科学战线》2020 年第 10 期。

[23] 高建昆、程恩富：《论按比例规律与市场调节规律、国家调节规律之间的关系》，《复旦学报》（社会科学版）2015 年第 6 期。

[24] 高淑娟：《关于剩余价值一般与特殊的思考》，《清华大学学报》（哲学社会科学版）2002 年第 3 期。

[25] 高斯扬、程恩富：《监控资本主义视阈下的技术权力探析》，《内蒙古社会科学》2020 年第 4 期。

[26] 龚遥、彭希哲：《人工智能技术应用的职业替代效应》，《人口与经济》2020 年第 3 期。

[27] 关锋：《劳动过程理论：马克思主义不应被疏漏的向度》，《学术月刊》2010 年第 10 期。

[28] 韩文龙、刘璐：《数字劳动过程及其四种表现形式》，《财经科学》2020 年第 1 期。

[29] 何勤、邱玥、董晓雨：《人工智能对就业影响研究的现状、热点与趋势——基于知识图谱文献计量方法》，《科技管理研究》2020 年第 17 期。

[30] 何玉长、宗素娟：《人工智能、智能经济与智能劳动价值——基于马克思劳动价值论的思考》，《毛泽东邓小平理论研究》2017 年第 10 期。

[31] 何雄伟：《智能经济：开启"智能+"新时代》，《江西日报》2019 年 6 月 24 日。

[32] 洪远朋：《应该恢复马克思的定义—也谈作为政治经济学对象的生产关系》，《学术月刊》1979 年第 12 期。

[33] 洪远朋、马艳：《关于劳动和劳动价值理论的十点认识》，《复旦学报》（社会科学版）2002 年第 2 期。

[34] 胡磊：《平台经济下劳动过程控制权和劳动从属性的演化与制度因应》，《经济纵横》2020 年第 2 期。

［35］胡培兆、赵连成：《不能把资本、剩余价值范畴搬到社会主义经济中来》，《教学与研究》1982 年第 1 期。

［36］胡莹：《论数字经济时代资本主义劳动过程中的劳资关系》，《马克思主义研究》2020 年第 6 期。

［37］胡莹：《数字经济时代我国的劳动过程分析——基于马克思劳动过程理论的视角》，《社会主义研究》2021 年第 4 期。

［38］黄觉雏、穆家海、黄悦：《二十一世纪经济学创言——论智能经济》，《社会科学探索》1990 年第 3 期。

［39］黄再胜：《算法控制、"自我剥削"与数字劳动的时空修复——数字资本主义劳动过程的 LPT 研究》，《教学与研究》2022 年第 11 期。

［40］黄再胜、宋艳丽：《平台体制、劳动能动与数字资本主义的生产政治》，《马克思主义理论学科研究》2023 年第 1 期。

［41］纪玉山：《智能经济时代宏观经济管理面临新课题》，《建国 70 周年与人的发展经济学——2019 年中国·人的发展经济学学会学术会议论文集》2019 年。

［42］蒋红群：《人工智能崛起与当代资本主义生产方式新变化》，《学术论坛》2020 年第 5 期。

［43］蒋建湘：《委托代理视角下国企公司治理的改进》，《法律科学（西北政法大学学报）》2014 年第 6 期。

［44］江永红、张本秀：《人工智能影响收入分配的机制与对策研究》，《人文杂志》2021 年第 7 期。

［45］赖志凯：《"被注册个体工商户"的外卖小哥成功认定工伤》，《工人日报》2022 年 3 月 31 日。

［46］李炳炎：《论社会主义市场经济中的剩余价值范畴及其新的社会形式》，《江苏行政学院学报》2003 年第 1 期。

［47］李炳炎：《人的全面发展与"自主联合劳动"范畴》，《中共中央党校学报》2003 年第 3 期。

［48］李胜蓝、江立华：《新型劳动时间控制与虚假自由——外卖骑手的劳动

过程研究》，《社会学研究》2020年第6期。

[49] 李铁映：《关于劳动价值论的读书笔记》，《改革》2010年第8期。

[50] 刘炳英：《剩余价值在社会主义经济中依然存在》，《理论前沿》2003年第7期。

[51] 刘琦：《试论中国特色社会主义市场经济体制下的剩余价值》，《理论月刊》2012年第8期。

[52] 刘善仕、裴嘉良、钟楚燕：《平台工作自主吗？在线劳动平台算法管理对工作自主性的影响》，《外国经济与管理》2021年第2期。

[53] 罗建文：《论劳动过程中的劳动者主体性及其激活》，《上海师范大学学报》（哲学社会科学版）2021年第4期。

[54] 马国旺、李焙尧：《人工智能应用、劳动报酬份额与失业率动态关系的实证分析》，《深圳大学学报（人文社会科学版）》2021年第2期。

[55] 潘胜文：《民营经济内涵问题的争论与评析》，《经济经纬》2006年第6期。

[56] 潘越、程恩富：《运用"资本市场"分配方式促进共同富裕》，《管理学刊》2022年第4期。

[57] 戚聿东、刘翠花、丁述磊：《数字经济发展、就业结构优化与就业质量提升》，《经济学动态》2020年第11期。

[58] 邱子童、吴清军、杨伟国：《人工智能背景下劳动者技能需求的转型：从去技能化到再技能化》，《电子政务》2019年第6期。

[59] 曲哲涵：《2021年国有企业利润总额同比增长30.1%》，《人民日报》2022年1月28日。

[60] 时培真：《剩余价值不是资本主义特有的经济范畴》，《学术研究》1981年第4期。

[61] 孙冶方：《论作为政治经济学对象的生产关系》，《经济研究》1979年第8期。

[62] 孙友晋：《智能经济背景下劳动工具的发展及其对劳动的影响》，《贵州社会科学》2020年第10期。

［63］唐永、张衔：《人工智能会加剧资本主义失业风险吗——基于政治经济学视角的分析》，《财经科学》2020年第6期。

［64］田洋：《互联网时代劳动过程的变化》，《经济学家》2018年第3期。

［65］王林辉、胡晟明、董直庆：《人工智能技术会诱致劳动收入不平等吗——模型推演与分类评估》，《中国工业经济》2020年第4期。

［66］王梦菲、张昕蔚：《数字经济时代技术变革对生产过程的影响机制研究》，《经济学家》2020年第1期。

［67］王水兴：《人工智能的马克思劳动价值论审思》，《马克思主义研究》2021年第5期。

［68］王天恩：《人工智能与劳动价值论内在逻辑的展开》，《思想理论教育》2021年第9期。

［69］王蔚：《数字资本主义劳动过程及其情绪剥削》，《经济学家》2021年第2期。

［70］王文：《数字经济时代下工业智能化促进了高质量就业吗》，《经济学家》2020年第4期。

［71］王潇：《技术空心化：人工智能对知识型员工劳动过程的重塑——以企业电子研发工程师为例》，《社会发展研究》2019年第3期。

［72］吴丰华、于家伟：《人工智能创造价值吗？——基于劳动三维分析框架的再考察》，《人文杂志》2020年第9期。

［73］吴清军、李贞：《分享经济下的劳动控制与工作自主性——关于网约车司机工作的混合研究》，《社会学研究》2018年第4期。

［74］吴文新：《智能革命下劳动方式的变革及其影响的政治经济学分析》，《当代经济研究》2021年第10期。

［75］吴宣恭：《论生产资料所有制是生产关系的基础》，《中国社会科学》1981年第2期。

［76］习近平：《在民营企业座谈会上的讲话》，《人民日报》2018年11月2日。

［77］夏莹、牛子牛：《主体性过剩：当代新资本形态的结构性特征》，《探

索与争鸣》2021年第9期。

[78] 谢富胜、宋宪萍：《资本主义劳动过程研究：从缺失到复兴》，《马克思主义研究》2011年第10期。

[79] 谢富胜、周亚霆：《知识经济与资本主义劳动过程》，《教学与研究》2012年第3期。

[80] 燕连福、谢芳芳：《福克斯数字劳动概念探析》，《马克思主义与现实》，2017年第2期。

[81] 燕连福、赵莹、程诚：《人工智能时代无产阶级的历史使命——对赫拉利"无用阶级"理论的批判》，《浙江社会科学》2021年第5期。

[82] 闫雪凌、李雯欣、高然：《人工智能技术对我国劳动力市场的冲击和影响》，《产业经济评论》2021年第2期。

[83] 尹首一、郭珩、魏少军：《人工智能芯片发展的现状及趋势》，《科技导报》2018年第17期。

[84] 俞明仁：《马克思的剩余价值理论在社会主义经济研究中的运用》，《上海社会科学院学术季刊》1985年第4期。

[85] 张秋舫：《剩余价值是资本主义特有的经济范畴》，《经济科学》1983年第5期。

[86] 张淑敏、刘军：《委托代理理论与中国国有企业改革模式构建》，《财经问题研究》2006年第7期。

[87] 张晓雪、孙迎光：《人工智能背景下马克思劳动价值论的三维审视》，《江苏社会科学》2021年第3期。

[88] 张英琇：《列宁对泰勒制的真实态度与社会主义现代化》，《毛泽东邓小平理论研究》2021年第3期。

[89] 张政、向程：《Bureaucracy—官僚制、科层制还是层级制?》，《中国翻译》2011年第6期。

[90] 赵传海：《重建联合劳动论要》，《经济经纬》2007年第1期。

[91] 赵丹丹、周世军：《人工智能与劳动力工资——基于工业机器人匹配数据的经验证据》，《调研世界》2021年第7期。

［92］赵磊、韩玥：《跨越企业边界的科层控制——网约车平台的劳动力组织与控制研究》，《社会学研究》2021 年第 5 期。

［93］赵力：《心理控制与实时控制：智能化技术中的劳动控制》，《重庆社会科学》2019 年第 4 期。

［94］赵敏、王金秋：《新技术革命的政治经济学研究》，《政治经济学评论》2020 年第 3 期。

［95］赵炜：《劳动过程理论的拓展和转型：21 世纪以后的演变》，《江苏社会科学》2020 年第 2 期。

［96］郑兴听：《社会主义存在剩余劳动和剩余价值吗？——与卓炯同志商榷》，《学术研究》1981 年第 2 期。

［97］郑亚莉、刘冰：《企业特征与在职培训的供给》，《浙江学刊》2012 年第 6 期。

［98］周绍东、武天森：《个体自由与集体禁锢：网约车平台的劳资关系研究》，《河北经贸大学学报》2021 年第 2 期。

［99］周文、耿元：《人工智能发展更容易替代哪些工作岗位?》，《中国科技论坛》2020 年第 11 期。

［100］周宇、程恩富：《马克思"重建个人所有制"的思想探析》，《马克思主义研究》2012 年第 1 期。

［101］朱琪、刘红英：《人工智能技术变革的收入分配效应研究：前沿进展与综述》，《中国人口科学》2020 年第 2 期。

［102］卓炯：《对剩余价值论的再认识》，《学术研究》1980 年第 5 期。

［103］《全面推进乡村振兴　为实现农业农村现代化而不懈奋斗》，《人民日报》2022 年 10 月 29 日。

［104］《全国个体工商户超 1 亿户　约占市场主体总量2/3》，《人民日报》2022 年 2 月 10 日。

四　外文文献

［1］Adler P. S.，"The Future of Critical Management Studies：A Paleo-Marxist

Critique of Labour Process Theory", *Organization Studies*, Vol. 28, No. 9, 2007.

[2] Andrew L. Friedman, *Industry and Labour Class Structure at Work and Monopoly Capitalism*, London: The Macmillan Press Ltd, 1977.

[3] André Gorz, *The Division of Labour: the Labour Process and Class-Struggle in Modern Capitalism*, Hassocks: Harvester Press, 1976.

[4] Autor D. H., Levy F., Murnane R. J., "The Skill Content of Recent Technological Change: An Empirical Exploration", *The Quarterly Journal of Economics*, Vol. 118, No. 4, 2003.

[5] Bolton S. C., "Getting to the Heart of the Emotional Labour Process: A Reply to Brook", *Work, Employment and Society*, Vol. 23, No. 3, 2009.

[6] Brook P., "Emotional Labour and the Living Personality at Work: Labour Power, Materialist Subjectivity and the Dialogical Self", *Culture and Organization*, Vol. 19, No. 4, 2013.

[7] Cohen S., "A Labour Process to Nowhere?", *New Left Review*, Vol. 107, 1987.

[8] Cole R. E., "Designed for Learning: A Tale of Two Auto Plants", *Sloan Management Review*, Vol. 34, No. 3, 1993.

[9] Cressey P., MacInnes J., "Voting for Ford: Industrial Democracy and the Control of Labour", *Capital & Class*, Vol. 4, No. 2, 1980.

[10] Cross M., "Changes in Working Practices in UK Manufacturing 1981 – 1988", *Industrial Relations Review and Report*, Vol. 415, 1988.

[11] Danford A., "Workers, Unions and the High-Performance Workplace", *Work Employment and Society*, Vol. 17, No. 3, 2003.

[12] Dauth W., Findeisen S., Südekum J., et al., "German Robots-the Impact of Industrial Robots on Workers", *IAB-Discussion Paper*, Vol. 30, 2017.

[13] Despres C., Hiltrop J. M., "Human Resource Management in the Knowledge Age: Current Practice and Perspectives on the Future", *Employee Re-*

lations, Vol. 17, No. 1, 1995.

[14] Diefendorff J. M., Gosserand R. H., "Understanding the Emotional Labor Process: A Control Theory Perspective", *Journal of Organizational Behavior: The International Journal of Industrial, Occupational and Organizational Psychology and Behavior*, Vol. 24, No. 8, 2003.

[15] Richard C. Edwards, *Contested Terrain the Transformation of the Workplace in the Twentieth Century*, New York: Basic Books, Inc., 1979.

[16] Ezzy D., "Subjectivity and the Labour Process: Conceptualising Good Work", *Sociology*, Vol. 31, No. 3, 1997.

[17] Frey C. B., Osborne M. A., "The Future of Employment: How Susceptible Are Jobs to Computerisation?", *Technological Forecasting and Social Change*, Vol. 114, 2017.

[18] Friedman A., "Developing the Managerial Strategies Approach to the Labour Process", *Capital & Class*, Vol. 10, No. 3, 1986.

[19] Graetz G., Michaels G., "Robots at work", *Review of Economics and Statistics*, Vol. 100, No. 5, 2018.

[20] Greenhill A., Fletcher G., "Laboring Online: Are There "New" Labor Processes in Virtual Game Worlds?", *Journal of the Association for Information Systems*, Vol. 14, No. 11, 2013.

[21] Goos M., Manning A., "Lousy and Lovely Jobs: The Rising Polarization of Work in Britain", *The Review of Economics and Statistics*, Vol. 89, No. 1, 2007.

[22] Hughes E., Dobbins T., Merkl-Davies D., "Moral Economy, Solidarity and Labour Process Struggle in Irish Public Transport", *Economic and Industrial Democracy*, Vol. 43, No. 1, 2022.

[23] Kizilhan T., Kizilhan S. B., "The Rise of the Network Society-the Information Age: Economy, Society, and Culture", *Contemporary Educational Technology*, Vol. 7, No. 3, 2016.

[24] Knights D. , "Hanging out the dirty washing: Labor Process Theory and Its Dualistic Legacies", *International Studies of Management & Organization*, Vol. 30, No. 4, 2000.

[25] Knights D. , Willmott H. , "Power and Subjectivity at Work: From Degradation to Subjugation in Social Relations", *Sociology*, Vol. 23, No. 4, 1989.

[26] López T. , Riedler T. , Köhnen H. , et al. , "Digital Value Chain Restructuring and Labour Process Transformations in the Fast-fashion Sector: Evidence From the Value Chains of Zara & H&M", *Global Networks*, Vol. 22, No. 4, 2022.

[27] Marglin Stephen A. , "What Do Bosses Do? The Origins and Functions of Hierarchy in Capitalist Production", *Review of Radical Political Economics*, Vol. 6, 1974.

[28] Marginson P. , "Employment Flexibility in Large Companies: Change and Continuity", *Industrial Relations Journal*, Vol. 20, 1989.

[29] McDonald P. , Williams P. , Mayes R. , "Means of Control in the Organization of Digitally Intermediated Care Work", *Work, Employment and Society*, Vol. 35, No. 5, 2021.

[30] McGrath-Champ S. , Rainnie A. , Pickren G. , et al. , "Global Destruction Networks, the Labour Process and Employment Relations", *Journal of Industrial Relations*, Vol. 57, No. 4, 2015.

[31] Mears A. , "Working for Free in the VIP: Relational Work and the Production of Consent", *American Sociological Review*, Vol. 80, No. 6, 2015.

[32] Merton R. K. , "Bureaucratic Structure and Personality", *Social Forces*, Vol. 18, No. 4, 1940.

[33] Naz F. , Bögenhold D. , "Understanding Labour Processes in Global Production Networks: A Case Study of the Football Industry in Pakistan", *Globalizations*, Vol. 17, No. 6, 2020.

[34] O'Doherty D. , Willmott H. , "Debating Labour Process Theory: The Issue

of Subjectivity and the Relevance of Poststructuralism", *Sociology*, Vol. 35, No. 2, 2001.

[35] Price A. , Mansfield C. , McConney A. , "Considering 'Teacher Resilience' From Critical Discourse and Labour Process Theory Perspectives", *British Journal of Sociology of Education*, Vol. 33, No. 1, 2012.

[36] Rowlinson M. , Hassard J. , "Economics, Politics, and Labour Process Theory", *Capital & Class*, Vol. 18, No. 2, 1994.

[37] Sandberg Å. , "Volvo Am Scheideweg-Effektive Und Menschliche Fabriken Werden Ohne Triftige Gründe Geschlossen", *Arbeit*, Vol. 2, No. 2, 1993.

[38] Smith C. , "Flexible Specialisation, Automation and Mass Production", *Work, Employment & Society*, Vol. 3, No. 2, 1989.

[39] Sosteric M, "Subjectivity and the Labor Process: A Case Study in the Restaurant Industry", *Work, Employment and Society*, Vol. 10, No. 2, 1996.

[40] Söderberg J. , "The Cloud Factory: Making Things and Making a Living with Desktop 3D Printing", *Culture and Organization*, Vol. 25, No. 1, 2019.

[41] Spencer D. , "Braverman and the Contribution of Labour Process Analysis to the Critique of Capitalist Production-25 years on", *Work, Employment, and Society*, Vol. 14, No. 2, 2000.

[42] Stewart P. , Wass V. , "From 'Embrace and Change' to 'Engage and Change': Trade Union Renewal and New Management Strategies in the UK Automotive Industry?", *New Technology, Work and Employment*, Vol. 13, No. 2, 1998.

[43] Katherine S. , "The Origins of Job Structures in the Steel Industry", *Review of Radical Political Economics*, Vol. 6, No. 2, 1974.

[44] Thomas R. J. , "Book Review: The Labor Process: Case Studies on the Labor Process edited by Andrew Zimbalist. New York: Monthly Review Press, 1980. ", *Insurgent Sociologist*, Vol. 11, No. 3, 1980.

[45] Thompson P. , "Crawling from the Wreckage: The Labour Process and the

Politics of Production", in Knights, D. and Willmott, H. , eds. , *Labour Process Theory*, London: Palgrave Macmillan, 1990.

[46] Thompson Paul, Newsome Kirsty, "Labour Process Theory, Work and the Employment Relation", in Bruce E. Kaufman, ed. , *Theoretical perspectives on Work and the Employment Relationship*, Cornell: Cornell University Press, 2004.

[47] Thompson P. , Smith C. , "Follow the Redbrick Road: Reflections on Pathways in and out of the Labor Process Debate", *International Studies of Management & Organization*, Vol. 30, No. 4, 2000.

[48] Treiber L. A. , "Safety or Control?: Workplace Organization and Occupational Health", *Journal of Applied Social Science*, Vol. 3, No. 1, 2009.

[49] Veen A. , Barratt T. , Goods C. , "Platform-capital's 'Appetite' for Control: A Labour Process Analysis of Food-delivery Work in Australia", *Work, Employment and Society*, Vol. 34, No. 3, 2020.

[50] Vincent S. , "The Emotional Labour Process: An Essay on the Economy of Feelings", *Human Relations*, Vol. 64, No. 10, 2011.

[51] Zuboff S. , "Big Other: Surveillance Capitalism and the Prospects of an Information Civilization", *Journal of information technology*, Vol. 30, No. 1, 2015.

图书在版编目（CIP）数据

劳动过程新论：以智能经济为背景 / 潘越著 . --
北京：社会科学文献出版社，2024.6
ISBN 978-7-5228-3723-9

Ⅰ.①劳…　Ⅱ.①潘…　Ⅲ.①劳动经济-研究-中国
Ⅳ.①F249.2

中国国家版本馆 CIP 数据核字（2024）第 110877 号

劳动过程新论：以智能经济为背景

著　　者 / 潘　越

出 版 人 / 冀祥德
责任编辑 / 王小艳
责任印制 / 王京美

出　　版 / 社会科学文献出版社·马克思主义分社（010）59367126
　　　　　　地址：北京市北三环中路甲 29 号院华龙大厦　邮编：100029
　　　　　　网址：www.ssap.com.cn
发　　行 / 社会科学文献出版社（010）59367028
印　　装 / 三河市东方印刷有限公司

规　　格 / 开　本：787mm×1092mm　1/16
　　　　　　印　张：16　字　数：244 千字
版　　次 / 2024 年 6 月第 1 版　2024 年 6 月第 1 次印刷
书　　号 / ISBN 978-7-5228-3723-9
定　　价 / 98.00 元

读者服务电话：4008918866